전환의 긴 역사

전환의 긴 역사

대화와 기억을 통해 본 독일 통일

케르스틴 브뤼베 · 클레멘스 필링어 · 카트린 쵤러 편저 | 이진일 · 정용숙 · 한운석 옮김

도서출판 길

전환의 긴 역사

대화와 기억을 통해 본 독일 통일

2024년 2월 20일 제1판 제1쇄 인쇄
2024년 2월 29일 제1판 제1쇄 발행

지은이 | 케르스틴 브뢰베 · 클레멘스 필링어 · 카트린 췰러 (편저)
옮긴이 | 이진일 · 정용숙 · 한운석
펴낸이 | 박우정

기획 | 이승우
편집 | 안민재
전산 | 한향림

펴낸곳 | 도서출판 길
주소 | 06032 서울 강남구 도산대로 25길 16 우리빌딩 201호
전화 | 02) 595-3153   팩스 | 02) 595-3165
등록 | 1997년 6월 17일 제113호

한국어 판 ⓒ 도서출판 길, 2024. Printed in Seoul, Korea
ISBN: 978-89-6445-279-0 93900

"이 책은 독일 프리드리히 나우만 재단의 재정적 지원으로 출간되었습니다."

머리말

책의 머리말은 대부분 마지막에 쓴다. 이 책에서도 그렇다. 이 실험에서 우리 연구자들은 우리 성과를 갖고 상아탑에서 나와 시민에게 다가갔다. 그 실험의 끝에서 많은 새로운 인상과 인식을 얻었지만 또한 몇 가지 새로운 의문점도 갖게 되었다. 우리는 관심과 공감과 감사뿐만 아니라 거부와 무관심과도 부딪혔다. 연구 성과 외에도 이런 많은 것을 우리는 이 책에 포착했다. 이 책은 우리의 연구 과정과 더불어 2020년 1월 21일부터 24일까지 동독 지역 네 도시에서 행한 대화 여행도 기록하고 있다.

우리는 바이에른주(州) 경계에 가까운 튀링겐주 지역의 군청 소재지인 중간 규모의 도시 마이닝겐에서 첫날 저녁 토론회를 가졌고, 이어서 작센-안할트주에 붙어 있는 가레이라는 브란덴부르크주의 한 동네로 갔다. 다음날 우리는 브란덴부르크에 머물렀다. 그럼에도 불구하고 베를린 시 경계에 위치한 클라인마흐노프와 가레이 사이에는 상당히 큰 차이가 있었다. 이미 좀 지쳐 있는 상태에서, 하지만 큰 관심을 갖고 우리는 작센 자유주의 최대 도시인 라이프치히에서 마지막 토론회를 개최했다. 우리는 매우 상이한 지역들을 선정했고, 그뿐만 아니라 행사 장소도 학교 강당, 마을 펜션, 시청 청사에서 박물관까지 서로 달랐다. 우리는 가능한 한 다양한 사람을 만나고자 했다. 이 책은 그것을 다룬다. 그것은 학문과 개인적인 것, 과거의 역사적 사료와 오늘의 기억을 결합하고 포괄적인 모델과 주관적 평가를 보여준다. 이 책은 또한 정치적 저널리즘과 조형 예술을 끌어들인다.

핵심이 되는 질문은 동독인들이 구동독의 마지막 연간들과 체제 교체를 어떻게 체험하고 만들어갔는가, 그리고 그들이 오늘날 그것을 어떻게 기억하고 있는가이다. 텍스트와 사진으로 구성된 이 책은 여러 관점에서 이 문제를 추적한다. 먼저 흔히들 출신지라고 말하는 것들과 그 밖의 다른 동기들이 연구 과정에 주는 의미, 그리고 문학적이거나 저널리스트적인 혹은 음악적 해석과 비교해 역사학적 분석이 갖는 차이에 대해 서두에서 언급한 뒤에(29쪽부터) 포츠담 연구 그룹의 "전환의 긴 역사"의 성과들이(51쪽부터) 중심에 서 있다. 변환(Transformation, 보통 '전환'이라고 번역되기도 하는데, 이 책에서는 그 핵심 개념인 'Wende'를 '전환'이라고 번역하기로 정한 만큼 중복을 피하기 위해 'Transformation'은 '변환'이라고 번역한다—옮긴이)의 일상사에 대한 이 분석들은 일련의 추정들(45쪽 이하)에 의해 이끌어진다. 대화 여행에 결정적이었던 것은 그 가운데 두 가지였다. 동독 지역을 이해하려면 1989/90년 변혁기와 그 전후의 시간적 차원을 서로 결합해야 하고, 이 시기들을 경험한 사람들과 대화를 나누어야 한다는 것이다. 이렇게 "시민 과학/시민이 지식을 만든다"라는 의미에서 현장 증인들이 적극 결속된 대화 여행이라는 아이디어가 생겨났다. 그러나 이미 여행 이전에 동시대인들의 생애사와 그들의 견해가 연구 과정과 결과 속에 들어갔다. 대화 여행에 참여한 사람들 가운데 몇몇은 서면 대화(Schriftgespräch)라고 일컬어진 성과를 읽었다. 그들의 논평은 이 책 129쪽부터 볼 수 있다. 이어서 역사학이나 다른 학문 분야 동료들의 서면 대화에 대한 각주가 실려 있다(165쪽 이하).

이런 준비를 갖추고 우리는 네 곳의 동독 지역으로 대화 여행을 떠났다. 행사 저녁마다 방문자들이 우리가 준비한 대화 카드에 자신들의 응답을 적어 넣을 수 있었다. 이것들이 그다음 장(章)에서 평가된다(199쪽부터). 사진 작가인 클라라 발젠의 사진들과(305쪽 이하) 정치부 기자인 크리스티안 방엘의 논평이 이 여행과 직접 연관된다(211쪽 이하). 우리는 그들을 초청해 함께 여행했고 사진이나 글로써 기여하도록 했다. 그다음 장에서는 "'전환'의 긴 역사 속 인종주의와 반유대주의, 민족주의의 일상성"이라는 제목 아래 여행 동안, 그리고 대화를 거치면서 사료를 통해 점점 더 강하게 대두되었던 주제를 선택했다(231쪽 이하). 요약에서(275쪽 이하) 마지막으로 우리는 프로젝트의 다양한 부분, 즉 연구, 대화 여행의 준비와 수행을 다시 한 번 취합하고 요약했다.

이 책은 동독에서의 변환에 대한 기억을 학문, 현장 증인의 기억들, 조형 예술, 저널리즘, 여행기와의 특이한 결합을 통해 우리의 관점에서 기록했다. 그것이 또 다른 대화와 기억으로 이어져 우리의 독자를 자극하기를 기대한다.

케르스틴 브뤽베, 클레멘스 필링어, 카트린 췰러
2020년 7월

1989년을 전후한 시기의 동독 일상사를 몇 년 동안 연구한 뒤에, 동료 박사과정생인 카트린 횔러, 클레멘스 필링어와 나는 단순히 책 한권을 출간하고 읽히기를 기대하는 것은 시대에 맞지 않는다고 보았다. 2010년대 말에 우리는 특히 동독 지역에서 성난 민심을 관찰했다. 그 때문에 우리 연구 결과를 발표하기 전에 동독 사람들과 토론하기로 결정했다. 그동안의 연구를 통해 우리는 동독의 과거에 대한 공적인 논의를 각인하는 커다란 목소리들이 있다는 것을 잘 알고 있었다. 동시에 우리의 연구 지역이나 그 밖의 다른 곳들에서 과거와의 씨름을 주제로 삼지는 않았지만, 구동독과 그 후 이른바 신연방 주(州)들에서 그것을 경험했던 많은 나직한 목소리를 관찰했다. 우리는 특히 이들의 목소리를 듣고자 했다. 이들이 우리의 연구 결과에 어떤 입장인지, 그리고 커다란 목소리들 저편에서 국가의 현실은 어떤지 상황을 파악하고 싶었다.

이러한 배경에서 우리가 서면 대화라고 부르면서 이중의 기능을 수행했던 텍스트 형식이 대두했다. 그것은 연구자 그룹 내에서 개별 프로젝트의 성과를 총괄적으로 결합하는 것을 돕고, 외적으로는 쉽게 이해할 수 있는 형태로 성과를 폭넓은 독자에게 전달해야 한다는 것이었다. 이 서면 대화를 우리는 연구 대상 지역의 다양한 대화 파트너에게 보내고 (더 나아가) 논평을 부탁했다. 그러한 몇 개의 논평이 이 책에 실려 있다. 동시에 크리스티안 방엘 기자와 사진작가 클라라 발젠을 초청해 동독 지역에서 4일 동안의 대화 여행에 동반하고 그들의 인상을 말해달라고 부탁했다. 이 책은 이 모든 것뿐만 아니라 대화 여행에 대한 학자로서 우리의 경험을 다루고 있다. 이것을 반복하고 싶지는 않다. 그보다 내게 중요해 보이는 몇 가지 지점을 언급하고 싶다.

1. 학문과 학문적 소통: 학문 그 자체는 그러한 형태의 학문적 소통과 이로써 일어나는 학문적 담론으로부터의 이탈에 관심을 갖지 않는다. 일상사에서는 더욱 그러하다. 왜냐하면 누구나 일화들을 가지고 기여하는 것이 여기서는 정당하기 때문이다. 그럼에도 가족사의 한 소극을 이야기하는 것과 이론적으로나 방법론적으로 충분히 숙고해 분석적 틀을 가지고 일상사 겸 사회사를 연구하는 것은 아주 다르다. 우리는 바로 이 작업을 수행했다.

우리는 사람들이 정치적·경제적 및 사회적 삶을 단시간 내에 완전히 변화시키는 포괄적인 체제 교체를 생활세계 속에서, 즉 일상생활 속에서 어떻게 소화해나가는지 알고자 했다. 이 문제는 동독뿐만 아니라 냉전 종식기의 다른 나라들에서도 혹은 일반적으로 근본적인 체제 교체가 한 국가의 정치적·경제적 및 사회적 여건의 새로운 질서를 요구할 경우에도 흥미로운 것이다. 따라서 우리들에게는 구체적인 연구 공간으로서의 동독보다 더 큰 문제가 관심의 대상이었다. 특히 기자들이나 많은 젊은 학자가 이것을 금세 알아챘다. 그래서 우리 작업은 언론 매체들로부터 많은 주목을 받았다. 예컨대 주간지 『슈피겔』(*Der Spiegel*)에서 저널리스트 페터 막스빌(Peter Maxwill)은 우리의 여행에 대해 보도했다. 프리드리히 나우만 재단 서울사무소의 팀 브로제(Tim Brose)가 이 기사를 읽고 내게 메일을 보냈다. 이렇게 해서 한독 사이에 협력이 시작되었다. 프리드리히 나우만 재단 소장인 크리스티안 탁스(Christian Taaks) 박사와 고려대 튀빙겐한국학센터장인 한운석 교수가 이 프로젝트를 즉시 수용하고, 다른 전문가들을 더 소개받을 수 있었던 것을 나는 기쁘게 생각한다. 특히 이진일 교수가 이 책의 상당 부분을 번역했고, 다른 학자들은 우리 책에 대한 논평을 해주었다. 그들 모두에게 깊은 감사를 드린다.

2. 동독인과 서독인: 연구 기간에 우리는 여러 학자들, 특히 폴란드와 체코의 학자들과 다방면으로 교류했다. 그러나 구동독은 아웃사이더였다. 동독은 서독의 카운터파트이기에 특수한 역할을 하게 되었는데, 그것이 한편으로 동유럽 연구에서는 충분히 동유럽적이지 못했고 동시에 서유럽 연구에서는 충분히 서방적이지 못했다. 분단사를 기반으로 한 한국으로의 시선 혹은 한국으로부터 독일로의 시선이 흥미로운데, 분단사와 연결되는 것이 또한 동독인과 서독인으로의 분열 혹은 '오시'(Ossi; 동독놈, 동독것)와 '베시'(Wessi; 서독놈, 서독것)로의 전형화다. 분석적인 관점에서 이것은 꼭 현명하다고 볼 수는 없다. 우리는 우리의 연구에서 동과 서를 나누기보다 연결하면서 주택 소유, 성취욕, 저축에서처럼 체제의 경계를 넘어 19세기까지 추적할 수 있는 사고와 심성을 관찰할 수 있었다. 그럼에도 구체적인 역사적 맥락들은 사람들에게 그들의 생각에 상응해 반응할 수 있는 상이한 가능성을 허용해주었다.

하지만 동독인과 서독인, 오시와 베시라는 이름은 정치적 동기에서 붙여진 것이다. 연구자들의 사회화(Sozialisation: 청소년기의 인성 형성 과정)로부터 연구 계획과 연구 결과에서의 관심에 관한 결론을 내리고자 시도한다면, 이때도 같은 말을 할 수 있을 것이다. 우리가 역사가로서 최대한의 객관성을 요구하는 방법론을 갖고 있다는 것은 연구의 정치적 동기를 막는 역할을 한다. 그럼에도 우리는 또한 자신의 역사가 인식에 대한 관심과 관점에 영향을 끼친다는 것을 안다. 긴장은 남아 있다. 동독인과 서독인에 대해 이야기하는 것은 흔히 동독인과 서독인의 공속감, 심지어 역사 속에 존재하지 않았거나 단지 특정 조건 아래에서만 존재했던 정체성을 구성하는 것을 의미한다. 그럼으로써 우리는 구동독 내에서 존재했었으며, 그 후 동독 사회에도 여전히 존재하고 있는 차이와 단절들을 도외시하는 것이다. 처음에는 1973∼84년 사이에 태어난 전환기 아이들이, 특히 2009년 설립된 동독 제3세대라는 네트워크에서 발언을 시작했던 반면, 오늘날은 1989/90년 이후 태어난 이른바 전환 이후 아이들이 새로운 동독 의식을 발견하고, 체제 교체로 인해 특히 충격을 받았던 나이든 부모들을 대변하기도 했다. 그들은 진정한 그룹이라기보다는 대단히 상이한 행위자들의 느슨한 이해관계 연합이라고 해야 할 것이다.

순수한 호기심에서 제기되고 경청된다면 출신 문제는 대화를 위한 최상의 전제다. 그러나 그것이 연구자로서 상대방에 대한 불신의 의도에서 제기된다면, 학자로서는 물론이고 정치적 인간으로서 공동의 미래를 위해 우려된다. 이 책에는 이에 대한 숙고들이 들어 있다.

3. 소수의 행위자와 동독 사회의 다수: 1989/90년의 체제 교체로부터 동·서독인이, 그리고 세대에 따라 서로 다른 영향을 받았음에도 불구하고 동독 사회에서 독일 통일에 대한 통일적인 인식을 오랫동안 각인해 온 평화 혁명이라는 담론에 점점 더 큰 균열이 생기고 있다. 국가적으로 대변되는 독일 통일에 대한 이야기가 이미 오래전부터 비판받았던 반면, 이제는 공동으로 성취한 평화 혁명이라는 이야기에도 물음표가 던져진다. 여기서도 우리는 다시금 학문과 정치를 분리해서 보아야 한다. 왜냐하면 여러 개의 요인이 평화 혁명을 초래했다는 것이 학문적으로 이미 오래전부터 분명해졌기 때문이다. 그 때문에 역사·정치적으로는 독

자적인 이름인 '평화 혁명'이 사용되는 반면, 학문적 언어에서는 혁명의 성격으로서의 '평화적'이라는 말이 소문자로 쓰인다. 학문적으로는 평화적 혁명을 위한 수많은 요인이 거론되지만, 역사·정치적으로는 여전히 누가 궁극적으로 평화 혁명을 일으켰는지, 그 주체가 대중인지 아니면 소수의 시민운동가였는지에 대해 다툼이 있다. 1990년대 이래로 많은 주목을 받았던, 상대적으로 소규모인 시민운동가들이 주민 다수를 대변하지 않았음이 점점 더 지적되고 있다. 동독 사회의 대다수는 거리로 나가거나 헝가리를 거쳐 동독을 탈출하지 않았으며, 집에서 텔레비전을 보거나 커튼 뒤에 서 있었다. 이들은 집단으로 나누거나 연구하기가 어렵다. 역사 연구는 이 파악하기 어려운 주민 다수를 늦게서야 다루기 시작했다. 그러나 그것은 정치적인 동기를 가진 다양한 색깔의 행위자들이 그들을 위해 발언하고 대변자로 나서는 것을 막지는 못한다. 역사가로서 나는 여기서 보다 신중함, 그리고 우선 연구의 필요성을 인식한다. 왜냐하면 동독 지역에서는 여론조사와 대의민주주의의 다른 도구들이 수십 년 동안 그것이 자리 잡은 구서독 지역들에서와는 다른 비중을 갖고 있기 때문이다. 여기서 나는 학자로서 신중을 기하면서 인종주의와 민족주의 등에 대해 섣부른 결론을 내리지 말고, 현재가 (구동독의) 과거를 통해 어떻게 각인되는지 터놓고 묻는 것이 바람직하다고 본다. 이미 여러 가지 해석이 있지만 우리에게는 보다 많은 역사적 연구가 필요하다.

4. 역사로부터 배우기?: 한국에서 독일을 바라보는 시각에는 흔히 역사로부터 배우려는 소망이 함께 존재한다. 이 책에서는 재산과 학교, 소비에 관해 그에 대한 시사점을 찾을 수 있다. 몇 가지 주제와 영역에서는 행동에 대한 커다란 압박과 시간적 압박, 실수가 있었으며, 사람들은 그것을 고백하기도 했다. 다른 주제들에서는 기회를 놓치기도 했는데, 이에 대한 논란이 수십 년 뒤에 일어나기도 했다. 마지막으로 나는 그러한 하나의 사례를 들고 싶다. 오랫동안 잠정적인 것으로 간주되었던 서독의

기본법을 교체하고 공동의 독일을 위한 상징적인 출발을 의미했을, 양독일 국가 공동의 미래에 대한 헌법 형태의 상호 양해가 그것이다. 모든 논자가 새로운 헌법은 여러 가지로 기본법과 비슷했으리라는 데 합의하지만, 중요한 것은 헌법 제정이라는 공동의 상징적 행위이다. 헌법학자들은 기본법이 원칙적으로 계속해서 변경되고 적응해왔으며, 연방헌법재판소가 여기에 탁월한 역할을 수행한다고 주장한다. 하지만 기본법 제23조에 따른 편입에도 불구하고, 통일조약은 제5조에서 다음 2년 내에 제146조에 따라 새로운 공동 헌법을 제정할 수 있다는 것을 인정한다. 그러나 이 가능성은 이용되지 않았다. 입헌적 모멘트, 즉 구서독의 주민에게도 독일사의 새로운 시대를 분명히 인식시킬 기회가 지나가버렸다. 공동의 헌법 제정이 무언가 변화를 가져왔을까 하는 것은 아무도 모른다. 이로부터 다른 나라들이 교훈을 얻을 수 있는지는 불확실하다. 그럼에도 나는 이 책의 번역이 한국에서 성찰과 토론에 자극을 줄 수 있기를 기대한다.

마지막으로 다시금 한운석 교수, 팀 브로제, 크리스티안 탁스 박사, 이진일 교수, 그리고 2020년 12월 서울에서 열린 한독비교사포럼 학술회의에서 토론자로 참여해주신 이우영 교수와 김진환 교수, 조정아 교수에게 깊은 감사를 드린다. 번역을 지원해준 프리드리히 나우만 재단에도 특별한 감사를 드린다. 또한 법석을 떨지 않고 대화 여행의 경비를 부담함으로써 학문적인 최종 학술회의를 뒷받침해준 라이프니츠 공동체, 그리고 연구 프로젝트의 배경이 되어준 포츠담의 현대사 연구를 위한 라이프니츠 센터에도 감사의 뜻을 표한다. 더 나아가 독일어로 책을 출간해준 크리스토프 링크스 출판사에도 깊은 감사를 드린다. 다시 한 번 이책의 번역이 한국의 독자에게 논쟁거리를 제공할 수 있기를 기대한다.

케르스틴 브뤽베

옮긴이의 말

내가 이 책의 출간 소식을 처음 접한 것은 2020년 봄, 그러니까 책이 아직 출판되기 전이었다. 프리드리히 나우만 재단의 팀 브로제에게 이 책을 소개받고 곧바로 흥미를 느끼게 된 데는 몇 가지 이유가 있었다.

우선 이 책의 저자들은 역사가들이고, '전환의 긴 역사'라는 제목이 말해주듯이 장기적인 역사적 시각에서 바라보겠다는 의지를 분명히 했다. 그동안 한국에서 독일 통일이 소개될 경우 대부분 사회과학자들에 의해 통일 과정과 그 직후의 체제 전환(Transformation)에 초점을 맞추어왔다. 나는 사회과학이 주도하는 독일 통일 연구나 소개에 불만을 갖고 오래 전부터 그것에 대한 역사적 분석, 특히 동독의 역사에 대한 이해가 독일 통일과 통일 이후의 체제 전환을 이해하는 데 필수적이라고 생각했다. 그런데 동독의 역사, 심지어 그것을 넘어 19세기까지 심성사적으로 장기 지속을 추적하는 접근은 우리가 지금까지 접하지 못한 시도였다.

이 연구 프로젝트의 리더인 케르스틴 브뢱베 교수는 동독에서 "사적 소유의 가치에 대한 인정"이 존재했으며, 국가가 선전했던 반(反)소유권

이데올로기는 당의 간부들조차 심각하게 받아들이지 않았다고 본다. 그녀는 사적 소유권에 대한 인식을 프랑스혁명 시기까지 소급해 추적하면서 동독 시대 수많은 동독인의 소유권 사고(思考)와 서독인의 소유권 사고 사이에 그 어떤 차이도 없었다고 결론짓는다. 이 프로젝트에서 소비 생활을 연구한 클레멘스 필링어도 제도화된 저축이나 이와 연결된 검약에 대한 교육의 뿌리는 독일에서 18세기 중반까지 거슬러 올라가며, 동·서독인들 사이에는 검약성에 있어 어떤 차이도 발견할 수 없다고 주장한다. 또 다른 연구자인 카트린 칠러는 학교 교육에서 성적을 중시하는 태도가 오랜 뿌리를 가진 것이며 구동독에서도 지속되었다고 본다.

두 번째로 관심을 끈 것은 일상사적인 접근이었다. 연구자들은 공식적 기억의 중심에 있는 정치적 전환점들보다 문화사 및 사회사적 관점에서 그것을 초래한 이전의 역사적 조건들과 1989/90년, 그리고 그것이 파생한 이후의 변화들을 대등하게 살펴보는 '혁명과 변환의 장기적인 일상사 및 전체 사회사'를 재구성하고자 했다. 그리하여 그들이 제기한 핵심적 질문은 '역사적 행위자들은 그들의 일상적 생활세계에서 체제 교체를 어떻게 극복하는가? 그들은 어떻게 그것을 준비하고 만들어가는가? 그들은 그것을 어떻게 경험했고 어떻게 기억하는가?'였다. 브뢱베는 전환의 긴 역사 안에서, 생활세계에서 지속되고 있는 사상과 심성이 체제 교체와 부딪치며 적응해나가는 과정에 긴장 관계가 발생할 수밖에 없었다는 것을 자세히 설명한다. 그리하여 '선 반환, 후 보상'이라는 원칙에 따라 서독의 소유권 제도가 동독 지역에서 아무런 저항 없이 숙명론적으로 수용된 것이 아님을 설명한다. 필링어는 서독의 언론 매체와 학술 담론을 통해 유포된 구동독의 사회주의적 생활세계에 대한 부정적 이미지들에 맞서, 과거 동독인들이 물량 부족을 공동으로 극복했던 것을 연대와 공동체적 관계라는 동독만의 특별한 경험으로서 긍정적으로 서술하는 서사 전략의 의미를 강조한다. 그는 이렇게 구술사가 피지배자의 경험을 전해주면서 지배자의 경험과 서로 충돌하게 하는 가능성을 제공한다고 본다. 르네 슐로트는 연구자들이 일상사적인 접근을 통해, 특히 "행동하는 구동독 시민을 재발견했다"라고 높이 평가한다.

> "프로젝트 연구 그룹은 불확실한 재산권 문제를 처리하기 위한 법률을 항의를 통해 그들의 이해관계에 맞도록 개선하고, 미디어에서 새로운 다양한 상품에 대한 정보를 얻었고, 국가안전부를 위한 협력을 의심받는 교사들을 위해 힘을 보태거나 1989년 말부터 학교 건물이나 교실을 자발적 이니셔티브로 바꾸어나간, 행동하는 구동독 시민들을 재발견했다."

세 번째로 프로젝트 그룹은 전환의 긴 역사를 다루면서 '오시(Ossi)/베시(Wessi)'라는 스테레오타입에서 대립적으로 바라보는 편견을 피하고자 했다. 저자들은 셋 다 서독 출신이다. 처음에는 동독 출신인 안야 슈뢰터가 정치 문화라는 중요한 주제를 맡아 참여했지만 개인적인 사정으로 중도에 일찍 이탈했다. 이 책은 서문에서 연구자의 출신이 연구에 어떤 영향을 끼치는가라는 중요한 문제를 제기한다. 슈뢰터는 인터뷰를 할 때 동독 출신으로서 갖는 이점에 대해 이야기했지만, 이 책의 저자들은 이에 대해 다른 생각을 분명히 했다. 브뤽베는 "자신의 출신과 상관없이 연구자로서 감정이입을 통해 인터뷰 상대자들에게 열린 태도로 대할 수 있는지가 중요하다"고 강조한다. 그녀는 면담자가 동독인이냐 서독인이냐보다는 사적인 자리에서의 질적 인터뷰냐 공중을 대상으로 한 것이냐에 따라 큰 차이가 난다고 본다. 필링어는 연령과 성별, 사회적 지위 문제가 훨씬 더 중요한 역할을 한다고 주장한다.

내가 보기에는 그래도 연령과 그에 따른 역사적 및 지역적 경험이 연구자의 인식 관심과 문제를 바라보는 시각에 당연히 영향을 끼치지 않을까 한다. 예컨대 1960년대나 1970년대 초에 태어나 전환 시기 많은 부정적인 충격을 경험하고 학문적 경력 형성에서 서독 출신들과의 경쟁에서 많은 좌절을 경험해야 했던 동독 출신 학자를 상정해보자. 서독 출신의 독일 통일 및 체제 전환 연구자와 비교할 때, 그가 동독의 체제 전환 과정을 더 비판적으로 바라보고 통일 독일에서의 불평등 문제에 대해 더 민감할 수밖에 없지 않을까? 그리고 구동독의 사회와 문화에 대해 방어적 의도에서 더 긍정적으로 평가하려 하지 않을까?

네 번째로 지금까지 어떤 실험적인 연구 프로젝트 속에서도 접하지 못했던 것이 다층적인 대화의 시도다. 세 명의 연구자는 처음부터 협동 연구로 프로젝트를 시작했다. 서로의 사료, 지식, 사고를 교환하고 긴 대화를 통해 방법론을 다듬고 연구 내용을 토론했다. 그들은 그러한 연구 결과를 보여주는 데 있어 학술회의는 적합한 형식이 아니라는 결론을 내리고 대화 여행이라는 아이디어를 발전시켰다. 각자 따로 연구해 독립된 논문을 내는 것보다 서면 대화가 그들의 집단적 연구 방식과 연구 방법을 기록하는 데 적합하다고 생각했다. 뿐만 아니라 서면 대화는 연구 결과를 구술자들이 이해할 수 있는 형태로 알리고, 토론에 부치고, 일반 대중에 전달하는 데도 유용했다. 연구자들은 지방 소도시와 농촌, 대도시와 대도시 외곽 지역의 네 곳을 정해 주제와 관련한 현장 증인들과 언론 매체를 초대해 서면 대화 형식으로 작성한 그들의 연구 성과를 미리 알리고, 전환의 긴 역사에 대한 증인들의 증언을 듣고, 주제 테이블들에서 연구자들과 참가자들 사이의 대화를 진행하고, 방문자들이 질문지 카드를 기입해 전시하게 하는 대화 여행 행사를 진행했다. 이러한 대화 여행 행사를 통해 프로젝트팀은 연구 결과를 좁은 범위의 학자들 사이의 대화를 넘어 대중에게 확산시키기 위한 새로운 학문적 소통 형식을 실험했다. 또한 역사가의 실질적인 연구 방식을 알리고 그것을 통해 얻은 결과를 가지고 연구 대상이 된 시민과 대화를 나누는 시간을 제공하고자 했다. 그것은 쌍방향적인 소통의 시도이기도 했다. 이러한 참신한 시도는 일부 비판적인 목소리도 있었지만 참가한 동료 학자나 청중, 언론 매체들로부터 전반적으로 큰 호평을 받았다.

이 연구 프로젝트가 시작된 시점은 독일에서 시리아 난민의 대량 유입과 함께 외국인 혐오 테러, 인종주의와 민족주의가 강화되던 때였다. 따라서 연구자들은 그들 연구에서 이 주제들에 초점을 맞추지는 않았지만, 그들이 다루는 사료나 수행한 인터뷰들에서 그것이 많이 떠오르리라 기대했다. 그러나 학교 교육사를 연구한 횔러의 경우를 제외하곤 다른 두 연구자는 그렇게 분명한 증거들을 많이 맞닥뜨린 것은 아니었다. 그들이 대화 여행에 이 주제의 전문 기자인 크리스티안 방엘을 대동한 것은 좋은 선택이었다고 생각된다. 이 주제가 앞으로 독일 통일과 체제 전환을 연구하는 데 빠뜨릴 수 없게 될 것이기 때문이다.

튀빙겐 대학 한국학과와 한독비교사포럼은 나우만 재단의 제안과 후원을 받아들여 이 책의 출간에 맞추어 저자들과 대화 형태로 학술회의를 개최하기로 했다. 대면으로 하려던 계획은 코로나 상황이 심각해지면서 무산되고 2020년 12월 4일 온라인과 오프라인을 병행하는 형태로 학술회의가 개최되었다. 북한대학원대학교의 이우영 교수, 통일교육원의 김진환 교수, 통일연구원의 조정아 교수가 각각 주거 문화와 주택 소유권 문제, 소비 생활, 학교 교육의 주제를 맡았고, 성균관대 이진일 교수가 전체 프로젝트의 콘셉트에 관한 총론적인 토론을 맡아 지정 토론을 수행했다. 학술회의의 사회는 연세대 김성보 교수가 맡았다. 토론문은 학술회의 이전에 독일어로 번역되어 저자들에게 보내졌다.

이우영 교수는 10여 년 전부터 북한대학원대학교에서 남북한마음통합연구센터(The Center for Integration of Korean Minds)를 이끌어왔으며, 최근에는 통일 이후 동·서독 주민의 사회심리적 통합 문제와 체제 전환 이후 동독 지역 주민들의 일상 변화에 깊은 관심을 갖고 있다. 그는 북한에서 '고난의 행군' 이후 시장화가 진전되면서 '북한식 체제 전환'을 경험하고 있다고 본다. 시장화와 함께 주택 거래가 확산되고 신흥부자들이 인기 있는 지역으로 모이면서 도시에 공간 분화도 일어나고 있다는 것이다. 김진환 교수도 독일 저자들과의 학문적 대화를 위해 1990년대를 거치면서 시장화와 함께 북한 사회의 소비문화가 어떻게 변화하고 있는지를 소개한다. 그는 전환 '이전' 동독 사회의 소비문화와 현재 북한 사회의 소비문화가 비교 가능하며 흥미로운 연구 주제가 되리라고 본다. 개인 소유권에 대한 장기지속적인 심성과 관련해 그는 구동독에서와는 달리 북한에서는 1950년대 말까지 개인 재산권에 대한 사고가 존재할 수 있는 '제도적 기반'이 거의 사라졌다고 본다. 그는 1990년대 이후 시장화가 소비문화와 심성에 끼친 영향을 추적한다. 조정아 교수에 따르면, 북한에서의 교육은 학부모의 책임이기보다는 국가의 책임이라는 심성이 형성되어 있었는데, 2000년대 이후 시장화가 확산되면서 이러한 심성 구조에 변화가 나타났다고 본다. 그녀는 남북의 서로 다른 체제 속에서 교육열이라는 오래된 심성 구조가 어떻게 다른 양상으로 표현되는지에 대해 각별히 주목했다. 그녀는 근래 수행된 흥미 있는 북한 교육에 대한 연구들을 소개한다. 그녀에 따르면, 탈북 청소년 연구는 체제가 다른 사회로 이주한 청소년들의 새로운 사회에의 적응과 통합에 관한 연구이기 때문에 동독 주민들을 대상으로 한 전환 연구와 부분적으로 유사한 맥락을 지닌다는 것이다. 쵤러로부터 작센 지역 종단 연구의 의미에 대해 들었기 때문에, 특히 한국교육개발원에서 2010년부터 수행한 탈북 청소년 교육 종단 연구가 흥미를 끈다. 이 연구는 정부의 지원정책을 비롯한 여러 가지 변화 요인들이 탈북 청소년의 적응에 끼치는 영향을 분석한 것이다.

나는 2021년 9월 24일과 25일에 고려대 문과대학과 튀빙겐 대학 한국학연구소가 공동 주최하고 프리드리히 나우만 재단이 지원하는 한독 학술회의를 다시 개최했다. 브뢰베 교수는 여기서 '1989년을 전후한 체제교체의 일상'이라는 제목으로, 주거 문화와 주택 소유권에 대한 연구를 중심으로 연구 프로젝트의 성과를 발표했다. 지정 토론을 맡은 나는 전환 이후 독일 사회에서의 사회적 통합과 관련해 아래의 몇 가지 사항을 제기했다.

1) 독일 연방정부는 통일 과정에서 소유권 질서와 관련해 반환 우선 원칙을 적용함으로써 많은 소유권 분쟁이 일어났고 동독 지역에 투자를 하는 데도 장애 요인이 되었습니다. 이것은 불가피한 결정이었나요? 아니면 어떤 특정한 이해관계가 작용해 아주 잘못된 선택을 한 것인가요? 한국에서 통일 문제 전문가 가운데 다수는 반환 우선 원칙이 북한 주민의 생존을 심각하게 위협할 것이고 거센 사회적 저항을 가져올 것이기 때문에 보상 원칙을 적용해야 한다고 봅니다. 그러나 사유재산의 원칙을 신성시하는 자본주의 질서 속에서 구소유권자의 저항이 만만치 않을 것입니다.

2) 갑자기 나타나 소유권을 주장하는 서독의 구소유권자에 맞서 동독인이 어떻게 성공적으로 그들의 이해관계를 지켜낼 수 있었는지 궁금합니다. 서독의 법질서를 잘 알지 못하는 그들이 스스로 집단적으로 법률 소송을 이끌어갔는지, 아니면 연방정부나 NGO가 그런 법률 자문을 제공했는지요? 또한 소유권 문제로 인한 법적 분쟁이 오랫동안 '오시-베시' 갈등을 더 증폭하지 않았는지도 궁금합니다. 동·서독인 사이에 지난 30년 동안 소득 수준은 많이 근접해졌지만, 재산 형성에서는 여전히 큰 차이가 있는 것도 동독인이 스스로를 '2등 국민'(Bürger zweiter Klasse)으로 느끼게 하는 데 일정한 역할을 하고 있다고 봅니다.

3) 브뤽베 교수도 참여해 함께 작성한 '평화 혁명 30년과 독일 통일'
    위원회의 조사결과 보고서는 다음과 같이 통일 30년의 남아 있는
    문제들을 비판적으로 지적하고 있습니다.

"동독인 3분의 2가 여론조사에서 여전히 '2등 국민'으로 느낀다고 하
면 이는 우려스러운 일이다. 동독인이 행정, 사법, 경제, 학문, 미디어 혹
은 군대의 지도부에 여전히 현저하게 적게 포진되어 있다면 심히 유감
스러운 일이다. 동독에서 임금과 월급, 재산과 상속이 서독에서보다 계
속해서 훨씬 더 적다는 것은 불만족스러운 일이다. 극우 정당과 극우 운
동이 신연방 주(州)들에서 재삼재사 최고의 성공을 거두고 인종주의적
테러가 평균 이상으로 벌어진다는 것은 민주정치적인 관점에서 우려스
러운 일이다."

　난민의 대량 유입과 함께 심화된 인종주의와 민족주의 정서는 독일
사회가 당면한 큰 도전인 것 같습니다. 이것이 서독에서보다 동독 지역
에서 더 큰 우려를 불러일으키고 있는데, 일부 연구가 밝힌 것처럼 한편
으로 그 원인을 구동독의 불충분한 과거 청산에서 찾을 수도 있겠지만,
다른 한편으로는 통일 이후 동독 지역의 현실에서도 찾을 수 있으리라
봅니다. 브뤽베 교수는 '전환의 오랜 역사'에서 이 문제도 다루었습니
다. 여기에 대해서도 설명해주시기 바랍니다.

튀빙겐 대학 한국학과장인 이유재 교수는 고려대의 9월 학술회의에
서의 논의를 두 가지 측면에서 패러다임의 전환이라고 평가했다. 하나
는 한반도 문제에 대한 논의가 통일로부터 평화로 이동했다는 것이며,
또 다른 하나는 독일 통일을 미래 한반도 통일의 모델로 보는 인식이 이
제 설득력을 잃고 독일 통일 과정의 경험을 보다 냉정하게 역사적으로

균형 잡힌 시각으로 바라보게 되었다는 것이다. 이러한 인식의 변화에는 한편으로는 문재인 정부 아래에서의 남북 관계에서 극적인 경험들이 높은 기대와 함께 커다란 실망을 안겨주기도 했지만, 평화가 만들어낼 수 있는 가능성에 대한 시각을 열어주기도 했다는 사실이다. 또한 한편으로는 동독 지역에서 극우 정당인 AfD(독일을 위한 대안)가 급격히 세력을 확장하고 네오나치 지하 조직인 NSU-컴플렉스(NSU-Komplex)와 페기다(Pegida) 같은 극우 조직이 등장해 테러나 과격한 선동과 시위를 함으로써 동독 지역의 극우화 경향이 독일의 가장 중요한 정치적·사회적 현안으로 부상했다는 것도 우리가 주목해야 한다. 독일 대통령 슈타인마이어는 베를린 장벽 붕괴 30주년 기념 연설에서 "수많은 희생자를 낸 거대한 비인도적 장벽은 이제 존재하지 않지만 …… 이 나라를 가로지르는 새로운 장벽들, 좌절과 분노와 증오의 장벽들, 눈에 보이지 않지만 우리를 갈라놓고 있는 침묵과 소외의 장벽들이 생겨났다"라고 한탄했다. 이러한 배경 속에서 독일 통일 30주년은 어두운 색조로 그려질 수밖에 없었으며, 독일 통일 30년에 대한 비판적 성찰은 한국에서의 독일 통일 담론에도 영향을 끼쳤을 것이다.

이 책의 저자들은 그들의 연구 성과를 상아탑 속에서의 논의에 가두어두려 하지 않고 다양한 대화를 통해 알리고자 했으며, 학문과 시민사회 사이에서 소통을 시도했다. 그것은 크게 주목받고 호평을 받았다. 그들은 동유럽의 다른 체제 전환의 경험들과도 진지한 대화를 하고 싶었지만, 이번에는 이루지 못한 것을 아쉬워했다. 책의 말미에서 그들은 그런 아쉬움을 다음과 같이 표현했다. "우리는 독일이라는 접시 가장자리를 넘어서는 시선에 특히 관심이 있다." 2020년 12월의 학술회의와 이 번역서의 출간이 유럽적 경계를 넘어선 대화를 성사시킨 것이라 저자들은 무척 기쁘게 생각하고 있다. 한국의 연구자와 독자에게도 신선한 자극이 되리라 믿는다.

　　12월 학술회의에 좋은 토론자들을 추천하고, 사회자로서나 토론자로서 참여하고 온라인으로 참여해 관심 있게 지켜봐준 한독비교사포럼과 튀빙겐 대학 한국학과 선생님들에게 감사드린다. 이 의미 있는 책을 소개하고 온·오프라인 학술회의를 통해 저자들과 대화를 할 수 있도록 격려해 주고 번역서 출간을 적극적으로 지원해준 프리드리히 나우만 재단 서울사무소의 크리스티안 탁스 소장(안타깝게도 탁스 소장은 이 책의 출간을 보지 못하고 지난해에 지병으로 세상을 떠났다. 고인의 명복을 빈다)과 팀 브로제에게도 깊은 감사를 드린다.

　　이 책의 3분의 2 가까이를 번역하고 출판사와의 협력까지 모든 힘든 일을 기꺼이 맡아주신 이진일 선생님과 마지막 장(章)의 번역을 맡아주신 정용숙 선생님께 각별한 감사를 드리는 바다. 전환의 긴 역사에 대한 새로운 접근과 그 연구 성과를 서면 대화와 대화 여행이라는 새로운 방식으로, 연구 대상이었던 시민과 폭넓은 독자층에게 전달한 브뢱베 교수, 공동 연구자인 췰러, 그리고 필링어가 학문적 소통의 새로운 길을 연 것에 대해 다시금 찬사를 보내는 바다.

2024년 1월
튀빙겐 대학 한국학연구소
펠로우 한운석

차례

학자들의 시선 _____ 165
다른 학자들의 관점에서 본 서면 대화

카타리나 하클(Katharina Hackl)
"1989년과 그 전후의 시간을 당신은 어떻게 경험했나요?" **199**
A5 용지에 적은 기억들

케르스틴 브뤽베, 클레멘스 필링어, 카트린 췰러, 안야 슈뢰터

동독 출신? 출신 지역과 연구 관심

서문

브뤽베 1989년의 역사에 대해 연구하기 시작한 이래, 나는 동독과 서독 중에서 어디서 성장했는지에 대한 질문을 자주 받습니다. 여기에는 한 사회의 역사를 이해하고 설명할 수 있기 위해서는 그 사회에서 살았어야 한다는 가정이 깔려 있습니다. 하지만 특정 지역의 출신이라는 점이 어떤 주제를 연구하는 데 도움이 되거나 심지어 필수적일까요? 아니면 오히려 방해가 될까요? 독일에서 현대사의 개척자인 한스 로트펠스 (Hans Rothfels)는 연구 대상과의 근접이 인식 과정을 방해하는지, 아니면 공감과 이해를 용이하게 하는지의 문제를 현대 역사가들의 근본적인 문제로 봅니다.[1] 이러한 긴장 관계는 전적으로 해소될 수는 없습니다. 그러나 우리는 연구 주제에 대한 성찰적 접근을 가능하게 하고 다른 사람들에게 처음부터 관심의 배경을 분명히 하기 위해 서문에서 곧바로 우리의 동기를 밝히고자 합니다.

필링어 실제로 자신의 출신 문제는 일견 보이는 바와 같이 단순하게 답변할 수 없습니다. 나는 브레멘에서 성장했고 드레스덴과 베를린에서

29

공부했으며, 지금은 독일 서북부보다는 동독 지역에서 더 오래 살고 있습니다. 내 집은 베를린에 있고, 여자 친구는 츠비카우 출신입니다. 브레멘에는 아는 사람도 친구도 없습니다. 내 조부모가 1960년 동베를린에서 서베를린으로 이주했고, 어머니는 서베를린에서 성장했음에도 동독과 서독의 분단은 가족의 기억에서 별로 중요한 역할을 하지 않았습니다. 적어도 오랫동안 누구도 내게 그것에 대해 이야기하지 않았습니다. 돌이켜보면 베를린 장벽이 세워지기 단지 1년 전에 베를린 서부로 이사하기로 한 조부모의 결정은 마치 일종의 선로 변경처럼 부모 세대를 넘어 내 삶에까지도 영향을 끼쳤습니다. 내가 동독 역사와 의식적으로 첫 접촉을 한 것은 드레스덴에서의 대학 생활 시기였습니다. 당시 나는 대학생으로서 철저히 실용적인 방식으로 동독 붕괴의 장기적 결과들로부터 이득을 보았습니다. 오븐에 나무로 난방하는 오래된 집은 집세가 대단히 낮았기 때문에, 내 방을 옛 동독의 가구들로 저렴하게 꾸밀 수 있었습니다.

브뤽베 그러면 당신은 구(舊)동독의 물질적 유산을 통해 내용적으로 관심을 갖게 되었군요 ⋯⋯.

필링어 그렇게 말할 수 있습니다. 나는 1989/90년 구동독 정치 체제의 종말과 거기에 참여했던 동독 반체제 행위자들 그리고 '제3의 길', 즉 당시 통일의 대안에 대한 그들의 생각을 대학 졸업 논문에서 조사했습니다. 학문적 수련 과정과 직업 활동에서 구동독의 역사와 관련된 일을 했습니다. 대학을 졸업하고 박물관과 기념관에서 일할 때도 그러했습니다. 2016년 포츠담의 라이프니츠 현대사연구소(Leibniz-Zentrum für Zeithistorische Forschung, ZZF)에서 연구 프로젝트 공고가 났을 때, 여기서 일을 해야겠다는 생각이 분명했습니다(프로젝트에 대한 설명은 45쪽 참조).

브뤽베 소비라는 주제를 다루는 세부 프로젝트를 선택한 이유는 무엇입니까? 당신은 이미 면접 때 소비 품목들의 사진을 들고 왔지요.

필링어 여자 친구의 미술 활동 덕분에 여러 해 전부터 구동독의 물질문화와 소비가 동독 지역의 변혁에서 갖는 의미에 대해 씨름해왔고, 그 때문에 소비에 대한 세부 프로젝트가 특별히 흥미로웠습니다. 그런데 내 출신 문제로 돌아오면 그것이 기념관에서 일하는 동안 줄곧 나를 따라다니기는 했지만, 1989년과 그 전과 후를 다루는 우리의 연구 프로젝트의 틀 속에서 함께 활동하고 공적으로 발언하고 나를 자리매김하게 된 이후에 나는 더 공격적으로 그 문제와 대면하게 됩니다. 내가 생각하기에 동독 출신이냐 서독 출신이냐의 문제는 포함시키느냐 배제하느냐에 영향을 끼칩니다. 이로써 내게 간접적으로 구동독의 역사에 대해 연구할 능력이나 자격이 인정되거나 거부되는 것이지요. 그러나 이것은 너무 단순한 처리 방식으로 보입니다.

췰러 나도 그렇게 생각합니다. 자신의 전기(傳記)가 연구 관심과 성과에 끼치는 영향에 대해 설명해준다면 동독이나 서독에서의 사회화 외에 다른 요소들도 고려에 끌어들여야 합니다. 모든 사람은 상이한 전제들을 갖고 있습니다. 우리는 출신지 외에도 연령, 성별, 피부색, 사회적 및 경제적 배경 같은 다른 영향들에 대해서도 생각해야 합니다. 간단히 말해 우리에게 영향을 끼치는 많은 요소가 있고, 동독이나 서독에서 사회화의 과정을 겪었다는 것은 그 가운데 단지 하나에 지나지 않는 것이지요. 나는 베를린 장벽 붕괴 2년 전에 태어났습니다. 포츠담에서 2011년부터 시작한 현대사 석사 과정에 들어갈 때까지 과거 독일의 분단이 아무런 역할을 하지 않는다는 가정 아래 살았습니다. 내 가족이 '전환-이후' 시기를 더 직접적으로 느낄 수 있었다면 아마도 달랐을 것입니다. 내게 잘 맞는 공부를 할 수 있는 곳을 독일 전체에서 찾는 것은 당연한 일이었습니다. 포츠담은 공부할 도시로서 특별히 매력이 있었는데, 왜냐하면 여기서는 거리의 모습 같은 직접적인 과거의 흔적들을 여러 곳에서 볼 수 있었기 때문입니다.

브뤽베 최근의 현대사가 특별히 당신의 흥미를 끌었군요?

칠러 연구 대상이 '동시대인들'(Mitlebende, Hans Rothfels)[2]의 일부에게는 체험한 경험들을 의미하고, 고대나 중세와 같이 그렇게 멀고 낯설지 않다는 사실이 현대사의 주제들에 제가 항상 매혹되는 이유인 것 같습니다. 나는 추모 공원과 재단들을 위한 활동을 통해 재삼재사 현장 증인들, 그리고 그 후손들과 접촉하게 되었습니다. 그래서 이 연구 프로젝트에서의 방법론적 접근도 저를 매혹시켰습니다. 그것은 문서고의 사료들과 1990년대에 수행된 인터뷰들, 그리고 구술사를 동원해 내가 스스로 수행했던 대화들이었습니다.

브뤽베 당신은 처음부터 학교라는 주제를 연구하려고 했습니다. 왜죠?

칠러 학창 시절은 한 사람의 인생을 각인하고, 동독에서건 서독에서건 모든 사람에게 관계되기 때문에 연구 대상으로서의 학교는 내게 매혹적이었습니다. 내게 학교는 항상 이중적인 장소였죠. 한편으로는 몇몇 선생님들이 특별히 좋은 수업을 통해, 그리고 특히 학교 외 행사들에서 많은 것을 가능하게 해주었고, 역사와 문학, 미술과의 첫 만남을 매개해 주었습니다. 다른 한편으로는 학교의 구조적인 환경과 권력 관계, 훈육 방식이 내게는 항상 낯설었고 그러한 것들이 학교를 억압적인 기관으로 인지토록 했습니다. 두 개의 상이한 정치 체제 속에서 학교와 씨름하려는 나의 동기는 학교라는 제도를 그 메커니즘과 의도, 그리고 개별 인간에 대한 영향력이라는 측면에서 더 잘 이해하고 싶다는 욕구에서도 비롯되었습니다. 나는 자주 변혁기의 학교라는 주제에서 구동독이나 서독의 특별한 구조들은 무엇이었고, 1980년대 말의 정치 체제와 관계없이 전체적으로 학교에 특징적인 것은 무엇이었는지를 묻게 되었습니다.

브뤽베 연구 프로젝트 참여의 동기 속에는 여러 요인이 함께 작용한다는 당신의 견해에 동의합니다. 우리 팀은 연령에 있어서도 서로 다릅니다. 나는 1989년 6월 고등학교 수학여행 때 처음으로 구동독을 여행했습니다. 3개월 뒤 독일-폴란드 학생 교류 프로그램에 참가해 폴란드 도시인 우치(Łódź)를 여행하기도 했습니다. 또한 베를린 장벽이 열리는 것을 텔레비전을 통해 본 것, 그리고 하르츠(Harz) 지역의 임시 통과소를 자동차로 넘어갔다 온 것 등이 나에게 각인된 1989년에 대한 기억입니다. 구동독 사람들이 그 당시 체험한 것들과 비교하자면, 1989년이 내 생애사에서는 어떤 각별한 의미를 갖지는 않습니다. 그러나 구동독과 동독 지역에 대한 나의 관심은 이미 이전에, 예컨대 동독과 서독 사이의 펜팔 형태로 존재했습니다. 나는 이 관심을 개인적으로, 그리고 학문적으로 간직하고 있었습니다. 그래서 2000년대 초에 박사 학위 논문 일부에서 그 문제를 다루었고, 2016년부터 2020년까지 포츠담의 라이프니츠 현대사연구소에서 "'전환'의 긴 역사"(Die lange Geschichte der 'Wende', LGW-Projekt) 연구팀을 이끌었습니다.

필링어 연구팀에 대한 아이디어는 어떻게 생겨났습니까?

브뢱베 2011년이었습니다. 당시 나는 런던에서 역사학자로 일했는데 앞으로 무엇을 할 것인지 결정해야 했습니다. 하나의 가능성은 독일로의 복귀, 구체적으로는 베를린 교외의 클라인마흐노프(Kleinmachnow)로 돌아가는 것이었습니다. 역사가로서 내게는 그 장소가 아무 작업도 안 된 백지 상태는 결코 아니었습니다. 20세기의 여러 정치 체제를 겪으면서 사연 많은 역사를 가옥들의 벽과 주민들의 생애가 보여줍니다. 내 시어머니는 클라인마흐노프를 1953년에 떠났고, 그 직후에 어느 가족이 그 집으로 들어왔는데, 그 아들은 2011년에도 여전히 아내, 아이들과 함께 거기에 세 들어 살았습니다. 자기가 들어가 살려고 그 사람들을 나가라고 하는 게 온당할까요? 그것은 내가 씨름해야 할 문제였습니다. 두 번째 문제도 마찬가지로 근본적인 것이었습니다. (주택) 소유와 인간은 어떤 관계를 맺는가? 프랑스혁명의 슬로건에서 표현된 것처럼 그것은 해방하는 것인가 혹은 너무 의무를 많이 지우고, 삶을 제한하고, 융통성 없게 만들고, 사람을 물질적인 것으로 고정하는 것인가? 이러한 것들은 집중적으로 씨름할 때 비로소 설명할 수 있는 문제들입니다. 그래서 '전환'(이 개념에 대해서는 47쪽 참조)의 긴 역사에 대해 여러 해 동안 탐구하는 연구팀이라는 생각이 나온 것입니다. 이렇게 포츠담의 라이프니츠 현대사연구소, 그리고 슈뢰터와 접촉하게 된 것입니다.

슈뢰터[3] 내 배경은 약간 다릅니다. 나는 연령상 여러분 세 명의 사이에 있고 동독 출신이지요. 구동독의 역사에 대한 관심은 내 출신을 통해서뿐만 아니라 학교에서도 일깨워졌습니다. 아울러 대학에서 공부하는 동안, 그리고 그 이후의 경력에서 방향을 제시해주는 역할을 했습니다. 1989년까지의 동독 역사의 다양한 양상들과 씨름하고, 또한 그 이후의 시기에 대해 그것이 갖는 의미를 연구하는 것은 내게는 무척 흥미로운 일입니다. 처음에는 자발적으로, 그리고 무엇보다 정권의 통제 아래에서 일어났고 1989년까지 영향을 끼쳤던 정치적 참여의 가능성과 한계에 관한 문제가 나를 프로젝트로 이끈 동인이었습니다. 내가 '동독 출신'이라는 것을 알면 인터뷰의 상대자들이 더 솔직히 대한다는 것을 내 연구의 틀 속에서 반복해 경험했습니다. 이것은 구술사 인터뷰에서 흥미로운 일입니다. 결국 내 개인적인 배경이 대화의 상황과 경과, 그리고 사료의 생성에도 함께 영향을 끼치게 됩니다. 나는 어린 시절 구동독에 대한 기억을 가질 만큼 일찍 태어났지만, 1989년 11월에 왜 모두가 그렇게 흥분했었는지를 이해하기에는 너무 늦게 태어났습니다. 나는 중고등학교 시절을 오로지 연방 독일의 체제 속에서 경험한 첫 세대입니다. 그럼에도 불구하고 수많은 현장 증인들은 그들의 당시나 오늘날의 정치적 입장과 무관하게 내가 이러한 환경에서 성장했으며 "몇 가지를 함께 경험했다"라는 것을 알게 되면, 더 솔직하게 저를 대해주었습니다.

칠러 많은 사람에게 출신 문제를 주제로 삼는 것은 분명히 중요합니다. 다른 한편으로 나는 인터뷰의 성공이 연구자의 출신에 그렇게 많이 달려 있다고 생각하지는 않습니다. 인터뷰는 서로에게 어떤 시각을 갖고 있느냐에 의해서도 영향을 받습니다.[4] 예컨대, 나는 나보다 훨씬 더 나이가 많은 남자 인터뷰 상대자들이 나를 젊은 학자로서 진지하게 받아들이지 않거나 어떻게 처신해야 할지 불확실해 하는 경험을 했습니다. 인터뷰를 시작할 당시, 상대방은 제게 거만하게 말을 놓더라구요. 여기서는 나이와 성별이라는 범주가 출신보다 훨씬 더 중요하게 작용합니다. 객관적 차원에서 이야기를 다시 시작해야 하기 때문에 그러한 출발은 대화 상황에 영향을 끼칩니다.

브뤽베 어떻든지 하나의 인터뷰에는 다양한 측면들이 영향을 끼칩니다. 슈뢰터, 동독에서 자랐다는 과거가 도움이 된다는 당신의 관찰에 나는 좀 다른 생각입니다. 보다 더 중요한 것은 존중심을 갖고 대화 상대를 대하는 것이지요. 많은 동독인에게 동독 출신이라는 점이 인터뷰에 동의하기 위한 문고리 역할을 할 수도 있습니다. 그러나 여러 사례에서 반대 효과가 일어날 수도 있다는 것을 말하고 싶습니다. 정치 논쟁을 보면, 출신 혹은 역사 참여의 문제가 정치적으로 이용된다는 것을 알 수 있습니다. 한 예가 2019년 여름 『프랑크푸르터 알게마이네 차이퉁』(*Frankfurter Allgemeine Zeitung*, FAZ)에서 있었던 종교사회학자 데틀레프 폴라크(Detlev Pollack)와 역사학자 일코-사샤 코발추크(Ilko-Sascha Kowalczuk) 사이의 논쟁이었습니다.[5] 다양한 요인들이 1989년 구동독의 붕괴를 가져왔다는 것은 이미 오래전에 학문적으로 설명되었습니다.[6] 2019년 폴라크가 구동독의 반체제 인사들이 별로 중요하게 참여하지 않았다고 썼을 때, 그것은 폴라크가 특정 그룹을 꼽아 그들의 성공적 참여를 부정하는 것이기 때문에 나는 그것을 정치적인 발언이라고 봅니다. 그것은 내 사료들에서도 관찰할 수 있는 처리 방식입니다. 깎아내리는 평가는 방어를 불러 일으키고 섬세한 분석을 방해합니다. 코발추크는 폴라크가 독일 사회주의통일당(Sozialistische Einheitspartei Deutschlands, SED) 정권에 가담한 것을 비난함으로써 같은 원리로 응답을 하고 있습니다. 간단히 말해 나는 동서로 나누는 것은 너무 단순하다는 생각입니다. 많은 사람에게서 출신 문제는 일정 역할을 하며 그것을 밝히는 것이 대화에서 더 개방적인 태도를 취하게 만듭니다. 그러나 어떤 사람들은 구동독에서의 상이한 참여가 분명해지면 출신 문제에 대해 오히려 소극적으로 반응합니다. 그래서 나는 동과 서로 단순화해 자리매김하는 것에 반대합니다. 이해하는 데 도움이 되지 않기 때문입니다. 반면에 나는 동독인과 서독인의 상이한 경험들을 대립적으로 서술하지 않는 것이 매우 중요하다고 봅니다. 슈뢰터, 나는 연령에 대한 지적을 흥미롭게 봐요. 당신이 구동독 정권에 적극적인 태도를 취하기에는 너무 어렸기 때문에 나는 잘 이해할 수 있습니다. 우리의 연구 프로젝트와 관련해 나는 한편으로 자신의 출신과 상관없이 연구자로서 감정이입을 통해 인터뷰 상대자들에게 열린 태도로 대할 수 있는지가 중요하다는 것을 강조하고 싶습니다. 다른 한편으로 상이한 동기와 전기(傳記)를 기반으로 비판적으로 토론한다는 것이 바로 우리 연구팀의 특징입니다.

필링어 브뢱베, 슈뢰터와 쵤러가 그랬던 것처럼 대화를 어떻게 진행시켜야 하느냐에 대한 조언으로 당신은 구술사적 방법을 통한 사료의 생산, 즉 구체적인 방법을 따르는 현장 증인 인터뷰를 이야기하고 있습니다. 인터뷰는 우리에게 여러 사료들 가운데 하나에 지나지 않습니다. 인터뷰어의 출신이 연구 결과에 영향을 끼치느냐의 문제는 그 효과가 내가 생각하기로는 측정이나 입증이 경험적으로 불가능하기 때문에 특별히 흥미롭습니다. 인류학(Ethnologie) 같은 다른 학문 분야들은 매우 의식적으로 이 문제를 다루고 있지요. 지금까지 우리 연구팀이 수행한 인터뷰들의 분석에서 직관적으로는 아무런 차이도 발견할 수 없었습니다. 연령과 성별, 사회적 지위의 문제가 훨씬 더 중요한 역할을 하는 것으로 보입니다. 그 때문에 스스로 질문을 던지고, 언급된 요소들이 우리 구술사 인터뷰의 해석뿐만 아니라 프로젝트에서 이용하는 모든 역사적 사료에 영향을 끼치는지, 그리고 만일 그렇다면 얼마나 영향을 끼치는지 검토하는 것은 흥미로운 일입니다.

췰러 당신 의견에 동의합니다. 우리의 연구 결과들이 우리 자신의 전기에 의해 크게 영향을 받는다는 생각을 끝까지 밀고 간다면, 이 모든 것을 극단화할 수 있습니다. 거꾸로 우리의 결과들을 가지고 우리가 동독에서 자랐는지 아니면 서독에서 자랐는지, 나이가 얼마인지, 남성인지 여성인지 등을 알 수 있다는 것을 의미할 것입니다. 만약 그렇다면 그것은 현대사 연구의 이론과 방법론에 큰 파장을 일으킬 것입니다.[7] 우리는 대화 여행을 통해 1989/90년의 변혁의 역사를 동시대인의 역사로서 존중하려고 합니다. 그래서 또한 구술사를 넘어 우리가 연구하는 대상인 사람들과 대화하고 싶은 것이지요. 그들은 우리의 결과에 입장을 표명할 기회를 가지며, 자신들의 생각을 표현할 기회도 얻어야 합니다. 연구자들과 '연구 대상들' 사이의 상호 교류가 이 책에 기록되어 있습니다.

브뢱베 이로써 당신은 우리를 연구 방법론과 전형적으로 학문적인 것이란 무엇인지를 다루는 다음 장으로 이끌고 있네요.

소설, 음악, 저널리즘, 현장 증인, '전환'의 학문적 해석들

췰러 방법론에 대해 이야기하기 전에, 우선 다른 문제를 제기하고 싶습니다. 현대사의 주제들, 그리고 1989년의 변혁에 대한 전체 사회사를 연구하는 것은 명확한 특징을 갖고 있습니다. 현장 증인, 연구, 역사 정책, 공적 및 사적 기억, 현재의 상황에 대한 응답의 모색들이 나란히 서 있습니다. 최근의 역사가 상이한 형식들과 맥락 속에서 연관되는 것이지요. 많은 사람이 그것에 입장을 취하려 하고 역사를 전유하려 하며, 또 그렇게 할 수 있습니다. 이것은 우리가 학자로서 사회적인 역사 전유와 역사 전달 속에서 어떤 역할을 해야 하는지에 대한 문제를 던집니다. 우리의 작업 방식은 예술적인 형식이나 저널리스트적인 형식과 어떻게 구분이 되고, 아울러 그것은 어떤 장점과 단점을 가지고 있을까요?

브뤽베 칠러, 당신의 관점에서 혹은 당신의 연구 주제를 배경으로 이 질문에 어떻게 답변하겠어요?

칠러 평화혁명 30주년을 맞아 최근 동독에 대한 공개적 토론이 증가했다는 것을 관찰할 수 있습니다. 구동독과 그 변환(100쪽 참조)이 동독 지역의 현재 상황에 끼치는 장기적 영향에 관심의 초점이 맞추어져 있습니다. 미술과 문학에서는 오래전부터 최근의 과거를 다루고 있으며 거기서 설명과 해석을 제안하는 다양한 표현 형식이 발견되고 있지요. 1989년을 전후한 학교에 대한 제 연구 중점의 경우, 예를 들면 페터 리히터(Peter Richter)의 『89/90』,[8] 유디트 샬란스키(Judith Schalansky)의 『기린의 목』(Der Hals der Giraffe) 같은 소설[9]이 있습니다. 대중음악에서도 우리는 트레트만(Trettmann)의 「회색 콘크리트」나 로마노(Romano)의 「개들의 왕」 같은 노래들을 통해 '전환'이나 그 직후 시기와는 접촉점이 없는 젊은 청중에 호소하는 미학적이고도 정서적으로 다가가는 역사 해석의 형식들을 갖고 있습니다. 이러한 역사 해석의 형식들은 우리의 다소 폐쇄적이고 이론과 텍스트가 부담스러운 학문적 연구 성과들보다 더 직접적이고 날카로우면서 공공에게는 더 큰 영향을 끼칩니다. 하지만 그것들은 매우 주관적인 관점을 보여줍니다. 우리의 연구 프로젝트에서는 그에 반해 다양한 사료들을 기반으로 개별 사례들을 넘어 사회적 모델들에 대한 평가를 내리는 것이 중요합니다.

필링어 그리고 그 때문에 연구는 내 관점에서 과거를 해석하는 데 중요한 기여를 하는 것이지요.

칠러 그렇습니다. 역사 연구가 수용하는 방법론은 부분적으로 지루하게 조사해야 할 사료들에 근거해 '객관적으로'[10] 작업할 것을 우리에게 요구하고 있습니다. 즉 가능한 자신의 관점을 배제하고 객관적으로, 또한 거리를 두고 작업한다는 것이지요. 공적으로 큰 영향을 끼칠 수 있는 다른 형태로 빨리 의견들이 표현되면 이것은 아주 큰 도전입니다. 더욱이 이 작업 방식은 많은 시간을 필요로 합니다. 박사 학위 논문 등 연구 프로젝트의 시작부터 종료까지 평균 3~4년이 걸리지요. 그 사이 공적 논의는 경험적 연구보다 훨씬 더 진전된 경우가 많습니다. 그 결과 공적 해석은 종종 학문의 경험적 성과가 나오기 전에 이미 특정한 방향을 취하게 됩니다. 역사학이 제공하는 해석들은 공적 논의에 뒤처지게 되고, 그로 인해 논의들이 각기 다른 시점에서 진행됩니다.

필링어 칠러가 말한 1989/90년의 격변에 대한 예술가적 해석들에는 주관적인 부분이 분명히 인식될 수 있는 반면에, 저널리즘에서는 주관과 객관 사이의 경계가 불분명합니다. 아주 흥미로운 예가 저자이자 기자인 야나 헨젤(Jana Hensel)과 사회학자 볼프강 엥글러(Wolfgang Engler)가 2018년 함께 출간했던 『우리는 누구인가. 동독인이라는 경험』(*Wer wir sind. Die Erfahrung, ostdeutsch zu sein*)이라는 책입니다.[11] 여기서 기자의 견해가 학문적 분석, 개인적 생활 경험들과 결합해 격변기 역사와 결과들에 대한 해석이 높은 설득력을 갖게 됩니다. 이것은 이 책을 "전환 이후 독일의 역사 서술에 대한 빼놓을 수 없는 기여"라고 묘사하는 책표지의 글에서도 분명해 보입니다. 이 책의 참고문헌 목록에는 신탁관리청(Treuhandanstalt)에 대한 마르쿠스 뵈이크(Marcus Böick)의 책이나 동부 및 중부 유럽의 변환에 대한 필리프 테어(Philipp Ther)의 책처럼 단지 소수의 역사학 서적들만 소개되어 있는 것이 눈에 띄었습니다.[12] 변혁(Umbruch)의 결과에 대한 사회과학적 연구 성과도 단지 소수의 문헌들만 소개되고 있습니다.[13] 그 대신에 한편으로는 한나 아렌트(Hannah Arendt)와 피에르 부르디외(Pierre Bourdieu)의 저작들처럼 고전적 이론가들, 다른 한편으로는 일반 대중문학과 저널리스트적 출간물들이 지배적입니다. 이러한 관찰에 의거해 다음 두 가지 점을 분명히 할 수 있습니다. 첫째, 역사가들과 사회과학자들은 그들의 연구 결과들이 헨젤과 엥글러 같은 전문가들에 의해 주목받지 않으면 그것을 공공에게 전달하는데 문제를 갖습니다. 둘째, 학문적 작업의 과제는 저널리스트적인 접근방식과는 반대로 이미 생산된 지식을 인지하고, 특정 질문들에 대한 연구 성과들을 포괄적으로 살펴보고 정리하는 데 있습니다.

츨러 바로 첫 번째 지적은 역사학의 해석들이 책으로 출간되더라도 충분히 수용되지 않는다는 나의 테제를 확인해주고 강화해줍니다. 그것이 우리 프로젝트만의 특수한 현상은 아니지만, 내게는 단점으로 보입니다.

필링어 네, 당신의 의견에 동의합니다. 다시 한 번 나는 두 번째 문제 즉 기존 연구 성과들에 대한 고찰에 대해 이야기하고 싶습니다.

저널리스트들은 특정한 주제를 다룰 때 학자들보다 더 선택적일 수 있습니다. 역사가로서 나는 내 연구 주제에 관해 이미 생산된 지식을 내적으로 수용해 존중하고 투명한 과정을 거쳐 평가하고 자리매김해야 합니다.

내가 사용하는 사료 중에는 신(新)연방주사회정치변동연구위원회 (Kommission für die Erforschung des sozialen und politischen Wandels in den neuen Bundesländern e.V., KSPW)에서 1990년대에 출간한 자료만도 500개나 있다는 것만 봐도 이것이 많은 시간을 요한다는 것을 잘 알 수 있습니다.[14] 내 작업에서는 감정이입적이고 섬세한 방식으로 변혁 시기 동독인들의 경험들을 연구했던 1990년대 초의 혁신적 연구들을 반복적으로 만나게 됩니다.[15] 미처 정리되지 못하고 쏟아지는 다량의 지식들 속에서 이 프로젝트들은 종종 공공이나 저널리스트들에 의해 주목받지 못하고 있습니다. 한편으로는 그것을 평가하는 데 많은 시간을 요하기 때문이기도 합니다.

브뢰베 당신들은 이미, 마치 지나가듯이 학문적 작업의 중요한 특징들을 언급했습니다. 나는 그것을 더 체계화하려고 합니다. 우선은 두 권의 베스트셀러를 예로 들어 다소 심화시키고자 합니다.

"호숫가의 토지 구입 계약서에 서명할 때, 그 여자는 매우 지쳐 있었다. 그래서 그녀의 남편 될 사람이 그 토지에 대해 땅덩어리(Scholle)라고 표현하자, 불현듯 지나간 지 오래된 베를린의 겨울이 생각났다. 그때 그녀는 몰래 얼어붙은 슈프레(Spree)강에 뛰어들었는데, 그 충격으로 그녀가 뛰어든 얼음은 깨져 물살을 타고 움직이기 시작했다."[16]

"나는 무언가 변하고 있다는 것을 느꼈다. 따뜻한 감정이 홀에 퍼졌다. 함께 속한다는 느낌이었다."[17]

예니 에르펜베크(Jenny Erpenbeck)의 소설 『엄습』(*Heimsuchung*)에서의 첫 번째 인용도, 저널리스트 토마스 하딩(Thomas Harding)의 자전적 에세이 『호숫가 여름 별장』(*Sommerhaus am See*)에서의 두 번째 인용도 20세기 독일사에서 집이라는 주제를 다룬 내 학문적 작업에는 들어 있지 않습니다. 역사적 사료는 사람의 마음속에서 어떤 일이 일어나는지에 대한 설명을 제공하는 경우가 드물죠. 나는 학자로서 내가 스스로 느끼는 것을 가능한 한 나의 해석들로부터 배제하려고 노력합니다. 달리 표현하자면, 역사학적인 책에서 감정들을 묘사하는 주관적인 설명 방식들은 적합하지 않습니다. 그러한 감정들은 책을 읽기 쉽고 가볍게 접근할 수 있도록 만들기 때문에 한편으로는 유감스러운 일입니다. 다른 한편으로는 명료하게 정의된 학문적 작업 과제에는 유리하기도 합니다. 역사가로서 나는 그것을 입증할 수 있을 때에만 어떤 진술을 할 수 있다고 봅니다. 결과의 검증 가능성은 이렇게 학문적 작업의 중심적인 특징이죠. 여기에 더해 우리가 가능한 한 객관적이게끔 돕는 또 다른 처리 방식이 있습니다. 다음과 같은 것들입니다.

－문제 제기의 구성 —— 우리 연구팀의 경우: 동독에서는 사람들이 일상에서 1989/90년의 포괄적인 체제 교체를 어떻게 체험했고, 만들어 갔고, 기억하고 있는가?(45쪽의 프로젝트 설명과 65쪽의 체제 교체 개념에 대해 참조)

－다중 관점, 즉: 한 사건은 한 특정한 사람이나 집단의 관점에서만 고찰되는 것이 아니며, 결국 (지나간) 현실의 가능한 한 완전한 모습을 얻기 위해 관점이 지속적으로 바뀐다.

－방법론과 이론의 명확한 제시: 우리는 지나간 사회적 및 개인적 태도에 대한 이론적 논의에 관계하고, 가정을 세우고, 이것을 사료에 근거해 검증하고 뒷받침하거나 수정한다.

－사료의 다양성: 우리는 다양한 증거 자료를 필요로 한다. 그것은 문서고에 수집된 당국의 문서일 수도 있고, 기관과 클럽 혹은 개인 들의 기록, 미디어 보도, 사진과 현장 증인들과의 인터뷰일 수도 있다.

현장 증인과 관련해 현대사 연구에서 흔히 통용되는 이야기에 따르면, 그들은 역사가에게 최상의 친구이자 최악의 적이라고들 합니다.[18]

슈뢰터 그렇습니다. 이 말은 우리 현대사가들과 거의 매일 동행하고 있습니다. 그러나 나는 현장 증인과의 인터뷰를 늘 매우 생산적이라고 느끼고 있습니다. 대화는 여백을 채우는 데 자주 도움이 됩니다. 많은 경우에 문서 자료가 전혀 존재하지 않고, 어떤 문제에 대해서는 문서들이 아무런 정보도 주지 않습니다. 문서 자료의 진술이 존재한다 할지라도 현장 증인의 설명이 문서에서는 그저 시사만 하고 있더라도, 증인의 기억에서는 중요한 의미를 가질 수 있고, 그런 그들의 뉘앙스에 주목할 수 있습니다. 이렇게 지배자들의 사료에 피지배자들의 관점을 대립시킬 수가 있습니다. 예컨대, 이야기와 기억의 관계에 관한 것이라면 현장 증인의 인터뷰, 즉 구술사라는 방법론적 모색이 기반이 되고 있습니다. 역사가로서 우리는 문서건 구술 자료건 모든 사료를 비판적으로 검증해야 합니다. 현장 증인의 인터뷰에서 우리는 실질적인 사료, 즉 과거에 대한 진술을 우리의 인터뷰를 통해 먼저 만들어내야 ……

필링어 …… 그리고 그렇게 함으로써 사람들이 단지 특정 사항들만 기억한다는 문제를 인식하게끔 해야 합니다.

슈뢰터 맞습니다. 역사가로서 우리는 개인적 진술이라는 것이 구체적 대화 상황에서 활성화되는 특정 사건과 관련된 진술이라는 것을 끊임없이 의식해야만 합니다. 예컨대, 어느 자동차 사고에서 한 증인은 나중에 자동차가 측면으로 회전할 때 분명히 방향등을 켰다고 주장하고, 다른 증인은 이것을 단호히 부정하지요. 역사적 사건에 대한 상이한 사람들의 기억들도 흔히 서로 모순됩니다. 시간이 흐르면 공적 담론과는 다른 영향들이 자기의 설명을 각인합니다. 그것은 영화일 수도 있고 읽은 책들 혹은 동시대인들과의 의견 교환이나 사회적 가치와 규범의 변화일 수도 있습니다. 더 나아가 인터뷰 상황도 중요한 작용을 합니다. 우리는 대화 상대방에 맞추어 설명을 하기 때문이죠. 이렇게 비슷한 출신의 동년배 사람들 사이의 대화는 젊은이와 노인, 동독인과 서독인 사이의 대화와는 다르게 진행됩니다. 인터뷰 상대방은 인터뷰어에게 몇 가지 사항들은 감추고 싶어 합니다. 우리에게 흥미로운 것을 다른 사람은 중요하다고 생각하지 않습니다. 질문 방식도 진술에 영향을 끼칩니다. 예컨대, 유도 질문은 현장 증인에게 좁은 틀을 씌우며 그에게 자신만의 뉘앙스나 평가의 여지를 적게 제공합니다. 따라서 질문을 가능한 한 열린 상태로 만드는 것이 좋습니다. 우리는 흥미로운 설명들을 케르스틴이 언급했던 여러 관점을 받아들이는 가운데 자리매김하고 해석하도록 도전받고 있습니다.

브뤼베 당신은 구술사의 긍정적 측면을 강조했습니다. 그러나 행간에서는, 특히 증인이 자기의 기억이 유일하게 올바른 것이라고 고집하면 일어나는 문제들도 읽을 수 있었습니다. 구술사 인터뷰에서는 이것이 그리 큰 문제가 아니지만 공적인 행사에서는 그렇지 않습니다. 거기서는 사람들이 불편한 학문적 서술을 "내가 정확히 기억할 수 있는데 그러지 않았어요 ……"라고 반박하고자 시도하지요. 그런 이유로 우리는 다양한 차원에 있는 현장 증인을 우리 연구 작업에 함께 끌어들이기로 결정했습니다. 방법론적으로 조정된 구술사 인터뷰와 정보를 얻기 위한 대화를 통해, 또한 이 책에 그 과정을 기록했듯이 프로젝트를 마무리하면서 진행했던 우리의 대화 여행을 통해 말입니다.

'전환'의 긴 역사: 1989년, 그리고 그 이전과 이후 동독에서의 생활세계와 체제 교체

'전환의 긴 역사' 연구팀이 가장 관심을 갖는 것은 동독인들이 그들의 일상적 생활세계에서 정치와 경제, 그리고 사회에서의 포괄적인 체제 교체를 어떻게 이해했으며, 지금까지 어떻게 만들어오고 극복했는가 하는 문제이다. 문화사 및 사회사적 관점에서는 공식적 기억의 중심에 있는 정치적 전환점들보다도 과도기들(Übergänge)이 더 흥미롭다. 따라서 1989년 평화 혁명은 '제로의 시간'(Stunde Null)이 아니라 중요한 계기(Einschnitt)로 해석된다. 1989/90년의 전환점을 넘어 체제 교체와 변환을 가능하게 하고 각인했던 사회적 변동, 즉 '1989/90년' 이전과 '1989/90년', 그리고 그 이후를 대등하게 살펴보는 혁명과 변환의 장기적인 일상사 및 전체 사회사(Gesellschaftsgeschichte)가 중요하다. 역사적 행위자들은 그들의 일상적 생활세계에서 체제 교체를 어떻게 극복하는가? 그들은 어떻게 그것을 준비하고 만들어가는가? 그들은 그것을 어떻게 경험했고 어떻게 기억하는가? 경험들도 함께 평가되며 아울러 옛 체제로부터의, 그리고 구체적인 변혁 상황에서의 지식들도 대등하게 평가된다. 연구팀에게는 소비(클레멘스 필링어), 학교(카트린 쵤러), 지방에서의 정치적 참여(안야 슈뢰터), 주거와 주거 재산 및 그에 대한 손해배상(케르스틴 브뤽베)이 중심에 있다. 노동 같은 다른 주제들도 가능했을 것이다. 선택에 있어 결정적이었던 것은 한편으로는 1989년 변혁과 이어서 서독의 제도 질서들을 수용하는 동안 그것들이 갖는 중요성이었고, 다른 한편으로는 그것들이 갖는 일상과의 연관성이었다. 잠재적으로 모든 동독인과 연관 있었던 것들이다.

　변혁 시기 동독인들의 생활세계의 긴장과 역동성은 1970년대 중반부터 2000년대 초까지 핵심 시기 네 곳의 공간에서 미시적 연구들을 통해 조사되었다. 여기서 연구되는 시기는 주제 영역에 따라 차이가 있다. 조사 지역은 마을들, 도시 근처 지방들과 도시들로 확장된다. 동독 지역은 한편으로 사회주의가 포스트사회주의로 이행하는 사회를 경험적으로 연구하기 위한 탁월한 출발 조건들을 제공한다. 동독은 근본적으로 어떤 지역과 그 주민들이 포괄적인 체제 교체를 어떻게 체험하는지에 대한 하나의 사례이다. 이는 다양한 국가와 시기에서 관찰될 수 있고, 공통점과 차이점 들에 대한 질문들이 제기될 수 있다. 다른 한편, 동유럽 사회에 대한 연구에서 동독은 일종의 국외자가 되어버린 지역이라는 것도 중요하다. 강조해서 말하자면 동독은 '서구'에서는 서구로서 인정받지 못하고, '동구'에서는 동구로 인정받지 못하는 샌드위치 같은 존재이다. 그 밖에도 동독에서 특수한 것은 구동독 시기에 대한 아카이브 사료가 풍부하고 1990년대도 잘 연구될 수 있다는 사실이다. 1990년 이후 동독 지역에 대한 조사는 강한 호기심을 갖고 진행되었고, 광범위한 자료와 지식을 생산해내는 사회과학적 이행 연구를 통해 수많은 사료가 만들어졌다. "'전환'의 긴 역사" 연구는 질적-서술적 인터뷰뿐만 아니라 이 시기에 나온 양적 조사에 기초하고 있다. 거기에 덧붙여 상세한 구술사 인터뷰가 수행되었고 수많은 문서가 이용되었다.

　연구팀은 2016년부터 2020년까지 라이프니츠 연구 공동체로부터 지원을 받았으며, 브뢱베를 연구 책임자로 하는 포츠담의 라이프니츠 현대사연구소 내에 자리했다.

'전환'(Wende)이라는 개념

1988년 폴커 브라운(Volker Braun)이 미하일 고르바초프(Michail Gorbatschow)의 말을 빌려 사용한 동시대적 개념인 '전환'[19]은 많은 동독인에게 1989년 가을의 근본적인 변화를 잘 포착하는 것으로 보인다. 그렇기 때문에 연구팀은 책 제목으로 이것을 사용했다. 사람들은 현장 증인과의 대화에서 "그러고 나서 전환이 왔지요 ……"라는 표현을 흔히 듣게 된다. 그렇지만 그 개념은 오늘날 흔히 에곤 크렌츠(Egon Krenz)와 이를 포함한 구동독 정권으로부터 나왔다고 이야기된다. 이로써 '전환'은 1989/90년 이전과 이후를 결합할 뿐만 아니라 생활세계와 체제 교체를 결합한다('생활세계'는 75쪽을, '체제 교체'는 65쪽을 참조). 개념의 이중적 의미는 1989/90년과 장기적 관점에서 결합되어 있는 도전들을 명확하게 표현한다. 다양한 역사적 행위자들의 시각에서 '전환'이란 거리의 점령, 독일사회주의통일당(SED) 권력의 탈취, 자신들만의 정치 형식의 정착, 그리고 민주적 선거 제도의 도입 등과 같은 것들로 특징 지어지는, 자신들이 스스로 성취해낸 것들의 결과로서의 평화 혁명을 의미한다. 이것은 궁극적으로 구체제의 대체를 훨씬 넘어서는 모든 관계에서의 변혁을 가져왔다. 모든 동독인의 생활세계 형성의 기회이자 강제로서 직접적으로 영향을 끼쳤고, 오늘날 다양한 정치적 목적을 위해 그 개념을 사용할 수 있도록 만든다. 이 책에서는 그 때문에 항상 인용 부호를 통해 표현했다. 그것은 예를 들면 생활세계라는 개념에서 보듯이, 어떤 것을 설명하는 의미에서의 분석적 개념이 아니라 역사적 행위자에 의해 사용된 사료적 개념인 것이다.

1 Rothfels, Hans: Zeitgeschichte als Aufgabe, in: Vierteljahrshefte für Zeitgeschichte 1 (1953) 1, pp. 1~8, 특히 pp. 5f. 참조.

2 Rothfels, Hans: Zeitgeschichte als Aufgabe, in: Vierteljahrshefte für Zeitgeschichte 1 (1953) 1, p. 2.

3 안야 슈뢰터는 우리의 대화 여행 이전인 2019년 여름, 이 책의 중요 부분을 쓰기 전에 직업상의 이유로 연구 프로젝트를 먼저 떠나야 했다. 따라서 그녀는 시간적인 이유로 서문에만 기여할 수 있었으며 논평 하나를 쓸 수 있었다.

4 Wierling, Dorothee: Oral History, in: Michael Maurer (ed.): Neue Themen und Methoden der Geschichtswissenschaft, Stuttgart 2003, pp. 81~151, 특히 p. 123.

5 Pollack, Detlef: Es war ein Aufstand der Normalbürger, in: Frankfurter Allgemeine Zeitung(2019. 7. 12.); https//www.faz.net/aktuell/feuilleton/debatten/historischer-irrglaube-zur-ddr-aufraemender-mauerfall-legende-16279957.html(2019. 10. 30. 접속); 다음 온라인 사료들도 같은 날 접속; Kowalczuk, Ilko-Sascha: Eine Minderheit bahnte den Weg, in: FAZ(2019. 7. 15.); https//www.faz.net/aktuell/feuilleton/debatten/zu-aktuellen-versuchen-die-ostdeutsche-revolution-umzudeuten-16284484.html; Pollack, Detlef: Die verachtete Bevölkerung der DDR, in: FAZ(2019. 7. 16.); https//www.faz.net/aktuell/feuilleton/debatten/regime-und-widerstand-die-verachtete-revolution-der-ddr-16286155.html. 그 뒤에 여러 저자의 추가적인 기사들과 독자 편지들이 게재되었고 로버트-하베만 협회(Robert-Havemann-Gesellschadft)는 발표되지 않은 글들을 그들의 웹사이트에 올렸다;

https://www.havemann-gesellschaft.de/themen-dossiers/streit-um-die-revolution-von-1989/.

6 얼마 후에 일코-사샤 코발추크는 스스로 이 문제를 다룬 한 권의 저서를 출간했다. Ilko-Sascha Kowalczuk, Endspiel. Die Revolution von 1989 in der DDR, München 2009.

7 예컨대, 이에 대해 근본적으로는 Jordan, Stefan: Theorien und Methoden der Geschichtswissenschaft, Paderborn 2009; Danyel, Jürgen/Bösch, Frank (ed.): Zeitgeschichte. Konzepte und Methoden, Göttingen 2012 참조.

8 Richter, Peter: 89/90. Roman, München 2015.

9 Schalansky, Judith: Der Hals der Giraffe. Bildungsroman, Berlin 2011.

10 역사 연구에서 객관성의 문제는 역사학에서 광범위하게 논의되었다. 이에 대해서는 Koselleck, Reinhart/Mommsen, Wolfgang/Rüsen, Jörn (ed.), Objektivität und Parteilichkeit in der Geschichtswissenschaft, München 1977; Rüsen, Jörn (ed.): Historische Objektivität. Ausfsätze zur Geschichtstheorie, Göttingen 1975 참조.

11 Engler, Wolfgang/Hensel, Jana: Wer wir sind. Die Erfahrung, ostdeutsch zu sein, Berlin 2018.

12 Böick, Marcus: Die Treuhand. Idee - Praxis - Erfahrung 1990-1994, Göttingen 2018; Ther, Philipp: Die neue Ordnung auf dem alten Kontinent. Eine Geschichte des neoliberalen Europa, Berlin 2014. 작업 초기에 우리는 다음 저자들과 책들로부터 자극을 받았다. Yurchak, Alexei: Everything was Forever, Until It Was No More. The Last Soviet Generation, Princeton 2005; Palmowski, Jan: Inventing a Socialist Nation. Heimat and the Politics of Everyday Life in the GDR 1945-1990, Cambridge 2009 (deutsch: Die Erfindung der sozialistischen Nation. Heimat und Politik im DDR-Alltag, Berlin 2016); Obertreis, Julia/Stephan, Anke (ed.): Erinnerungen nach der Wende. Oral History und (post)sozialistische Gesellschaften - Remembering after the Fall of Communism. Oral History and (Post-)Socialist Societies, Essen 2009; Bude, Heinz/Medicus, Thomas/Willisch, Andreas (ed.): ÜberLeben im Umbruch. Am Beispiel Wittenberge. Ansichten einer fragmentierten Gesellschaft, Hamburg 2011; Krapfl, James: Revolution with a Human Face. Politics, Culture, and Community in Czechoslovakia, 1989-1992, Ithaca 2013. 연구가 진행되는 동안 또 다른 문헌들이 출간되었으며, 우리는 책의 적합한 곳에서 이를 언급했다. 하지만 완벽하다고 할 수는 없다.

13 예를 들면 Kollmorgen, Raj/Koch, Frank Thomas/Dienel, Hans-Liudger (ed.): Diskurse der deutschen Einheit. Kritik und Alternativen, Wiesbaden 2011.

14 Bertram, Hans/Kollmorgen, Raj: Die Transformation Ostdeutschlands und ihre Erforschung. Eine Einführung in die Arbeit der KSPW und die Beiträge des Bandes, in: Bertram, Hans/Kollmorgen, Raj (ed.): Die Transformation Ostdeutschlands.

Berichte zum sozialen und politischen Wandel in den neuen Bundesländern, Wiesbaden 2001, pp. 9~30 참조.

15 예를 들어 Berdahl, Daphne: Where the World Ended. Re-Unification and Identity in the German Borderland, Berkeley 1999; Müller, Birgit: Der Mythos vom faulen Ossi. Deutsch-deutsche Vorurteile und die Erfahrungen mit der Marktwirtschaft in drei Ostberliner Betrieben, in: PROKLA. Zeitschrift für kritische Sozialwissenschaft 23 (1993) 91, pp. 251~68 참조.

16 Erpenbeck, Jenny: Heimsuchung. Roman, 8. Aufl., München 2010(zuerst 2008), p. 66.

17 Harding, Thomas: Sommerhaus am See. Fünf Familien und 100 Jahre deutscher Geschichte, 7. Aufl., München 2019(engl. zuerst 2015, dt. 2016), p. 353.

18 예를 들어 Kraushaar, Wolfgang: Der Zeitzeuge als Feind des Historikers? Neuerscheinungen zur 68er Bewegung, in: Mittelweg 36 8 (1999) 6, pp. 49~72 참조.

19 Lindner, Bernd: Begriffsgeschichte der Friedlichen Revolution. Eine Spurensuche, in: ApuZ 64 (2014) 24-26, pp. 33~39.

케르스틴 브뤽베, 클레멘스 필링어, 카트린 횔러

'전환'의 긴 역사

우리의 연구 결과에 대한 서면 대화

필링어 동독인들은 자신들의 일상에서 1989/90년의 총체적인 체제 교체(Systemwechsel)를 어떻게 만들어갔고 또 극복했는가? 정치, 법, 경제, 사회가 동시에 이 전환기에 포박당했었다. 우리는 공적 기념 행사의 중심에 서는 거대한 정치적 사건들보다는 개개인의 사적인 변화(Übergänge)에 더 많은 관심을 가졌다. 결국 삶은 계속되는 것이 아니겠는가. 우리는 체제 교체와 생활세계가 어떤 연관성을 갖고 있는지를 알고자 했다(생활세계에 대해서는 75쪽, 체제 교체에 대해서는 65쪽 참조). 동독 주민들은 어떻게 체제 교체를 준비했고 함께 꾸려갔는가? 그들은 어떻게 체제 교체를 경험했으며, 어떻게 기억하는가? 이 문제들에 대해 우리는 지난 2016년부터 다양한 역사 사료들을 놓고 연구해왔다. 그 중심에는 소비, 중·고등 교육, 정치 문화, 주거 혹은 주택 소유권의 네 주제를 위치시켰다(프로젝트 소개 45쪽).

우리는 연구 결과에 대한 서면 대화(57쪽 참조)를 "여러분에게 가장 놀라웠던 것은 무엇이었는가?"라는 질문으로 시작하고자 한다.

19세기부터 현재까지
정치 체제의 변화 속에서도 오래 지속되는 정서들

브뢰베 나는 주거와 소유권에 대한 연구가 19세기까지 거슬러 올라갈 줄은 전혀 예측하지 못했습니다. 여러 측면에서 변환기(Transformationszeit)(변환에 대한 개념은 100쪽 참조) 동독인들의 행동 양식은 18세기 이후, 특히 19세기부터 이어져 내려온 소유권에 대한 **근본적 사고의 지속적 영향력**에 주목해야만 이해할 수 있습니다.

필링어 처음 들으면 그것은 추상적으로 들립니다. 어떤 구체적인 행위를 염두에 두고 하는 말인가요?

브뢰베 동독에서 주택 사용자는 기본적으로 마치 소유주처럼 행동합니다.[1] 즉 그들은 집과 주거 시설을 보존하고 보수하고 확장하거나 개축하지요. 동독에서 어떤 이들은 자기 집을 팔기도 했으며, 새로운 소유 관계를 토지 대장(Grundbuch)에 기입하고자 시도하기도 했습니다. 만일 뜻대로 안 되는 경우에는 동독에서 법으로 정해진 형식의 민원 서류를 작성해 제출하기도 했습니다.[2] 즉 국가사회주의(Staatssozialismus)가 일상에서의 개인 재산권에 대한 사고를 파괴하지는 않았던 것입니다. 2000년 한 전문가 그룹의 '전환기' 소유 관계의 신질서에 대한 연구 결과에 따르면, 동독에서 "사적 소유의 가치에 대한 인정"이 존재했으며, "국가적으로 선전되었던 반(反)소유권 이데올로기(Anti-Eigentumsideologie)는 …… 주택 거주자뿐만 아니라 당 간부 자신들도 심각하게 받아들이지 않았다"[3]라고 평가한 바 있습니다. 여러 사료들을 통해 획득한 지식으로 내가 말할 수 있는 것은, 당 간부와 대중이 비록 각기 다른 사고를 갖기는 했지만 대규모 임대 주택 거주자뿐만 아니라 단독 주택이나 농장 거주자들에게서 사적 소유권 사고는 분명히 지속되었습니다. 그래서 잉가 마르코비츠(Inga Markovits)는 도둑질을 예로 들면서 동독에서 사적 소유가 공적 소유보다 더 높은 가치를 가졌다는 해석을 보여준 바 있습니다.[4] 이 주장은 또한 동독에서 개인적 주택 소유의 비율이 높은 것으로도 증명되었습니다.[5]

필링어 그러니까 당신은 인간의 행위 양식과 태도라는 실제 행태(Praktiken)를 통해 소유에 대한 사고를 읽었군요. 이는 우리 연구팀 작업에서 기본 원칙의 문제입니다. 직접적 진술을 통해서뿐만 아니라 실제 행태를 통해 간접적으로 일상의 일부를 밝혀내기 말입니다. 역사학에서 실제 행태라는 개념은 사료 속에서 자주 관찰할 수 있는 다수의 반복되는 행위를 의미합니다. 그런 점에서 일회성을 목표로 삼는 행위(Handlung)라는 개념과 구별됩니다.[6] 역사가로서 우리는 그런 실제 행태에 대한 증거들을 일반적으로는 문서화된 사료에서 찾기도 하지만, 사진이나 녹취 등과 같은 다른 사료들을 통해서도 찾아냅니다. 사회학이나 인류학과 달리, 우리는 직접 참여하면서 관찰하는 방식을 사용하지 않습니다. 내 사료들로부터도 역시 주거 공간이 특별한 장소임은 분명하게 알 수 있습니다. 주거 공간은 다양한 영향들, 어떤 경우에는 외부 세계의 부정적인 영향으로부터 벗어나 돌아와 쉴 수 있는 장소(Rügzugsort)로 기능합니다. 이는 동독에서 중요한 역할이었습니다. 당신은 그런 실제 행태들 혹은 그 뒤에 숨은 것들을 통해 이런 소유에 대한 사고의 발생에 관해 어느 정도 설명해줄 수 있다는 이야기이지요?

브뢱베 소유가 사람을 시민으로 만든다, 바로 이런 사고가 19세기에 널리 퍼졌었지요. 소유에 대한 (정치적) 권리와 의무의 결합이라는 긴 역사가 그 이전에 있었습니다.[7] 특히 1793년 프랑스 헌법에서 소유권과 평등, 자유와 안전 사이의 관계가 만들어졌으며, 이를 통해 다른 유럽 사회들에도 영향을 끼치는 새로운 목표가 만들어졌습니다.[8] 한편에서는 국가적 개입의 가능성을 제한하는 문제가 반복적으로 제기되었으며, 다른 한편에서는 개인이 재산을 소유하거나 창출하며 이를 자유롭게 활용할 수 있는 권리의 문제가 논의의 핵심에 놓여 있었습니다. 즉 어떻게 국가라는 틀 안에서 소유에 대한 권리뿐만 아니라 의무도 행사할 수 있는가, 그리고 이를 통해 어떻게 자유로운 삶이 가능할 것인가라는 근본적 문제였습니다. 이 논의들은 산업화와 도시화 과정에서 새로운 주거 형태들이 만들어지고 집의 임대와 소유 관계가 만들어졌던 19세기 역사의 맥락 안에 놓여야만 하며, 이는 오늘날까지도 대도시 집단 주거지 건설 및 도시 외곽의 부락 건설이라는 농촌과 도시에 결정적 영향을 끼쳤습니다.[9] 그 당시 또 다른 새로운 것으로는 부동산이 시장에서 자유롭게 거래되기 시작했다는 것이고, 이를 통해 부동산이 자산 투자와 투기의 대상이 되었다는 것입니다.[10] 중요한 것은 독일 제국에서 1900년 1월 1일부터 시민법과 함께 토지 대장이 효력을 발휘하게 되었다는 것이지요.[11] 이에 해당하는 모두가 소유 관계를 명확히 규정해야만 했습니다. 즉 토지대장에 등재되어 있는 사람이 소유자인 것입니다.

칠러 하지만 모든 사람이 소유주가 되는 것은 아니지 않았나요? ……

브뤽베 물론 그렇지는 않았습니다. 이 문제는 오래됐으면서도 동시에 여전히 현재성을 갖는 논의점입니다. 만일 오늘날 상승하는 부동산 가격이나 임대료 상한선 혹은 임대료 동결 등에 대해 논의하고자 한다면, 그 배경에는 소유주의 행사권으로부터 시작된 오랜 갈등이 존재하고 있으며, 이는 사회에 광범위한 영향을 끼칠 수 있는 것입니다. 19세기에 진행된 논의들에서는 이미 사회적 불평등과 부당함의 문제를 다루고 있습니다. 소유가 인간을 시민으로 만든다라는, 앞에서 언급했던 문장에서 제가 암시하고자 했던 것은 여성이나 노동자는 제외되거나 단지 제한적으로만 적용되는 표현이었다는 것입니다. 그래서 소유권은 이데올로기적 대토론에서 기본적인 역할을 해왔으며, 또 하고 있습니다. 예를 들어 1872년 프리드리히 엥겔스(Friedrich Engels)는 주거 문제에 대한 작업물을 출간합니다.[12] 재산이 중요하다는 거대 사상이나 이데올로기들은 있어 왔고 현재도 있습니다. 동독의 공식적 소유 정책은 이와 연결되어 있으며, 그래서 재산 문제에 있어 사실(Fakten)과 혼돈을 만들어냈습니다. 결국 이른바 구소유주라는, 다양한 동기로 동독에서 재산을 포기했던 사람들과 당시 거주하고 있던 소유주 혹은 세입자들 사이에 갈등이 1990년에 생겨나게 됩니다. 이 자리에서 나는 무엇보다 다음과 같은 점을 분명히 하고자 합니다. 동독 시대 수많은 동독인의 소유권 사고와 서독인의 소유권 사고 사이에는 그 어떤 차이도 발견하지 못했습니다. 나는 이 점을 그들의 주거 공간을 둘러싼 일상적 행위들로부터 끌어낼 수 있었습니다. 오히려 반대로 많은 동독인과 서독인은 이 점에서 일치합니다. 1990년 이후 주택 소유권의 보상(Restitution)을 두고 왜 갈등이 생겼는지, 그리고 그 원인은 무엇인지는 또 다른 문제입니다. 이 문제는 독일 사회주의통일당 정권의 자산 정책을 살펴봐야만 하며, 1990년의 자산법 규정과 연결해서 봐야 합니다.

필링어 브뢱베와 똑같이 나도 내 사료 속에서 **사고와 심성의 장기간의 지속적 영향력**을 확인할 수 있습니다. 내가 중심되는 사료로 끌어 오는 인터뷰들에서 살림살이나 가정 경제와 관련해 반복적으로 등장하는 주제는 검약(Sparsamkeit)입니다. 내 관찰에 따르면, 이는 공간과 체제와 시대를 초월하는 덕목이거나 적어도 1989년 전후의 기간 동안 서독과 동독 모두에서 명확하게 존재했던 덕목이라고 할 수 있습니다.

브뢱베 그렇다면 당신은 어떤 방식으로 당신의 사료들을 통해 그것을 끌어냈습니까?

필링어 이미 1990년대 초 남녀 사회학자들과 한 명의 여성 인류학자가 함께 메르크스레벤(Merxleben), 부르첸(Wurzen), 라이프치히(Leipzig) 등 내가 연구 대상으로 하는 세 도시에서 주민들을 대상으로 인터뷰를 진행했으며,[13] 사료로서 이를 다시 분석했습니다.[14] 당시 질문의 대상이었던 거의 모든 사람이 동독에서 자신들 본래의 직업 이외에 부가적인 노동을 통해 소득을 향상시키고 돈을 모을 수 있었다고 보고합니다. 이 인터뷰 대상자들은 한편으로는 그런 저축과 관련된 이야기를 통해 자신들의 절제되고 합리적인 생활 방식을 증명해 보이고자 한 것이겠지요. 다른 한편으로 이들의 검소한 태도는 대부분 자동차나 전자 기기의 구입 혹은 여행 같은 구체적인 목표를 위한 것이었습니다. 이런 제품이나 여행 상품이 흔치 않았고 불확실한 공급에 기반해 있었기 때문에 대부분 미리 예측하고 살 수는 없었으며, 그래서 물건이 있는 바로 그 시점에 충분한 돈이 통장에 있어야만 구입할 수 있었던 것입니다.[15] 제도화된 저축이나 이와 연결된 검약에 대한 교육의 뿌리는 독일에서 18세기 중반까지 거슬러 올라갑니다.[16] 그래서 나는 동독인과 서독인 사이의 검약성에서는 그 어떤 근본적인 차이도 발견할 수 없다고 생각합니다. 돈이 있을 때에만 물건을 산다는 기본 원칙이 '전환'(전환 개념에 대한 설명은 47쪽 참조) 이후에도 많은 동독인의 소비 행위를 결정하는 요소였습니다. 라이프치히에 사는 40세의 한 전문 기술자의 다음과 같은 진술은 다른 여러 인터뷰에서도 발견됩니다. "그것은 우리의 사고방식 안에 놓여 있으며 저는 늘 그래왔습니다. 저는 그저 제가 원한다고 해서 완전히 다 써버리는 그런 타입이 아닙니다. 무언가를 원한다면, 그것을 감당할 능력이 있어야만 한다고 생각했고, 그래서 늘 비상시를 대비해 뒷주머니를 차야만 했던 거지요."[17]

동시에 빚을 지는 데 있어 일반적으로 용인되는 형태들이 있습니다. 인터뷰를 했던 많은 사람이 부동산을 사거나 새로 짓거나 혹은 개축하기 위해 대출을 받는 것은 소모품 구입을 위해 대출받는 것과 달리 사회적으로 용인되는 부채 형식으로 평가했습니다. 물론, 그것이 경제적으로 감당할 수 있는 상황 안에서 이루어지는 일인가는 다른 문제이겠지요.[18]

브뢰베 내가 사적 소유권에 대한 사고를 들어 설명했던 것처럼 필링어도 검약성을 예로 들면서, 말하자면 독일인 전체의 심성에 대한 설명

서면 대화(Schriftgespräch)

서면 대화란 역사학에서 일반적으로 자리 잡은 텍스트 형식이 전혀 아니다. 우리는 이를 두 가지 측면에서 학문적 소통의 일부라고 생각한다.

첫째, 우리는 폭넓은 공중에게 연구 결과를 알리는 도구로서 사용했다. 연구 대상의 집단은 우리의 주제에 관심을 갖고 있으며, 읽고 생각하는 것을 즐거움을 갖고 기꺼이 행하는 사람들이고, 새로운 것에 열려 있기는 하지만 반드시 역사학적으로 교육받은 사람들은 아니다. 우리는 우리의 서면 대화를 통해 이들 대중이 역사학적 작업뿐만 아니라 특별한 주제와 맞대결하는 것이 가능하도록 하고자 했다.

둘째, 연구 집단 내에서 서면 대화는 우리가 개별 연구자로서 문서 보관소와 책상에서 만들어낸 각기 다른 결과들을 연구 집단 내 다른 구성원들의 연구 결과와 연결할 수 있는 기능을 할 수 있다.

즉 이 방법은 개별 연구 주제들이 갖고 있는 큰 틀뿐만 아니라 특별함까지도 드러낼 가능성을 제공한다. 서면 대화는 과정에 따른 묘사에서뿐만 아니라 텍스트의 형식에서도 기존에 행해오던 학문적 프로젝트 발표와는 차이가 난다. 하지만 서면 대화는 발화된 단어, 즉 하나의 인터뷰가 갖는 역동성보다는 토론의 과정을 그 결과와 함께 드러낸다.

서면 대화가 갖는 이 이중의 기능은 추상적 전문 용어 대신에 쉽게 이해할 수 있는 형식을 통해 복잡한 결과들의 발생을 역사학 바깥에 있는 일반 대중에게도 제공한다.

을 시도했군요.

필링어 네, 동시에 다른 한 가지 문제를 강조하고 싶은데요, 브뤼베는 연구 결과를 무엇보다 동독 시대의 사료들로부터 끌어왔습니다. 그와 달리, 내 사료는 1990년대 초에 만들어진 것입니다. 당시 진행했던 인터뷰들은 이미 공개적으로, 그리고 종종 논쟁적으로 진행되기도 했던 동독에 대한 기억의 실례들(Erinnerungsmustern)이라는 시각에서 보아야만 합니다.[19] 소비는 이 시기에 중요한 주제였습니다. 그래서 인터뷰에서 검소한 태도에 대한 강조는 미디어를 통해 전달된 동독에서의 비합리적 소비자상에 대한 일종의 선 긋기로 해석될 수 있습니다.[20] 이런 인상은 특히 많은 동독인이 국경을 넘어 서독 도시들로 여행해 상품 구입에 대한 감각을 스스로 획득하고자 했던 1989년 국경 개방 직후에 생겨났습니다. 앞에서 언급했던 소비 형식이 이후 어떻게 진행되었으며, 그것이 인터뷰에서 어떤 역할을 했는지에 대해서는 다시 뒤에서 언급하겠습니다. 다만 여기에서는 서독의 품질검사재단(Stiftung Warentest)이 1991년 라이프치히와 하노버의 물건 가격을 비교한 후에, 동일한 식료품이나 소모품에 대해 동독인들이 더 많은 돈을 지불해야 함을 발표했던 것을 예로 들겠습니다.[21] 이런 관점에서 본다면, 동독인이 물건을 사기 위해 인근의 서독 도시로 차를 타고 나가는 행위가 비합리적인 것이 아니라 경제적으로 합리적인 행위였다는 것이지요. 특히 국경 근처 도시나 마을에서는 서독의 슈퍼마켓으로 쉽게 갈 수 있기 때문에 이런 종류의 상품 구매 여행은 특별한 의미를 갖고 있던 것입니다.[22]

브뤼베 말하자면 검소함과 소유권에 대한 생각 뒤에는 동독인과 서독인 사이의 유사하거나 같은 심성이 자리한다는 것이지요. 동독에서의 구조적이고 체제에 기인한 조건들은 이런 심성에 들어맞는 것이 아니었으며, 이런 조건들이 동독과 서독 사이의 공통점을 1990년 이후 명확한 차별점들로 뒤집은 것입니다. 나는 이런 체제 종속성을 소유권 문제를 통해 가장 분명하게 드러냈습니다. 동독에서 소유와 주거 공간을 다루던 전형적 방식으로 인해 1989/90년 이후 주거 관계의 새 질서에서 동독 주거인과 대부분 서독에서 온 옛 소유주 간에 충돌이 발생했습니다. 동유럽 대부분의 다른 국가사회주의 국가들에서처럼 동독에서도 소유권 정책(Eigentumspolitik)이 만들어졌는데,[23] 나는 이것이 **의도적이고 자의적이라고** 서술했습니다. 즉 그 의미는 동독에서의 소유권 정책은 사람들에게 자의적으로 보였으며, 하나의 명확한 전략을 추구했다는 것입니다. 동독은 토지 대장을 그저 단순한 기록부 정도로 취급했고, 동시에 관공서의 담당 공무원도 기록해두지 않았습니다. 그 결과 동독에서 소유 관계 측면에서의 변화들이 제대로 남지 못했던 것입니다.[24] 특히 1950년대 많은 사람이 동독을 떠나면서 남겨놓았던 주거 공간을 그대로 내버려둔 소홀함이 있었던 것입니다. 문서보관소의 서류는 수차례 이전되어야만 했고, 지침이 너무 많거나 혹은 전혀 따를 수가 없어 행정이 마비되는 일이 많아 다수의 진정서들이 남아 있습니다.[25] 동시에 국가는 통 크게 주거 공간을 나누어줍니다. 그럼에도 토지 대장에의 기입을 통한 법적 보장은 종종 진행되지 않았습니다.

칠러 그건 동독 내에서의 복잡한 소유 관계와 재산 관계를 드러내는 것 같습니다.

브뤽베 네, 전적으로 그렇다고 할 수 있습니다. 어떤 경우는 개인 소유의 주택이어서 임대를 주기도 했고, 스스로 살거나 가끔은 동독을 탈출한 사람들의 소유로 남기도 했고, 많은 경우에는 국가에서 관리하거나 또는 공적 소유(Volkseigentum)이기도 했습니다. 물론, 새로 지어진 집들도 있습니다. 일부는 허가를 받았지만, 어떤 경우는 허가 없이도 지어집니다. 가능한 모든 경우에 집과 토지는 분리됩니다. 그것이 사회주의적 소유 관념입니다. 궁극적으로 그런 사고의 배경에는 토지의 소유권과 사회 정의는 연결되어 있다는 확신이 있었던 것이지요. 이런 사고가 얼마나 널리 주민의 심성과 실재 속에 반영되어 있었는지는 또 다른 문제입니다. 돌이켜보면 1990년대 시작 시점에서의 상황을 "혼란, 나아가 이해 불능으로까지"[26] 특징지을 수 있을 것입니다. 사실 그 시기는 이미 '미해결 자산 문제의 규정을 위한 법률'(약칭 자산법, Vermögensgesetz)이 시행되기 시작한 때였습니다.

쵤러 구체적으로 이 법은 무엇을 규정한 것입니까?

브뢰베 자산법에 따르면, '선 반환, 후 보상'의 규정에 따라 우선적으로 구(舊)주택 소유주에게 주택을 되돌려주도록 규정했으며, 예외적인 경우에만 보상하도록 되어 있었습니다. 거기에는 보수나 개축의 경우에 국가 재정으로부터의 지원이 아닌 시민들 자력으로 진행토록 하기 위한 고려가 깔려 있었습니다. 결정은 토지 대장이나 토지 대장의 관보(官報)를 바탕으로 나게 되지만, 이미 이야기했다시피 동독에서 이것은 신뢰 있게 진행되지 못했습니다. 결국 법적 결정의 과정에서 동독 내 소유 현실이 고려되도록 1990년 가을에 자산법이 추가적으로 개선된 것은 동독 내 당사자들의 적극적인 참여 덕분이었습니다. 궁극적으로 동독인이나 서독인이 가졌던 재산권에 대한 서로 다른 마음가짐이 문제의 핵심이 아니었으며, 자산법에 따라 토지 대장을 통해 법적인 근간을 확보하는 것이 1989년 이전부터 주택을 가꾸어왔던 것보다 더 중요한 문제였던 것이지요.

쵤러 그것은 동독의 전 지역에 동일하게 적용되었나요?

브뢰베 아뇨, 특히 발트해(Ostsee)나 하르츠(Harz) 지역, 아니면 베를린 교외와 같이 사람들이 선호하던 주거 지역에서 충돌이 관찰됩니다.[27] 해당 지역의 동독인들은 대단히 적극적으로 사안 해결을 위해 뛰어들었고, 전반적으로 자신들의 목표를 성공적으로 이루었습니다. 그에 대해서는 뒤에서 다시 몇 가지 더 이야기하겠습니다. 우선 앞에 언급했던 **심성상의 연속성**에 대해 계속 이야기하기로 하겠습니다. 이와 관련해 우리는 능력주의(die Idee der Leistung)에 대해 자주 이야기했었지요.

칠러 네, 능력주의는 학교라는 연구 대상에서 아주 중요한 의미를 갖습니다. 예를 들어 내 사료에 따르면, 학교에 대한 사회적 기대들이 이런 생각과 연결되어 있습니다. 오늘날까지도 학교는 성과를 요구받는 장소이며, 시험과 검사가 진행되고, 졸업 이후 진로에 대한 근간이 놓여지는 곳으로 받아들여집니다. 이런 인식은 소유에 대한 인식과 마찬가지로 19세기까지 그 기원이 거슬러 올라갑니다.[28] 폐쇄된 공간에 앉아 지식과 교육을 전달받는 장소, 학생-교사라는 관계로부터 학교 시스템 전체에 걸쳐 위계적 질서로 조직된 장소로서의 학교라는 기본 사고는 교육 제도사에서 특징적입니다.[29] 권력, 훈육, 체벌 등은 친밀한 관계 맺기, 성공적 학습, 발전과 상승의 기회만큼이나 학교를 구성하는 요소들입니다.[30]

브뤽베 당신이 밝히고자 한 것은 학교를 구성하는 내용들이 아니라 그 구조와 관련된 것들이지요?

칠러 네, 나는 지금 "구조 보존적이며 제도적 구성물"(strukturkon-servatives institutionelles Gebilde)로서의 학교라는 이론적 유형에 대해 이야기하고 있습니다.[31] 그래서 내 연구에서는 **학교의 견고한 구조들**에 대해 지적하고 있습니다. 내가 견고한 구조들이라고 이야기하는 것의 의미는 학교를 구성하는 요소들이 정치적 체제 교체(65쪽 참조)와 무관하게 안정적이고 지속적이라는 것입니다. 성과를 테스트하기 위한 일련의 과정들, 즉 필기 시험과 구두 시험을 통해 학습 내용을 측정하고 객관화할 수 있다는 사고와 감독 체제 등과 같은 것이 그런 것입니다.[32] 나는 이 요소들을 지식 자원(Wissensressourcen)이라고 표현하는데, 왜냐하면 이것들이 학교가 기능하는 방식에 대한 기본 지식으로서 오랜 기간을 거쳐 전해 내려왔기 때문입니다. 그리고 교사들뿐만 아니라 학생들도 1989/90년의 변혁기 동안에 이 근본적 지식 자원에 의지할 수 있었습니다. 미래의 학교 구조를 두고 벌어지는 동독에서의 정치적 논의에서 인문계 고등학교의 의미와 이를 재건하고자 하는 시도는 중심 주제가 되고 있습니다.[33] 역시 이 논의도 동독 이전 시기의 전통과 연결되어 있습니다. 비록 1989/90년 동독 학교에서의 교육 목표와 내용상의 방향이 학교의 근본적 기능 방식과 구조가 아닌 개별 과목에 놓여 있기는 하지만요. 그래서 교사들은 '전환기'와 그 이후의 시기에서 자신들의 과제를 지식을 전달하고 이를 검사하는 것에 고정했습니다. 학생들도 마찬가지로 훌륭한 성과와 성적을 통해 더 좋은 미래의 가능성(이라고 여겨지는)에 다다르는 것에 결박될 수밖에 없던 것이지요. 궁극적으로 '전환기'와 그 이후에도 학교가 공간적 지속성, 방향 설정, 연속성 등을 제공한다고 선포했던 것입니다. 달리 말하자면 학교 생활에서의 공간상의 변화들, 예를 들어 두 학교가 통합된다거나 학교를 증/개축한다거나 하는 경우에 그것이 변혁기에 일어난 것인지, 아니면 1990년대 후반에 일어난 것인지와 상관없이 이에 대한 진술 속에는 그 자체로서 의미 있는 사건이었던 것이지요. 인적 연속성이라는 측면에서도 학교는 변화하지 않았습니다. 비록 교사들이 바뀌고 주요 지위에서 물러나기는 했지만, 예를 들어 브란덴부르크(Brandenburg)의 경우에 교사들의 약 90퍼센트가 1992년에 여전히 자리에 남아 있었으며, 다른 연방의 주(州)의 경우에도 약 80퍼센트가 자리를 지켰습니다.[34] 1991년부터 진행된 퇴출은 대부분 이른바 수요와 공급 원칙에 따른 퇴직이었고, 러시아어나 폴리테크 수업 교사들이 주로 이에 해당되었습니다.[35]

브뢰베 그런데 1992년이 무슨 연관성이 있는 것이지요?

칠러 퇴출 여부에 대한 검토 과정이 연방 독일의 교육 제도와 동일한 교육 체제를 만드는 작업과 맞물려 1991/92년에 끝났습니다. 그 이후의 퇴출이나 퇴직은 사실 교사들이 살던 지역을 떠나서 생긴 일들이지요.

브뢰베 방금 칠러가 이야기했던 학교의 **견고한 구조들**이 제게는 사적 소유권과 검소함이라는 **오랫동안 지속되어왔던 사고**라는 것과는 분리해 생각해야 할 문제로 보입니다. 그렇지 않은가요?

칠러 학교를 구성하는 구조들이라는 것이 성과와 육성이라는 사고와 심적 태도의 결과라고 말할 수 있습니다. 학교의 조직 구조는 19세기부터 이 가치관을 지향해왔으며, 역사의 진행 속에서 여러 체제 변화가 있었고 교육 개혁도 이와 연관된 속에서 지속되어왔던 것입니다. 이런 시각에서 1989/90년의 변혁은 많은 교육 제도의 변화 가운데 하나일 뿐입니다.

필링어 달리 표현하자면, 교육 영역에서 **견고한 구조**란 성과와 육성의 관념과 일심동체로 결부되어 있다고 이야기할 수 있습니다. 이 양자는 불가분하게 서로 연결되어 있는 것이지요. 좀 신랄하게 표현하자면 학교라는 구조, 즉 조직이라는 메커니즘이 없었다면 능력이라는 오래 지속되어왔던 관념도 더 이상 존재하지 못했을 것입니다. 내가 과장하는 것인가요?

칠러 당신 말이 맞습니다. 그렇게 이야기할 수 있습니다. 학교는 지역 구조를 바탕으로 성과라는 관념에 단단히 결부되어 있으며, 그렇게 지속되어왔습니다. 그런 방식으로 관념과 제도는 상호 결부되는 것이지요. 그래서 학교가 갖고 있는 공간적·조직적 구조의 차원을 빼놓고는 이와 결부된 성과 관념을 연구할 수 없습니다. 당신은 소비라는 연구 과제에서도 또한 성과라는 주제와 대면했지요? 무엇을 관찰할 수 있었나요?

필링어 소비의 영역 또한 마찬가지로 자원의 공정하고 수긍할 수 있는 분배의 메커니즘으로서 동독에서 중심 역할을 수행했습니다. 국가보안부(Ministerium für Staatssicherheit, MfS)의 동향 보고서나 청원서 같은, 1989년 이전 시기 문서보관소의 사료를 보면 독일사회주의통일당의 당원조차도 성과 원칙의 무시를 1980년대 경제 위기 상황의 원인으로 보고 있었음을 여러 차례 확인할 수 있습니다.[36] 문서로 성과 원칙과 소비의 관계는 보다 더 많은 동독인의 기억 속에 분명하게 남아 있습니다.

1990년대 초에 실시했던 인터뷰의 여러 회고 속에는 소비와 성과 간의 관련성을 회고하는 가운데 시장 경제 내 소비 행위에서의 성과 원칙에 대한 기대들이 서술되어 있습니다. 이 문제는 우리가 나중에 기억과 평가라는 주제를 다룰 때 보다 구체적으로 이야기하겠습니다.

브뢱베 그렇다면 이 자리에서 **견고한 구조들**이라는 주제 아래 정리될 수 있는 것들에 대해 좀 더 이야기하지요. 바로 농촌에서의 토지 소유권에 대한 문제인데요, 100헥타르 미만의 토지를 소유했기 때문에 소련 점령기나 동독 시기에 자신의 땅을 공출당하지 않은 농지 소유주들은 동독 농촌의 옛 구조 위에 새로운 조직을 구성했습니다. 내가 조사했던 브란덴부르크는 대부분이 그런 경우였는데요, 하지만 1989년 이후에도 비교적 충돌 없이 한 세기를 내려오던 옛 소유 관계와 권력 관계를 이어갈 수 있었습니다. 이 위계 질서는 마을에 표면적으로 드러나는 구조 속에서도 확인할 수 있습니다. 즉 가장 큰 농지를 갖고 있는 주인들이 일반적으로 가장 큰 결정권을 갖습니다. 내 연구는 주택 소유권 문제에 집중했는데, 하지만 내가 조사했던 마을에서는 다른 지역에 비해 관련 자료를 훨씬 적게 찾을 수 있었습니다. 그래서 마을의 구조를 이해하기 위해서는, 예를 들면 구술사 같은, 즉 당사자 인터뷰 같은 특별한 형식의 다른 방식을 덧붙여 시도해야만 했습니다. 마찬가지로 필링어도 마을을 연구 대상으로 작업했고, 자가 조달(Selbstversorgung)이라는 지속적인 사고와 마주했었잖아요? 그에 대해 이야기해줄 수 있나요?

필링어 네, 한 가지 실례가 이 경우에 잘 연결되네요. 자가 조달과 자급 경제(Autarkie)에 대한 사고가 튀링엔 지역 내 마을인 메르크스레벤에서 **오랫동안 지속되어온 심성**임을 내 연구는 드러냈습니다.[37] 이 지역에서 과일이나 채소 혹은 가축의 자급이나 생필품의 창고 저장과 보존 작업은 1989/90년까지 대부분의 사람들에게 일상에 속하는 일이었습니다. 많은 농가가 여러 세대에 걸쳐 농업에 종사하면서 서로 잘 알았지요.

체제 교체(Systemwechsel)

체제 교체와 변환(Transformation)은 서로 맞물려 있다. 그 핵심적 기간을 약 1970년에서 2000년까지의 연구 범위로 표현하는 변환 개념과 달리, 체제 교체 개념은 단지 짧은 국면(Abschnitt)을 의미한다. 제도적 차원에서의 전환을 분석하기 위해 우리의 서면 대화에서는 체제 교체라는 용어를 사용했다. 이는 변혁의 핵심기로 표현할 수도 있다. 즉 이는 "지배로의 진입, 지배 구조, 지배에 대한 추구, 지배 방식 등 간단히 말해 체제의 교체가 "시간상 극적으로 진행되었던"[38] 변화 단계를 의미한다. 이 단계는 동독에서 1989년 가을에 시작되었고 1990년 10월 3일 동독이 서독으로 편입(Beitritt)하면서 종료되었다. 체제 교체의 기간은 시기적으로 분명하게 한정할 수 있음에 비해 변환 단계(Transformationsphase)는 시기가 열려 있다. 그래서 2000년까지라는 좁은 연구 범위를 넘거나 1970년 이전보다 훨씬 앞으로 거슬러 올라갈 수도 있다.

그들은 어떻게 가축을 키우며 농지를 다루어야만 하는지를 알고 있었습니다. 이 지식들은 농촌 거주민에게는 지난 1960년대 이후 진행된 농촌의 지속적인 기계화나 공업화에도 불구하고 일상생활에서 그 효용이 유지되어온 것이었습니다.

브뤽베 그것은 브란덴부르크에 있는 마을에 대한 내 연구에서도 확인할 수 있었습니다. 그 원인은 무엇에 있었던가요?

필링어 무엇보다 동독에서의 좋지 않은 공급 여건에 기인했다고 할 수 있습니다. 자기가 먹을 양식을 스스로 만들어낸다는 것은 국가적 분배 구조나 그것이 만들어내는 문제들과 상관없이 일종의 자급자족 경제를 가능하게 했던 것이지요. 그 외에도 스스로 만들어내는 양식들은 교환물로서의 역할을 했을 뿐만 아니라 가외의 수입에 따른 경제 활동도 가능하게 했습니다.[39] 1970년대와 1980년대에 동독 전체에서 국가가 주도하는 판매 네트워크가 만들어져 자체적으로 가꾼 과일과 채소를 높은 가격으로 매수하고, 이어서 시장에서 국가 보조금 지원을 받는 가격으로 되팔 수 있었습니다. 이런 방식으로, 그리고 '개별적 가내 경작'[40]의 강화를 위한 의도적 대책들을 통해 동독에서는 농업에 대한 지식의 유지와 통용이 지원될 수 있었습니다. 메르크스레벤 연구를 위한 인터뷰에서는 가정 경제에서 수입을 증가시킬 수 있도록 거의 모든 마을 주민이 하는 작업과 그 동기에 대해 전하고 있습니다. 동시에 메르크스레벤의 농업생산조합(Landwirtschaftliche Produktionsgenossenschaft, LPG) 같은 농업 회사는 임금을 통한 이윤 창출을 위해 노력합니다. 그것은 농촌 노동자들이 규정된 작업을 하면서 동시에 사적인 가정 경제도 보호하고 지키고자 했기 때문입니다.[41]

칠러 그것은 자가 조달이 갖는 높은 가치를 드러내는 것일 뿐만 아니라 정규 작업에 대한 일정 정도의 무관심, 아니면 심적 욕구가 낮았다는 것을 드러내는 것 아닌가요?

필링어 네, 그렇게 볼 수 있습니다. 하지만 나는 마을 주민들의 행태에 대해 무관심이나 무의욕이라고 부정적으로 해석할 수도 있지만, 성과를 드러낼 준비가 되어 있다는 것을 나타내는 것으로, 혹은 경제적이고 합리적인 행위로 해석할 여지도 있다고 생각합니다. 농업생산조합에서의 노동보다 가내 경작을 통해 더 많은 돈을 벌 수 있다면, 그리고 당사자가 그것이 더 중요하다고 생각한다면 그들이 거기에 집중했던 것은 전반적으로 의미 있는 것입니다. 동시에 내 생각에 이러한 행태는 특수하게 동독 시기에만 있었던 것으로 보입니다. 왜냐하면 '전환'과 연결되어 있는 체제의 변화가 여기서 하나의 명확한 전환점을 설정했기 때문입니다. 1990년 초 동독 생필품 시장의 개방으로 과일과 채소를 제한 없이 살 수 있게 되고, 수매 제도(Ankaufssystem)가 종료되면서 많은 메르크스레벤 주민은 자급농을 대부분 그만둡니다. 나이가 들고 더 이상 노동하기 어려운 사람들만이 자신이 먹을 채소와 과일을 계속 가꾸어 일부 비용을 절약하거나 자기 입맛에 맞는 식품을 조달할 수 있었습니다.[42] 실제로 체제 교체는 수세기에 걸쳐 지켜오고 전수되던 농경 지식에 대한 지속적인 상실을 이끌었고, 그럼으로써 자급 농경의 광범위한 종식으로 귀결되었습니다. 그 사이에 도시에서와 마찬가지로 이제 농촌에서도 사람들은 시장 경제적으로 조직화된 생필품 구입에 거의 완전히 종속되며, 단지 생태적인 이유에서 1990년대 중반 이후 소수의 무리가 자급을 목표로 귀농한 정도입니다. 다른 동유럽 국가들과 비교한다면, 과거 동독 지역에서의 자급 농경은 거의 완전히 축소됩니다. 루마니아와 불가리아 혹은 우크라이나 같은 나라들에서는 자급 농경이 오늘날 여전히 유지되고 있으며, 특히 수입이 많지 않기 때문에 일상적 영양 섭취에서 중요한 역할을 하고 있습니다.[43]

브뤼베 무엇보다 나는 자급 농경이 긴 역사를 갖고 있으며, 동시에 국가 판매처가 보여준 것처럼 그것이 체제 부담을 덜어주는 기능을 했다는 필링어의 생각에 동의합니다. 주택의 자가 수리도 유사하게 적용됩니다. 그에 대해서는 필링어가 우리에게 반복해 보여주었으며, 우리는 이에 대해 다시 이야기하게 될 것입니다. 이는 주거 문제에서도 동일하게 드러납니다. 동독에서는 오직 정해진 크기의 1가구 가옥만이 매매될 수 있었고, 그보다 큰 가옥이나 다가구 주택은 매매가 불가능했습니다. 이는 동독의 자산 정책과 연관이 있는 것인데, 왜냐하면 매매가 가능한 집은 본인이 직접 살아야만 했기 때문입니다. 부동산 소유를 통한 재산 증가를 막기 위한 것이었죠. 필링어의 연구 사례에서 보듯 이 정책을 통해 동독 체제는 부담을 덜 수 있었습니다. 왜냐하면 주택을 소유한 대부분의 주민들은 자신이 직접 집을 돌보았기 때문입니다. 커다란 임대 주택 안에 할당받은 주택은 많은 경우에 개별적으로 수리하거나 개축하기도 했습니다. 하지만 임대 주택 전체는 꼭 이런 개별적 보수의 필요성이 없었고, 그래서 집주인이 살고 있는 개별 주택보다 황폐화되도록 그냥 내버려두게 됩니다. 그 때문에 1989년 이전의 도시와 교외, 농촌에서의 가옥 등의 건물 상황에는 차이가 생겨나며, 이로 인해 1989/90년 이후에 1가구 주택들로 구성된 지역에서는 갈등이 생겨나게 됩니다.

자가 조달(Selbstversorgung)의 예를 들어 필링어는 **오랫동안 유지되어오던 심성 내지는 전통**이 동독의 종말과 함께 종식되었다는 결론을 내렸지요? 다른 동유럽 국가들의 상황과 비교하면서 그런 결과에 도달했고 이를 소득과 연결지었습니다. 이 지점에서 동독사 연구를 참조할 수 있고, 예를 들어 서독의 역사를 끌어들일 수도 있습니다. 왜냐하면 서독에서 자급자족은 20세기 후반에는 어떤 기본적인 역할도 더 이상 하지 못하게 되기 때문이지요. 남부 유럽 국가들로 눈을 돌리면 다시금 다른 형태들이 보입니다. 그래서 '전환'의 긴 역사에 대해 말할 때 중요한 것은 한편으로 여기서 **심성의 지속적 영향력**처럼 일반적인 경향을 가능한 한 확실히 살피는 것이며, 다른 한편으로는 개별 주제 영역에서 이런 현상의 차이들을 확실하게 드러내는 것이지요. 만일 (지리적) 공간과 생활 영역이나 사회적 지위, 성별 혹은 연령에 따라 분류한다면 실재에서의 복합성은 더욱 분명하게 드러나게 될 겁니다.

쵤러 이 자리에서 결과를 정리하는 것이 유익할 듯 합니다.

브뤽베 우리는 **첫 번째 결과**로서 '전환'의 긴 역사 안에서 근본적인 긴장 관계를 관찰할 수 있음을 분명히 해둡니다. 이는 **생활세계 안에서 의 사상**(*Ideen*)**과 심성**(*Mentalität*)**의 지속**으로부터 생겨났으며, 이의 근본 적인 형성은 19세기까지 거슬러 올라갈 수 있습니다. 이런 사상과 심성 은 안정적이었는데, 즉 이들이 20세기의 정치·경제적 체제와는 비교적 독립적으로 생겨났음을 의미합니다. 사상이라는 개념이 종종 엘리트의 역사나 지성사와 연결되어 있는 반면에, 우리의 연구 결과에서 중요한 것 은 그보다는 심성이었습니다. 이는 역사적 행위자들의 실천 속에 드러나 는 것이지 문자화된 논문으로 드러나는 것은 아닙니다. 긴장 관계는 이처 럼 오래 지속되어 온 심성들에서 나온 행위들이 각각의 체제 안에 적응해 야만 했던 것으로부터 발생했지요. 즉 체제가 심성에 영향을 끼쳤고, 그 로부터 한편으로, 예를 들면 동독 같은 하나의 체제 안에서 갈등이 생겨 나 행동 영역에 영향을 끼쳤던 것입니다. 다른 한편으로는 동독의 와해 로 갈등이 심화되었는데, 그것은 1989년 이후 비록 심성은 지속되었다 하더라도 20세기 독일 체제가 1990년 이후 연방공화국(곧 서독) 질서에 적응하면서 불평등과 불공정을 이끌었던 선례를 만들었던 것이지요.

필링어 브뤽베가 서술한 결과에 도달하기 위해서는 1989/90년의 변 혁의 역사를 체제 전환을 넘어 오직 긴 시간대 안에서 관측해야만 합니 다. 이로부터 도출된 인식은 우리의 연구 설정(*Untersuchungssetting*)의 직 접적 결과이며, 이를 통해 '전환' 이후의 시대가 갖는 긴장과 갈등을 이 해하고 설명하는 데 도움이 됩니다. 장기간에 걸친 역사적 발전과 병행 해 체제 교체는 예를 들어 노동 세계 같은 다양한 생활 영역에서 급속한 변혁을 이끌었습니다. 그러면 이제 동독에서 급속하면서도 동시에 진행되었던 여러 변화들이 어떻게 사람들의 일상에 영향을 끼쳤는지에 관심을 돌려보도록 하지요.

1989/90년. 변혁의 핵심 시기에서의 변화의 추동력

브뢱베 우리는 구체제가 해체되고 새로운 체제로 대체되는 그 시기를 1989/90년 변혁의 핵심기로 표현합니다. 즉 1989년 가을, 평화 혁명의 시작부터 1990년 10월 3일 연방정부 헌법 제23조에 따라 연방공화국으로 정식 편입(Beitritt)하기까지의 기간을 의미합니다. 나는 변혁의 핵심기에서 사건들의 속도가 동독인들의 생활세계에 영향을 끼쳤을 것으로 기대했습니다. 하지만 이 과정이 갖는 추동력을 저평가했습니다. 달리 표현하자면, 이미 1991년 사회과학자 클라우스 오페(Claus Offe)가 시스템 차원에서의 변화를 적절히 특성화해 표현했듯이, '동시성의 딜레마'(Dilemma der Gleichzeitigkeit)[44]가 사람들의 일상에서 기본적인 역할을 수행했습니다. **불확실성의 동시성**(die Gleichzeitigkeit der Unsicherheiten)이 우리가 이렇게 불렀던 것처럼 생활세계 속에서 선포되었고, 1989년 가을부터 1990년 가을까지의 사건들은 엄청난 속도를 동반하면서 그 특징을 드러냈습니다. 이런 현상은 동독에서 1990년대 내내 깊숙이 들어와 진행되었지요. 사람들에게 이 시기는 환호와 희망에서 불안과 탈진까지 강렬한 감정들로 각인되었습니다. 그로부터 각 주제에 따라 그리고 각각의 개인사에 따라 대단히 다른 변혁의 시기 구분이 만들어집니다. 이에 대해서는 나중에 다시 다루도록 하겠습니다. 이 **두 번째 결과물**은 그 자체로서는 비록 새롭고 놀라운 것은 아니지만, 체제라는 시각에서뿐만 아니라 생활세계라는 시각에서도 '전환'을 평가할 때 기본적 요소인 것입니다.

필링어 사건의 추동력과 관련해 내게 그 의미를 알아차릴 수 있게 해준 한 예는 동독 주민들의 갑작스런 서독 소비 시장으로의 접근입니다. 좀더 자세히 관찰하자면, 이에 대한 첫 인상은 사실 잘못 이해되기 쉽습니다. 비록 1989년 11월 국경 개방이 되면서 상품에 대한 개인적이고도 직접적인 인상을 경험하기 위해 수십만 명이 서베를린과 서독 내 슈퍼마켓, 대형 백화점 등을 이용했지만, 사실 '광적인 구매'라는 표현이 적용될 만한 경우는 최소한의 인원에 머물렀습니다.[45] 국경 근처 도시나 서베를린으로의 대대적 방문이 공공에게 자제되지 않은, 나아가 비합리적 소비라는 인상을 갖도록 만들었지요. 하지만 실제로는 구매 결정이 오히려 자제되고 균형 잡힌 형태였고, 이는 적어도 많은 인터뷰 대상자들로부터 확인되는 사항입니다. 품질검사재단에서는 동독 주민에게 물건 구매를 지원하면서 동시에 소비자와 상행위 사이의 정보 불균형[46]을 시정하기 위해 이미 1989년 12월부터 동베를린의 알렉산더 광장(Alexanderplatz)에서 이른바 구매 도우미(Einkaufshelfer)[47]라는 정보지를 나누어주었습니다.

브뢱베 그 안에 어떤 정보들이 들어 있었나요?

필링어 구체적인 조언이 들어 있는 것은 아니었고 그저 상품의 이름과 가격, 품질 확인 과정의 소개, 그리고 품질검사재단의 본래의 임무인 상품 사이의 품질 비교 결과 등에 대한 집약적 정보였습니다. 이 기관의 그런 소극적 태도는 '객관적으로' 작업하는 기관으로서 품질검사재단의 자기 이해와 관련이 있겠죠. 구매에 대한 구체적 정보는 오히려 '소비자를 위한 지침'[48] 같은 연방정부에서 나온 정보지에 실려 있었습니다.

내가 검토했던 수많은 인터뷰에서 응답자들은 자신들이 변혁기 동안 무엇보다 실용적인 소비재, 예를 들면 세탁기나 텔레비전 같은 것들을 구입했다고 말하고 있습니다. 이들은 가격이 동독 상품과 비교하면 더 쌌을 뿐만 아니라 질적으로도 성능이 더 나았던 것으로 답하고 있습니다. 변혁기 소비에 있어 문제가 되었던 것들은 터무니없이 비싸게 부르는 상품들의 구매나, 아니면 집 앞 가게들의 폐업 같은 것이었죠. 특히 후자의 경우에 많은 응답자가 실망으로 받아들였습니다.

브뤽베 그것은 단순히 어떻게 느끼는가의 문제가 아니라 부분적으로는 사기라고 표현할 수도 있는 것 아닌가요?

필링어 분명히 사기도 여럿 있었습니다. 예를 들면 이른바 커피 탐방 (Kaffeefahrten)이라는 것이 있었구요.[49] 하지만 그보다 더 많았던 경우는 동독인이 구매자의 권리를 모른다는 점을 이용해 판매자들이 손님에게 불리한 계약을 맺도록 하는 것이었습니다. 바로 이런 것들에 '걸려드는' 경험을 했던 몇몇 응답자들은 실망을 드러내지요. 소비에서의 새로운 불확실성에 대처하기 위해 수많은 동독인은 예를 들면 가격 비교 같은, 지금까지 거의 활용하지 않던 접근 방식을 익혀야 했습니다. 시장 경제에서 소비의 새로운 규정과 메커니즘을 배운다는 것은, 실망스러운 경험을 종종 겪기 때문에 생겨나는 새로운 형태의 소비 의식을 인식하도록 만들었습니다. 동시에 동독인들은 통일 이후 자신들의 소비 여부가 소득에 종속되어 있다는 것을 곧 인식하게 됩니다. 이에 대한 전형적인 진술을 나는 1991년 라이프치히 노동자와의 인터뷰에서 만날 수 있었습니다. "제가 처음 '저 너머'(drüben)로 갔을 때, 거기서 본 상품들은 그저 우리가 인터숍(Intershop, 동독에 있던 외제품 판매 가게 —필링어)이나 광고를 통해서 알았던 것들이죠. 이미 그때부터 저는 자주 이야기했어요. 우리가 쇼윈도 앞에 서 있더라도 돈이 없으면 그것을 멍청히 바라볼 수밖에 없다고. 그런데 이제는 여기서도 똑같이 그렇게 됐네요."[50]

이런 실망들이 1990년대 초 몇몇 응답자들에게는 통일 과정을 전체적으로 부정적으로 평가하게 만들었습니다. 그 한 예가 1991년 라이프치히 전자 제품 조립 노동자의 진술입니다. "서독 제품들로 진열대가 꽉 채워졌다는 것과 국경을 넘어갈 수 있게 되었다는 것 이외에 통일이 우리에게 가져다준 것은 아무것도 없어요. 제 생각으로는 그 밖에 어떤 긍정적인 것도 가져다주지 않았습니다."[51]

췰러 방금 소비를 예로 들어 분명히 밝혔던 변혁기 동안의 정보 제공 기회에 대한 관찰에 대해 더 이야기해보도록 하지요. 변혁기에 새로 제시되는 교육과 직업 제도가 중요했지만, 이와 관련된 조언의 기회들이 부족했던 것은 이 시기를 경험했던 당사자들의 지배적 감정에 영향을 끼쳤던 결정적 요소였습니다. 학부모도 교사도 사회적 상황이 장차 어떻게 발전해갈 것인가의 문제에 있어 앞을 내다볼 수 없었습니다. 그래서 이들은 청소년들에게 직업 진로와 관련해 조언을 해줄 수 없었습니다. 구동독의 대학입학 자격시험이 인정받을 수 있을지 혹은 내년에 특정 부문을 다루는 직업 교육이 실시될지, 같은 것들에 대해 제대로 이야기해줄 수 없던 건 말할 것도 없습니다. 내 사료에서 반복해 등장하는 것이 불안과 불확실성이라는 두 개의 중요한 감정입니다. 거대한 불안이 갑자기 몰려옴으로써 과거 동독의 중·고등 학생들이 경험했던 일상생활에서의 국가적 통제와 강력한 대비에 놓이게 됩니다.[52] 나이든 세대들은 그저 앞에서 우리가 논의했던 성과에 대한 사고를 바탕으로 자신들의 경험에 의존한 조언을 해줄 수밖에 없었습니다. 그들은 성과라는 사고의 유효한 가치를 여전히 간직했던 것으로 보이며, 바로 그 때문에 깊은 불확실성의 상황 속에서도 계속 행동할 수 있기 위한 의미 있는 모델이 되었던 것이지요. 남녀 학생들의 입장에서는 직업에 대한 조언뿐만 아니라 시장 경제를 기반으로 하는 더 상세한 정보에 대한 욕구가 있었습니다. 작센에서 진행된 한 종단 연구(Sächsische Längsschnittstudie, SLS)에 따르면, 청소년들은 수업에서 무엇보다 경제 시스템에 대한 정보를 가장 강력하게 기대했던 것으로 나타납니다.

브뤽베 작센의 종단 연구에 대해서는 우리가 아직 언급하지 않았지요. 이 연구는 1987년 당시 카를-마르크스(Karl-Marx)시와 라이프치히의 청소년중앙연구소(Zentralinstitut für Jugendforschung, ZIJ)가 시작해 지금까지도 진행하고 있는 사회과학 분야의 장기 패널 연구로 알고 있습니다.[53]

칠러 나는 이 연구에서 1987년부터 1995년까지 진행했던 질문지 원본을 사료로 사용했습니다. 이 연구 참가자들이 '전환'의 시점에서 종합기술고등학교(Polytechnische Oberschule, POS)의 10학년을 막 마친 터라 질문지는 자신들의 상황, 예를 들어 자신들의 미래에 대한 계획이나 아니면 동독의 와해에 대한 생각들을 서면으로 제출해줄 것을 요구했습니다.

많은 텍스트에서 당시 청소년들은 따라가지 못할 것에 대한 걱정을 드러냈습니다. 이는 무엇보다 경제 시스템의 변화에 기인했습니다. "저는 제 미래와 시장 경제에 대해 큰 불안을 갖고 있습니다"[54]와 같은 표현이 그 예입니다. 어떤 학생은 시장 경제를 다음과 같이 이해했습니다. "곧 좋은 일자리와 좋은 돈이 온다. 이 돈으로 물론 무언가를 살 수 있을 것이다. 또 일 잘하는 사람이 좋은 삶을 누릴 수 있다."[55] 이런 확신은 종종 미래를 예견하면서 더 높은 교육이나 이후 진행될 직장 생활에 대한 불확실성과 마주하고 있지요. "제가 1991년 학교를 마쳤을 때, 일자리를 얻을 수 있을지 아닐지 아직 몰랐습니다. 그것은 사회적 시장 경제에서 제가 마주해야 할 문제이며, 동독 사회에서는 우리가 전혀 몰랐던 것이지요. 불확실성은 내년에도 계속될 것입니다. 그리고 이 문제에 대해 오늘날까지 저는 어떤 답도 할 수가 없습니다."[56]

브뢱베 인터뷰에서 경제 시스템과 함께 정치 시스템, 특히 민주주의 같은 것들도 특별히 언급되고 있습니까?

칠러 그게 놀라운 점입니다. 내 자료에 따르면, 민주주의나 학교를 민주적으로 함께 꾸려갈 가능성에 대해서는 명시적으로는 거의 언급되지 않고 있습니다. 그저 학교를 민주주의를 배우는 장소로 인지하는 정도의 작은 실마리들만 발견했습니다. 작센의 장기 연구이건 내 인터뷰이건,

생활세계/일상(Lebenswelt/Alltag)

    사회학자 알프레트 쉬츠(Alfred Schütz)와 토마스 루크만(Thomas Luckmann)에 따르면, 생활세계란 사회적 실재(Wirklichkeit)의 특정 영역으로 이해할 수 있다. 역사학 연구에서는 이런 시각을 무엇보다 일상생활사 속에 포함했다.[57] 생활세계는 일상적이고 규칙적인 행위들이 수행되는 실재의 단면을 구체적으로 드러내며, 이를 통해 일상에서의 중요한 지식들을 얻어낼 수 있다. 쉬츠와 루크만에 따르면, 일상의 생활세계는 인간의 실재적 영역에 개입하며, 이를 행위를 통해 변화시킬 수 있다.[58] 동시에 일상적 생활세계에서의 행위는 완전히 자유로운 것이 아니라 "이미 존재하는 대상들과 사건들"을 통해 한정된다.[59] 생활세계의 이해와 규제, 그리고 그 안에서 진행되는 사회적 실천들은, 즉 반복되는 행위들은 자기 자신의, 그리고 사회적으로 전달받은, 그러나 그 의미를 지속적으로 되묻지는 않는 그런 경험들로 채워진다. 이런 것들이 생활세계를 통해 각인되고 문화적으로 특화된 '지식 목록'(Wissensvorrat)을 구성한다.[60] 이는 폐쇄적이지도 않고 논리적으로 구성된 것도 아니지만, 사고와 행위들을 조정하는 준거틀(Bezugsschema)로서 작용한다.

    이런 이해에 따르면, 역사의 행위체는 구조나 과정이 아니라 일상적 생활세계 안에 있는 인간과 그들의 행위이다. 생활세계적 시각 안에서는 "개인적 생활세계와 사회적 구조 사이에, 그리고 미시사와 거대사 사이에 그 어떤 대립도 없으며, 오히려 생활세계는 개인과 시스템을 한데 묶는 일종의 접변(Schnittstelle)을 형성한다."[61]

어디에서도 해당 그룹들은 민주주의와 공동 결정제(Mitbestimmung)가 갖는 측면들을 명시적으로 지적하지 않고 있습니다. 오히려 그 반대입니다. 예를 들어 내가 인터뷰했던 한 교사는 '전환' 이후에 학교 책임자 자리가 새로 교체된 것을 정치적 동기에서 일어난 일로 받아들이더라구요. 그 사람의 시각으로는 동독 시대와 똑같이, 당적(黨籍)이 전문 능력보다 더 인정받는 것으로 보였던 겁니다. 1989/90년 동독에서 진행되었던 교육 시스템의 개혁에 대한 논의에서는 그 반대로 교내 민주적 절차의 정착을 위한 수많은 요구가 있었습니다. 예를 들어 동독의 중앙원탁회의(Zentrale Runden Tisch)의 '교육, 학습, 청소년' 작업 그룹은 장벽이 무너진 이후의 교육 제도 변혁에 대해 조언을 했으며, 자신들의 입장에서 민주적 교육 제도를 위한 요구를 정착시켰습니다.[62] 또한 많은 곳에서 명시적으로 민주적 접근을 추구하는 새로운 학교들이 만들어졌습니다. 이와 달리, 내 연구에서는 교내 일상이라는 미시적 차원에서 민주적 구조로의 변혁 문제는 그저 개별적으로만 확인할 수 있었습니다. 이것은 적어도 변혁의 핵심기에서는 유효한 진술입니다. 얼마나 민주적 절차들과 구조들이 동독의 학교 안에 자리 잡게 되는지에 대한 장기적 측면은 더 검토해보아야만 합니다.

브뤽베 이를 통해 우리는 이미 앞에서 언급했던 **견고한 구조**로 다시 돌아왔네요. 학교는 자신들의 구조를 바탕으로 과연 민주주의를 중개할 수 있는 상황에 있다고 할 수 있을까요? 학교라는 제도를 구조 짓는 위계 서열은 사실 동독에만 적용되는 것이 아니잖아요?

췰러 당연합니다. 그래서 나는 제도상의 수많은 구조적 특징이 계서적으로 기능한다면 보통 사람들에게서 민주주의가 얼마나 가능할까에 대해 답을 분명하게 제시할 수 없다고 생각합니다. 이는 오늘날까지도 논의되고 있고 또 앞으로도 학교를 통해 계속 다시 요구될 것입니다.[63] 내 사료 속에서 민주적 요소들을 찾고자 한다면, 변혁기에서도 이를 확인할 수 있습니다. 그 당시, 예를 들어 자유로운 의사 교환은 중요한 주제였고 민주적 실천에서 대단히 중요한 요소였습니다. "교사들은 교육 계획안을 통해 우리와 새로운 방식을 시도하고 있어요. 내가 보기에 문제는 전환 이전에는 국가적 방침을 충실하게 설교하더니 이제 와서는 새로운 방식의 선구자가 되고자 하는 교사들에게 있어요. 하지만 학생들에게 요구되었던 정도를 훨씬 넘어 우리의 생각을 자유롭게 풀어놓으라고 요구하는 교사들도 있어요. 그런 교사들은 지금의 내게 큰 도움이 됩니다."[64]

내가 하나의 사례로서 상세하게 연구했던 학교를 놓고 본다면, 한편으로 학생들은 민주적 학교가 갖는 요소들을 1989/90년의 정치 변혁과 함께 이미 적용해 사용했음을 확인할 수 있었습니다. 이런 예로 학교에서는 학생 신문이나 대입 준비용 신문을 만들어내고 그 안에서 청소년들은 정치적 유머나 만화 등을 인쇄해 발간했습니다. 또한 학생 대변인 선거를 진행하기도 했습니다. 물론, 동독 시절에도 학교 시스템 안에서 학생 대표와 대변인 선거가 있기는 했지만, 언제 어떻게 이 선거가 시행되는지에 대해서는 학교마다 달랐습니다. 또한 그런 자리를 어떻게 만들 것인가에 대해서도 '전환' 이후에는 이전 동독 시대와는 다르게 진행되었습니다. 예를 들어 공간 창출(Raumgestaltung)에 대한 공동 참여 같은 것들에서 참여의 형식들을 읽을 수 있습니다. 내가 연구했던 학교의 예를 들자면 학생들은 자신들 주도로 이미 1989년 말부터 참여적인 학부모들과 함께 교실을 수리해 새롭게 공간을 만들고 이런 방식으로 참여를 자신의 것으로 만들지요. 학교 공간에 대한 자유로운 창출은 그들에게는 완전히 새로운 것이었습니다. 물론, 학교 공간의 창출에 대한 경험들은 서로가 대단히 달라 어떤 학교에서는 이미 동독 시대에도 일반적인 것이었기도 합니다. 즉 1989년 이전에도 학교 공간 창출은 큰 의미가 있었고, 학교 또는 지역에 따라 서로 다르게 진행되었습니다.[65]

필링어 1989/90년의 변혁이 학습 내용에는 얼마나 영향을 끼쳤는 가요?

칠러 교육 영역에서 다양한 불확실성의 동시적 출현은, 예를 들면 교육 목표들의 급격한 변화에서 드러납니다. 일자리의 지속(교사의 경우)에 대한 불확실성과 교육 기회의 지속(학생의 경우)의 불확실성이 이런 변화들과 나란히 진행되었습니다. 사회주의적 인간성에서부터 민주적 노동 시장 적응형의 개인까지, 교육적 열의를 요구하는 사고로의 갑작스러운 전환은 교내 일상과 학교와의 관계를 예민하게 건드렸습니다. 이미 1989년 가을에 군사학과 국민 교육(Staatsbürgerkunde) 수업의 폐지 같은 변화가 즉각 도입되었습니다. 또한 같은 1989년에 교내 열병식 같은 동독 학교 내 전형적인 행사와 절차들이 폐지됩니다. 뒤를 이어 교육 인력, 수업 계획, 수업 도구, 교육 목표 등에서 일련의 공식적 구조 변경 대책들이 따르게 됩니다.[66] 그렇지만 통일 협약 및 새로운 교육법의 발효와 함께 비로소 새로운 규정들이 최종적 형태를 갖게 됩니다. 새로운 교육법은 1991년 여름, 즉 학년이 바뀌는 그해 중간부터 적용됩니다. 교육 부문에서 변혁의 핵심 시기는 1989년 11월부터 1991년 여름이었다고 할 수 있습니다. 내 사료들, 특히 작센의 **종단 연구** 프로젝트에 따르면 이 핵심적 시기, 즉 앞에서 이야기했듯이 불확실성의 시기에 혼동을 호소하는 표현들, 이제는 무엇이 옳고 그른가에 대한 문제와 심도 있게 대결하고자 하는 표현들이 수많은 진술에서 발견됩니다. 여기서는 청소년기로의 진입과 체제 변화라는 이중의 변화를 함께 연결할 수 있겠습니다. 내 인터뷰 대상들은 반복적으로 자신들이 당시 청소년으로서 많은 것을 동시에 꾸려나가야만 했다고 표현합니다. 이는 여기서 단지 급격한 사회적 변화뿐만 아니라 성장과 사춘기라는 관계 속에서의 사적이고도 개별적인 발전을 의미하는 것이지요. 원칙적으로 이는 사춘기와 성장에서의 개별적 변환이라고 표현될 수 있을 것입니다. 물론, 이와 관련된 많은 주제는 학교 바깥의 공간에서 결정되었습니다.

브뤽베 하지만 그것은 정치 시스템과는 독립적으로 적용되겠지요.

칠러 맞습니다. 자기 자신에 대한 정체성, 첫사랑, 알코올과 마약의 시도, 한번 해보기와 한계까지 가보기, 이 모든 것이 청소년기에 속하며, 일반적으로 교육 제도의 밖에서 경험되는 것입니다. 그 차이가 중요하기는 하지만, 아주 간단하게 표현하자면 다음과 같습니다. 청소년기에서 성인의 삶으로의 개별적 발전은 그가 어떤 시스템에서 성장하든 상관없이 진행되는 것이고, 여기에서 학교가 중요한 무대는 아닙니다.

브뤽베 그렇다면 학교 안에서 중요하게 내세울 수 있는 것은 어떤 주제인가요?

칠러 새로운 성과 요구나 부분적으로 더 개방적인 수업 방식들에 적응하는 문제들이 중심입니다. 생활세계 전체에서의 변화들에 비한다면, 학교 안에서의 변화들이란 물론 그 무게가 떨어집니다. 그리고 학교는 기본적인 조직 구조상, 예를 들어 학년제와 성과 측정 원칙, 수업 등에서 상대적으로 연속성을 제공하지요.

브뤽베 그래서 결국 우리는 다시 **견고한 구조**의 문제로 ……

칠러 네. 구조는 견고하게 지속되기는 했지만 지금까지 학교와 연결되어 있던 청소년 조직은 해체되었습니다. 청년선발대(Jungpioniere), 탤만선발대(Thälmannpioniere), 자유독일청소년단(Freie Deutsche Jugend, FDJ) — 이들은 더 이상 존재하지 않습니다. 처음에는 청년들의 여가 시간 창출에서 빈자리가 생겨났으며, 1990년 초 이후의 상황에 대한 기술에서는 청년 문화의 지속적인 세분화(Aufsplitterung)에 대한 여러 실마리들이 존재합니다. 그럼에도 학교는 사람들이 정기적으로 방문하는 일상의 장소로서 구조화되어 있었습니다. 그래서 한편으로는 전환의 시기를 넘어서는 시각으로 보자면 분명한 연속성을 확인할 수 있지만, 다른 한편으로는 당사자들이 겪었던 불확실성의 경험, 특히 변혁기에서의 불확실성의 경험은 각자의 개인사에서 이후 시기를 어떤 맥락 속에 집어넣을 것이며, '전환'에 어떤 가치를 둘 것인가라는 문제에서 중요한 역할을 합니다.

브뢱베 그 이야기는 당시의 중·고등학생들이 학교를 반드시 체제 전환의 장소로 받아들인 것은 아니라는 의미인가요?

횔러 네, 다른 삶의 부문들의 변화와 비교한다면, 학교 영역 안에서의 변화 내용들은 청소년들이 가장 결정적인 것으로 받아들이지는 않았습니다. 그에 반해 교사들은 다중적인 부담으로 인해 이를 심각하게 받아들였습니다. 즉 교사들은 교내의 일상을 유지해야만 했던 반면에, 법과 규정들이 지속적이고 급격히 바뀌는 것을 더 분명하게 느낄 수 있었습니다. 또한 일상생활 분야에서 다양한 부담들이 있었고, 그것이 상황과 이에 대한 대응을 더욱 첨예하게 만들었습니다. 교사들뿐만 아니라 학생들도 우선은 경험들을 수집해야만 했구요. 예를 들면 공개 수업이나 학교에서의 일상이 어떻게 드러나 보일지에 대해 우선은 경험들을 수집해야만 했습니다. 또한 지속적으로 바뀌는 교육법에 대한 대응은 교사나 학생, 학부모에게 모두 같이 적용되는 것이었습니다. 인터뷰했던 어느 교사는 지속적으로 교장의 역할을 강조합니다. 학교 책임자의 의미와 능력은 학교 일의 일상적 진행과 학교 문화[67]에서 체제를 넘어서는 중요성을 지녔습니다. 몇몇 교사들은 서독 교사들에 의해 진행된 교사 심화 교육에 대해 때로는 굴욕적이라고 느꼈을 만큼 별로 도움이 되지 못했다고 회고합니다. 하지만 어떤 이들은 이를 질적 심화로 받아들이기도 했습니다. 여기서도 개별적 만남과 여러 요소들로 구성된 경험에 따라 달라졌으며, 일반화하기란 거의 불가능합니다.

필링어 프로젝트를 통해 우리는 또한 각각의 시스템 안에서 어떤 행동의 여지들이 개개인에게 주어졌는지에 대해서도 물었습니다. 학교 지도부는 자신들의 학교를 영향력 있게 이끌어갈 가능성을 충분히 갖추고 있었는지요? 교사들은 이를 어떻게 보았습니까?

횔러 물론, 한 개인으로서 무언가를 이룰 수 있는 가능성에 대해 체제가 미리 예측하지는 않았지만, 그런 가능성은 무엇보다 교사의 자기 이해와 자기 진술에서, 그리고 남녀 학생들에게도 의미 있는 것이었습니다.[68] 이는 변혁의 핵심 기간에만 해당하는 것은 아니지만, 특히 이 시기가 중요했기 때문에 이 기간에 잘 드러납니다. 예를 들면 국민 교육 과목의 교사들에게서 잘 드러나는데, 왜냐하면 수업이 자의적이고 사상 주입적이라고 받아들여지느냐, 아니면 정치적 문제들에 대한 토론의 장으로 받아들여지느냐는 절대적으로 교사와 학생 사이의 관계에 달려 있기 때문이지요. 인터뷰에서 다음과 같은 진술도 있었습니다. 청소년들이 1989년 이후 한 여선생을 위해 적극적으로 매달렸는데, 그녀는 국가보안부(Stasi)를 위해 일해왔다는 의심을 받고 있었습니다. 학생들은 그럼에도 교사로서의 능력을 인정했기 때문에 그녀가 자신들 학교에 남을 수 있기를 원했죠. 이는 공식적 교육 목표와 사실적 이행이 이미 1980년대 현장에서는 서로 멀어지고 있었음을 보여줍니다. 동독 시기 청소년들의 발전과 생활세계에 대한 연구들은 이런 격차를 이미 확인했고 지적도 해왔습니다.[69] 1990년대 초 사회과학자들은 청소년들에게서 불안감과 위압감의 확실한 증가와 맞닥뜨립니다. 변혁의 경험에 대한 해석이라는 측면에서 과소평가해서는 안 될 문제입니다.[70]

필링어 횔러가 서술한 불확실성과 불안감을 내 주택 부문 연구에서도 만나게 됩니다. 나는 중요한 소비 영역으로서 식품류 외에 주택에 대해 연구했습니다. 이를 통해 무엇보다 1990년 도시 임대 주택에 사는 사람들을 만났습니다. 그 당시까지 주거 공간에 대한 수리비를 제외하고 1제곱미터당 80페니히에서 1.3마르크 정도를 법적으로 명시된 임대료로 지불해야 한다는 것은 대부분의 동독 임차인이면 알고 있는 사실이었습니다.[71] 그래서 1990년 '건축과 도시건설 및 주택경제부'(Ministerium für

Bauwesen, Städtebau und Wohnungswirtschaft)는 동독 주민이 임대료 상승을 근본적으로 받아들일 수 있도록 연구하는 작업팀을 가동합니다.[72] 연구 작업팀은 서독의 교섭 파트너와 함께 공동으로 통일 협약 안에 순차적 상승을 통해 사회적으로 받아들일 수 있는 임대료를 법으로 규정하는 연방정부 법안의 보완을 제안했습니다.[73] 이 임대료 법안은 기본 임대료 상승의 빈도뿐만 아니라 설비상의 특징이나 주거 공간의 건축적 완성도에 따라 임대료가 세분화되도록 규정합니다. 또 다른 대책으로 연방정부는 1991년 개인의 소득 상황에 따라 임대료를 지원하는 이른바 주택 수당 제도를 도입합니다.[74]

브뢱베 마치 변혁기의 다양한 욕구와 이해관계들에 대해 처방을 시도했던 것처럼 들리네요. 그러나 각기 다른 관청과 기관들이 상황에 대한 전체적 조망을 갖고 법적 규정을 준비하기 위해서는 시간이 필요했겠습니다.

필링어 체제의 차원에서는 법을 통해 빨리 대응했다고 말할 수 있을 겁니다. 그러나 일상적 생활세계에서 이것은 지속적으로 불확실성을 같이 가져옵니다. 여러 인터뷰 대상자들은 노동 시장의 불확실한 상황과 낮은 임금에 더해 임대료의 새로운 산정이 추가적인 부담이면서 동시에 자기 집에 대한 위협이었다고 표현하고 있습니다. 1990년대 임대료 상승 때문에 몇몇 인터뷰 대상자들은 동독에서의 주거가 비록 건축적 상황은 더 열악했더라도 불안이 없는 생활 영역이었다고 생각합니다. 이와 관련된 전형적 예로, 1991년 당시 47세의 부르첸(Wurzen) 출신 여성은 다음과 같이 진술합니다. "우리는 사실 검소한 쪽에 더 가깝게 살았어요. 왜냐하면 그놈의 실직에 대한 불안감을 늘 갖고 있었기 때문이지요. 매달 구석에 몰리게 되면 누군가는 실업자가 될 수 있지만, 그렇다고 우리가 집에서 강제로 쫓겨나거나 하지는 않았거든요."[75] 이 인용문은 미래의 임대료 상승에 대한 예상이 감정을 넘어 어떻게 현재의 소비 행태에 영향을 끼쳤는지를 보여줍니다.

브뢰베 임대료 상승과 건축 자재의 실질적 개선 사이에는 어떤 연관성이 존재하나요? 그리고 주거 기준의 개선에 대해서도 문서보관소 사료들과 인터뷰를 통해 관찰할 수 있었나요?

필링어 여러 차원에서 그것은 큰 도전이었습니다. 한편으로 많은 경우에 건축 자재는 놔둔 채 임대료가 먼저 상승했습니다. 이는 국가 소유의 주택을 지방자치체에 넘겨준다는 것이 명시되어 있는 통일 협약의 규정과 관계가 있습니다. 동시에 지방자치체는 부채 또한 넘겨받아야 했습니다. 그래서 이미 빚이 많은 지방자치체의 주택 사업부는 건축 사업을 위한 자금을 조달할 수 없었습니다.[76] 대부분의 사람들이 주택 임대료의 상승에 대해 감정적으로 반응할 수밖에 없었던 것은 놀라운 일이 아니지요.

브뢰베 감정적 반응의 근원이 주거 문제가 삶의 존재적 영역에 속한다는 데에 있다고 당신은 생각하나요?

필링어 네, 주거 문제와 같이 바로 "그 핵심에 있어서 삶과 인간의 육체를 건드리는 행태들"[77]의 경제화는 일반적으로 도덕적 논리로 무장되고 감정적으로 형성된 방어 작용을 이끌어냅니다. 이에 대해서는 역사가 모니카 돔만(Monika Domman)이 지적한 바 있습니다. 동시에 1991년 개시된 임대료 상승이 임차인을 위해 조언을 담당하는 지자체 내의 부서를 점점 축소시켰습니다. 예를 들어 부르첸의 시청에서는 1991년 7월 관청 내 '임대 및 토지 대여' 부서를 폐쇄했고, 시민에게 라이프치히에서 자발적으로 조직해 새로 문을 연 임차인보호협회를 추천했습니다.[78] 이 협회는 자문과 법적 지원, 정보의 전달 등을 통해 임차인으로 하여금 자신들의 권리를 지키거나, 경우에 따라서는 관철할 수 있도록 했습니다. 이 지점에서 나는 앞에서의 췰러의 연구와 연결해 이야기할 수 있습니다. 즉 임대료 상승은 수많은 동독인으로 하여금 '자구(Selbsthilfe)'를 위한 도움'[79]을 찾도록 하고, 민주적이고 법치국가적인 실천을 연습할 수 있도록 하며, 궁극적으로는 그들 스스로의 이익을 위해 헌신하도록 강제했습니다. 통일 과정에서 이런 것들을 통해 발전 정책의 전략을 모방한 정책들이 동원되었는가라는 문제는 흥미로운 연구 주제입니다.

브뤽베 이런 예들은 인간에게 민주주의가 얼마나 지난한 일일 수 있는가를 보여줍니다. 한편으로는 무언가가 일어나야만 한다는 것은 명확했습니다. 1989/90년의 황폐화된 가옥들은 이에 대한 명백한 표식들 가운데 하나입니다. 많은 진력(盡力)을 통해 해결을 가능하게 만드는 길들이 제시되었지요. 법 제정자나 지방자치체, 그밖에 다른 여러 행위자들뿐만 아니라 시민도 똑같이 그런 해법들을 요구했습니다. 이 자리에서 간결하게 표현하자면, 민주주의는 힘이 드는 일이며 무언가를 (과도하게) 요구합니다.

칠러 네, 이는 학교를 보면 아주 분명하게 드러납니다. 교사들은 동독에서의 연방제 도입에 따른 지속적인 변화를 요구받았습니다. 교육은 알다시피 연방주(Länder)의 소관 사항이고, 교사들에게 이는 곧 동독 시절 익숙했던 통일적 대처의 상실을 의미합니다. 그들은 그런 특징이 작동하던 시스템에서 벗어나 지속적 변화가 특징인 교육 시스템에 익숙해져야만 했던 것이지요. 교사들은 가이드라인의 지속적인 변화, 혹은 요구되는 교육 방식의 지속적인 변화를 내 인터뷰에서 새로운 교육 시스템의 특징이라고 서술했습니다. 전일제 학교나 대학입학 자격시험 실시의 중앙 관리, 능력 기준표(Kompetenzraster)의 도입, 그리고 최종적으로는 1990년대 말 PISA* 연구가 촉발한 여러 교육개혁 등에 대한 논의들이 중요한 이정표들입니다. 새로운 교육 시스템에 적응하기 위해 필요한 핵

---

* PISA는 학생 평가를 위한 국제적 프로그램으로, 15살 된 청소년의 읽기, 수학 및 과학 지식과 실제 생활의 도전들에 대처할 능력을 평가한다.

심적인 능력은 바로 유연성입니다.

브뤽베 우리는 변화의 핵심기가 갖는 다양한 측면들에 대해 지금까지 작업해왔습니다. 이제 나는 일어난 사건들의 속도와 감정에 대해 다시 한 번 강조하고 싶습니다. 그 실례를 미확정 재산 문제의 처리가 우리에게 분명하게 보여줍니다.[80] 이 어색한 표현은 1972년 기본 조약에 그 기원을 두고 있습니다. 이 조약은 동독과 서독의 관계를 규정하면서도 재산 문제는 의식적으로 미해결 상태로 두었습니다. 왜냐하면 동·서독 외교 관계의 체결이, 예를 들어 재산권 같은 개인적 자산 가치에 대한 강제적 조치의 인정으로 귀결되는 것을 막고자 했던 것입니다. 그래서 서독 정부는 재산 문제가 제외된 추가 프로토콜을 주장했습니다. 장벽이 무너진 이후 비교적 빨리 이 주제가 여전히 해결되지 않은 채 얼마나 지속될 것인가라는 문제가 제기되었던 것입니다.

필링어 나는 당신이 연구한 분야가 통일 이후 신탁관리청(Treuhand-anstalt) 연구로 쉽게 착각되거나, 아니면 그 연구와 섞일 수 있을 것 같다는 인상을 받았습니다. 당신은 자산 신탁의 처리와 관련된 연구를 한 것이 아니라 주택의 소유 문제와 미해결된 채 있던 재산 문제에 대한 법률과 관련된 것들을 다루었잖아요.

브뤽베 네, 사실 이 둘 사이에는 중요한 차이가 있습니다. 나는 주거 문제를 통해 소유권 문제 규정의 배경이 된 사고를 충분히 추적할 수 있다고 생각했습니다. 현실에서 이를 행사한다는 것은 근본적으로 신탁 업무와는 다릅니다.[81] 소유권 문제가 불분명하면 누구도 소유 주택에 많은 투자를 하지 않습니다. 변혁의 핵심기에 문제는 소유권 문제에 투명성을 만드는 일이었습니다. 좀 과장해서 말하자면, 이 문제를 **어떻게** 해결하느냐가 중요했던 것이 아니라 명확한 소유 관계와 이 문제를 다룰 권한을 만들어내기 위해 관련된 법률을 **제정하는 것 자체가** 더 중요했습니다. 당시 동독의 한스 모드로프(Hans Modrow) 정권은 가능한 한 기존의 소유권 사고와 소유권 관계를 변화시키지 않기를 분명히 했지만, 서독 측으로부터 동의를 받지 못했습니다. 1989년 12월 19일과 20일, 헬무트 콜(Helmut Kohl) 서독 총리가 드레스덴을 방문했을 때, 이미 모드로프 당시 동독 정부 수반은 미해결 재산권 문제의 해결을 위한 전문가 그룹 결성 제안에 동의했습니다. 하지만 이 문제에 대한 의견 일치를 목표로 하기가 극도로 어렵다는 것이 곧 드러났습니다. 1990년 2월에서 5월까지 네 차례에 걸쳐 전문가 토론회가 있었지만, 1990년 5월 18일 통일 협약에 서명할 때까지 어떤 의견 일치에도 다다르지 못했습니다. 협상 타결에 대한 압력이 상승했고, 그래서 논의는 더 고위급의 정치적 차원으로 올라갑니다. 6월 8, 13, 14일의 논의가 잇따랐고, 마침내 15일에 '미해결 재산권 문제의 규정을 위한 동·서독 정부의 공동 성명'이 나옵니다. 이 성명은 통일 협약의 부속 조약으로 첨가되었습니다. 9월 23일 동독에서 미해결 재산권 문제의 규정에 대한 법률이 공포되며, 1990년 10월 3일부터는 연방정부 전체에 적용됩니다. 그리고 나중에 다시 보충되고 확대됩니다.[82]

칠러 이 법이 주택의 소유권 문제에서 분명한 전환점 역할을 했나요?

브뢱베 그렇다고도 할 수도 있고, 아니라고 할 수도 있습니다. 한편으로는 이를 통해 미해결 재산 문제에 대한 규정의 기반을 마련한 것이지만, 다른 한편으로는 당시의 1990년대 중·고등학교 연구에서처럼 변화와 적응이 생겨났습니다. 수많은 동독의 주택 거주자와 소유주는 이를 부당하다고 생각했기 때문에 법이 선포되자 바로 불만을 드러냈습니다. 만일 1990년의 법규를 비난한다면, 이 규정들이 생겨나게 된 조건들을 되돌아보아야만 합니다. 그래야 비로소 왜 이들이 추후에 바뀌어야만 했는지를 이해할 수 있습니다. 자료들을 읽으면서 나는 이를 다루었던 양측 모두 자산 가치의 실제 규모에 대해 어떤 구체적인 지식도 없었다는 인상을 받았습니다. 이는 이미 앞에서 이야기했던 동독의 토지 대장

제도의 실행 방식과도 관계가 있습니다. 그래서 1989년 10월부터 대략 1990년 6월 중순까지 동독에서는 재산권에 대한 검토 없이 자산 가치의 처분 작업이 실시되었습니다. 이런 접근 방식은 1990년 3월 7일 이른바 '모드로프 법안'이라고 불린 '공유 자산 건물 매매에 대한 법'을 통해 합법화되었습니다. 즉 미해결 재산 문제가 논의되는 동안에 여전히 소유 관계에 대한 변화들이 있었던 것입니다. 그 때문에 변혁의 핵심기에 법제화가 끼칠 영향의 규모를 예측하기란 어려웠습니다.

쵤러 그런 사실들이 공론장(Öffentlichkeit)에는 얼마나 알려졌었나요? 여전히 동독 체제 아래의 특권층이 변혁기 동안 모드로프 법을 통해 합법적으로 부를 축재했다는 비난이 나중에 있었잖아요?

브뢱베 그런 소문은 상당히 널리 퍼져 있었습니다. 내 자료에 의하면 그런 것들이 확인되기도 하지만, 다른 한편으로 그에 대한 반론도 있습니다. 변혁의 핵심기에 나온 신문 보도를 자세히 찾아보면 여론이 반대로 기울어졌음을 아주 분명하게 확인할 수 있습니다.[83] 초기, 즉 1989년과 1990년 전반기의 미확정 자산 문제에 대한 법제화 이전 보도에서는 일차적으로 복잡한 소유 관계와 동·서독 사이의 우호적인 만남들을 대부분 전하고 있습니다. 논조가 변하기 시작하는 것은 1990년 6월 15일, 즉 동·서독 정부 사이의 미확정 자산 문제에 대한 공동 성명이 발표되고 나서입니다. 이제는 점차 탐욕스럽고 불안과 공포감을 확산시키는 구(舊)소유주 대(對) 죄 없고 속아 넘어간 동독인이라는 이미지가 나타납니다. 몇몇 기사에서는 구(舊)나치들이 법 규정의 수혜자라는 주장이 나오며, 그에 반해 동독에서는 오직 엘리트만이 소유 재산 획득이 가능했었다는 또 다른 보도들이 나옵니다. 이와는 다른 서사도 나와 경쟁하게 되는데요, 문제의 핵심은 지난 정권의 책임자들에 대한 처벌이 아니라 "동·서독의 보통 사람들 사이의" 법정 다툼이라는 단언들이 나옵니다. 내가 연구했던 베를린 교외의 클라인마흐노프 마을이 중점적으로 이런 담론을 생산해낸 실례를 제공하고 있습니다.

칠러 이 자리에서 우리는 다음과 같은 것을 분명히 확인하게 됩니다. 1990년 10월 3일, 즉 독일 통일을 통해 ── 재통일(Wiedervereinigung), 편입(Beitritt), 접수(Übernahme) 등 공식적 명칭과 별개로 이에 대한 표현은 논란이 되고 있지만 ── 그 이후 시기들에 대한 틀이 정해졌으며, 변혁의 핵심기는 끝나게 된다는 것이지요. 그렇다고 불확실성이 해소된 것은 아니며, 부분적으로는 더욱 상승하기까지도 합니다. 이렇게 해서 이제 우리는 1990년대에 도달하게 되었습니다. 이제 이 불확실성이 극복될 수 있는지, 그리고 어떻게 가능할 것인지라는 문제들이 제기됩니다.

1990년대를 극복하기: 전략, 성과, 상실

브뤽베 변혁의 핵심기에 법적·정치적·경제적 차원에서 내려진 결정들의 결과, 1990년대의 일상생활은 새롭게 펼쳐질 수밖에 없었습니다. 과거 동독에서 살던 사람들은 스스로 적응하기도 했고, 이를 거부하거나 나아가 저항하는 사람들까지 있었죠. 새로운 조건들과 대결하는 하나의 가능성은 겉으로 분명히 드러나는 (정치적) 참여였습니다. 특히 그런 참여는 1989년 이후 대도시 주변 위성 도시에서의 진술을 통해 확인할 수 있었습니다.[84] 당시는 통일 협약을 위한 협상 테이블에 1972년 동·서독 사이에 맺어졌던 기본 조약에서 미확정된 채 남겨둔 재산 문제에 대한 논의가 올라 있던 때였습니다. '선 반환, 후 보상'이라는 원칙을 따른 이 협상의 결과는 자산법이라는 이름으로 모두에게 알려지게 됩니다.[85] 이제 개별적 대응이건 공동의 대응이건 간에, 다양한 차원에서 행동의 필요성이 생기게 된 것입니다.

필링어 어떤 의미에서 그렇다는 거지요?

브뤽베 1990년 이후 일부 동독인들은 연방 체제가 갖는 민주적 도구들을 이용하면서 동독 시절 관청 업무에 대한 자신들의 지식을 이용해 성공적으로 스스로를 방어합니다. 그 결과 제정된 규정들과 달리, '선 반환, 후 보상'이라는 원칙이 현실에서는 그저 제한적으로 실천에 옮겨지기도 합니다. 그들은 단지 개별적으로 저항하기도 하지만, 자신들의 목표를 이루기 위해 함께 결속하기도 하지요. 1990년대에 미해결 자산 문제의 법규를 관할하는 관청으로 총 200만 건이 넘는 질의서들이 들어갑니다. 옛 주인들은 반환을 위한 요구서를 제출하거나 일단 아주 일반적인 차원에서 신청 의사를 밝히지요. 1989년 동독에 약 1,600만 명이 살고 있었습니다. 하나의 신청서가 대부분 집 한 채거나 한 필지의 토지였으며, 그 집에 종종 한 사람만 살고 있었던 것이 아님을 생각한다면 그 숫자는 엄청나게 많은 것입니다. 이와 관련해 단지 아주 적은 수의 믿을 만한 통계가 있다는 것은 놀랍습니다. 2001년 '미해결 자산 문제의 규정을 위한 연방청', 즉 이 문제와 관련된 최고의 심급이 다음과 같이 동독 전체에 해당하는 통계를 발표합니다. 거의 절반에 해당하는 신청서(49퍼센트)는 반려되며, 14퍼센트는 신청서를 취소합니다. 22퍼센트만이 옛 재산을 돌려받았고, 관청에 의해 결정이 미루어진 경우가 5퍼센트, 보상이 확정된 경우가 5퍼센트입니다. 나머지 5퍼센트는 '그밖의 다른 사유에 의한 종결'로 귀결됩니다.[86]

필링어 그렇게 많은 요구서가 거절되거나 취소되었다면, 법적 적용에 있어 거의 동독인의 승리의 역사로 해석할 수 있는 것 아닌가요?

브뤽베 실제로 그렇게 볼 수 있습니다. 동독에서 실사용자, 소유주, 자택 보유자 등이 시민연대, 협회, 당, 세입자연맹, 법률지원단 등을 조직합니다. 그들은 지역과 국가 단위에서 활동하면서 보상 주택 단지의 건설을 목표로 삼았고, 실제로 이루어내기도 했습니다.[87] 여기에서 그들은 자신들이 동독 시절에 갖고 있던 특별한 지식을 도구로 결합하기도 합니다. 동독 관청과의 접촉 과정에 본인이 직접 규칙적으로 모습을 드러내는 것이 중요하다는 게 이미 증명되었기에 절차의 진행 과정에 영향을 끼치고자 한다거나, 아니면 그저 작업 속도를 더 재촉하기 위해 미해결 재산 문제 담당 부서에 자주 얼굴을 비춥니다.[88] 비록 이런 행위들이 담당 부서가 결정을 내리는 데 별로 영향을 끼치지는 않는다 하더라도, 당사자들에게는 이를 통해 적극적으로 그 과정에 참가할 수 있는 가능성이 제공되는 것이지요. 이미 이야기한 것처럼 공식 통계는 동독 전체로만 나와 있기 때문에 클라인마흐노프 같이 작은 지방자치체의 경우에는 그저 추정치만 내놓을 수 있습니다.[89] 개별적인 결정 사항과는 별도로, 예를 들어 클라인마흐노프 같은 경우에는 청구를 위한 신청자가 비교적 많아 중요합니다.[90] 또한 이곳은 동·서독 당사자들이 직접 만났다는 점에서 특징적이며, 이에 대해 언론이 보도하기도 했습니다. 하지만 클라인마흐노프의 당사자들 스스로 자신들의 경우를 공론화하는 데 기여하기도 합니다. 그들은 무엇보다 본(Bonn)에서 시위를 하면서 '추방에 반대하는 클라인마흐노프 시민'이라는 이름의 유권자 그룹을 결성합니다. 이 집단은 1993년 지역 선거에서 22퍼센트나 지지를 얻습니다.[91]

칠러 이 집단의 이름이 재미있네요. 무엇보다 추방(Vertreibung)이라는 개념은 제2차 세계대전 이후 과거 독일 제국의 동부 지역에서 살다가 서독으로 이주해온 사람들을 추방된 이들로 표현하기 때문에, 저는 이들에 대한 적절한 명칭을 두고 서독에서 있었던 논의들과 연결하게 됩니다. 동독에서는 이들을 '이주민'(Umsiedler) 혹은 '신시민'(Neubürger)으로 불렀습니다. 서독에서는 강제 추방된 사람과 외견상 폭력에 의하지 않고 이민 온 사람들 사이의 차이가 논의의 중심에 있었고, 이른바 독일인 피추방자와 여타 난민(Flüchtlinge) 사이의 구별 짓기를 둘러싼 문제들을 논의했습니다. 즉 (지금까지 자기 집에 살다 쫓겨난 동독의 상황을 추방이라고 부르는 것은 — 옮긴이) 다른 역사적 상황이 반영된 논의이고, 그래서 이 표현이 처음에는 나를 혼란스럽게 했습니다. 더욱이 이 개념 자체가 대단히 논쟁적이었던 데다가 …….

브뤽베 그런 논란과 상관없이 제 생각에 이 이름은 무엇보다 1990년대 클라인마흐노프 주민들의 감정을 잘 드러내고 있다고 보입니다. 특히 이들 집단 자체뿐만 아니라 선거에서 그들에게 표를 던진 투표자의 감정까지도 드러내는 것입니다. 정치화와 관계없이 이 시기 1인 주택의 소유주, 주거인, 임대인이 모두 정보에 대한 큰 결핍이 있었습니다. 이와 관련해 재미 있는 것은 과거 동독 관청들이, 예를 들어 지역 주택관리청(Kommunalen Wohnungsverwaltung, KWV)과 그 후속 기관 같은, 변혁기에 이들 이용자들로부터 새로운 역할을 부여받게 되었다는 사실입니다. 이제부터는 이들이 상담소(Beratungsstelle) 역할도 맡게 됩니다. 그래서 2000년 클라인마흐노프 지역 주택사업부(Gemeindliche Wohnungsgesellschaft Kleinmachnow mbH, Gewo)의 한 간부는 이들이 1990년대에 "주택 관련 업무를 한 것이 전혀 아니라 하나의 복지 센터" 역할을 했다고 기억합니다. 그들은 많은 업무 시간을 불안해하는 시민을 안심시키는 데 사용해야만 했다는 것이지요.[92] 그러나 보상(Restitution)은 당사자들에게만 하나의 도전이었던 것이 아니라 그 절차를 진행하는 사람에게도 마찬가지였습니다. "우리는 모두 차가운 물 속에 던져진 신세였다"라고 한 전직 담당자는 기억합니다. 누구도 무엇을 언제 어떻게 해야 할지 알지 못했다는 것이지요.[93] 유사한 경우가 동베를린 시의 한 구역인 플렌츠라우어 베르크(Prenzlauer Berg)에서도 보고됩니다. 플렌츠라우어 주택건설사업부(WIP) 내의 부동산 및 보상 부서의 책임자는 그 과정들이 '아슬아슬'했었다고 이야기합니다. 담당자들은 어떤 경우에는 참고 버텨야만 했고, 미리 훈련을 통해 사람의 진을 완전히 빼놓는 대화에 대비해야 했다고 합니다.[94] 클라인마흐노프와 베를린의 플렌츠라우어 베르크에 있는 도시사회학자들이 담당 관청의 전문가 및 당사자들과 진행한 인터뷰에 따르면, 1990년대 소유 주택 보상 부문에서 사람들을 불안하게 만든 데에는 자주 바뀌는 법 규정이 한몫을 담당했던 것이 분명합니다. 바로 브란덴부르크 같은 곳에서는 자산법 규정들이 대단히 시간을 끌며 적용되었다고, 클라인마흐노프에서 미확정 자산 문제와 관련된 담당 부서의 전직 책임자는 기억합니다. 1992년까지도 사람들은 '선반환, 후 보상'이라는 기본법의 수정을 희망했다고 합니다.[95] 비록 근본적인 변화는 아니었다 하더라도 법률적 보완이 이루어졌고, 그것이 한편으로는 현장에 있던 적극적 당사자들로 하여금 자신들의 행동과 참여를 통해 어느 정도는 성취해낼 수 있도록 했지만, 다른 한편에서는 이런 법률 보완에 혼란스러워했던 것입니다. 왜냐하면 그런 보완이 일부 동독인들에게는 연방정부의 법률 체제에 걸었던 기대에 부응하지 못했기 때문이었습니다. 사람들이 안정성을 기대했던 곳에서 법률은 유연한, 나아가 자의적인 것으로 드러났고, 결과적으로 그것은 오히려 동독의 법률 체제와 연결되었던 것입니다.

필링어 그 말은 어떤 의미인지요?

브뤽베 예를 하나 들겠습니다. 2000년 클라인마흐노프에 살던 한 남성은 최종 판결이 내려질 때까지 오랜 시간이 걸렸던 자신의 신청서에 대한 이야기를 털어놓았습니다. 그 과정에는 여러 심급에서의 결정이 있었고 각 심급마다 탄원이 뒤따랐던 것이지요. 법치국가의 정식 재판이었고 그 기간 동안에 소유권 문제는 여전히 확정되지 못한 채 남겨졌기에 집수리 같은 어떤 투자도 할 수 없었으며, 이런 것들이 그를 고소에 이르도록 결심케 한 것입니다.[96] 이 경우를 통일에 대한 사후 평가라는 입장에서 보더라도 흥미로운 점이 있습니다. 탈진(Erschöpfung)이라는 단어가 여러 번 반복적으로 언급되었거나 사료에서 찾아낼 수 있었습니다. 이것은 당사자의 나이나 삶에 대한 설계와 관련이 있다고 생각됩니다. 개인 주택에 대한 보상 문제는 대부분 자기 자신의 집이 삶의 설계의 일부였고, 그래서 그 집에 감정적으로나 경제적으로 투자했던 그런 사람들에게 해당되는 이야기였습니다. 집을 잃을 수도 있다는 두려움과 무언가 새로운 것을 쌓아올리기에는 더 이상 충분히 젊지 않다는 인식, 혹은 집을 옮겨 새롭게 시작해야만 한다는 걱정들이 관찰될 수 있는 감정들의 기반일 수 있는 것이지요. 하지만 1930년대 클라인마흐노프에서 집을 구입했었고, 말하자면 그 지역을 1950년대 초반에 떠났던 옛 집주인들도 당시에는 지금의 이들과 유사한 상황에 있었습니다. 즉 1950년대와 1960년대에 서독에서 새롭게 시작해야만 했던 옛 집주인들이 지금의 이들과 비슷한 연배에 있었던 것입니다.

필링어 이 지점에서 몇 가지 부가해 이야기하고 싶은 것은, 비록 1990년대로부터 벗어나기는 했지만, 나는 1989년 이후 극복 전략(Bewältigungsstrategien)의 전사(前史)를 중요하게 생각합니다. 메르크스레벤(Merxleben)에 있는 한 가구 주택들과 두 가구 주택들을 보면서 나는 주거 공간에 대한 건축과 소비 행태, 그리고 조직적 변화들 사이의 관계를 알아차릴 수 있었습니다. 예를 들어 메르크스레벤 마을이라는 공간 안에서는 1960년대 말까지 주거 공간과 마구간이 서로 연결된 채 사용되었습니다. 지역의 농업생산협동조합(LPG)이 확장되는 과정에서 개인이 소유하던 가축들을 분리하거나 없애면서 공간이 넓어졌는데, 이 부분은 주거 공간으로 확장되고 정비되어 개축됩니다.[97] 그런 점에서 공간의 건축적 상황뿐만 아니라 소유 관계도 일상적 소비 행태를 규정한 것입니다.

브뢱베 그 말은, 즉 1989/90년까지 소유권 문제 말고도 건물의 구조적 상황이 사람들의 일상 행위들에 영향을 끼쳤다는 의미인가요?

필링어 맞습니다. 나는 시각을 건축 문제나 건물의 구조적 상황으로 돌리고 싶습니다. 그렇게 되면 주거 공간의 소유권이 건축 자재와 노동력 투자에 꼭 필요한 전제 조건은 아니었다는 것이 드러납니다. 그런 것들은 세입자들도 투자했습니다. 지역의 주택관리청이나 노동자주택건설조합(AWG)에 의해 관리되는 오래된 주택들을 사람들이 어떻게 다루는지가 이를 보여줍니다. 라이프치히에서 1991년 한 인터뷰 대상자는 1980년대 초 자신의 공장이 노동자주택건설조합 분배를 통해 배급한 첫 원룸 주택에 대해 다음과 같이 전합니다. "그것은 오래되고 절반은 폐허가 된 원룸 주택이었으며, 저는 군대에 가기 직전이었어요. …… 우리는 보수 공사를 마쳤고 저는 그 집으로 이사했습니다."[98] 화장실은 계단 중간에 있었으며, 목욕탕은 없었어요. 라이프치히에서 배급된 낡은 주택의 나쁜 건축 상황은 무언가를 행동으로 옮길 수밖에 없도록 만들었어요. 이는 주거 공간을 얻기가 쉽지 않은 상황 때문에 더욱 절실했습니다. 실제로 한 인터뷰 대상자는 보수공사와 이에 필요한 구매를 강제라고 받아들인 것이 아니며, 주택의 증축을 자신의 개인 경력에서 중요한 과정으로 해석합니다. 이런 예들은 소유 관계라는 시각에서뿐만 아니라 무엇보다 건물 구조적 상황과 개인적 증축이나 유지 대책을 상호 영향력을 주고받는 관계로 이해하는 것이 얼마나 중요한지를 명확히 보여줍니다.

브뤼베 맞아요, 그런 예들이 한편으로는 주거와 관련된 삶의 설계를 대단히 밀착해 반영해내고 있다는 것을, 그리고 다른 한편으로는 우리도 이를 1989/90년의 전환기를 넘어 긴 관점에서 평가해야만 한다는 것을 분명하게 보여줍니다.

필링어 네, 왜냐하면 이런 서술들이 동독인들의 **행위 능력**(*agency*)이라는 가장 중요한 양상, 즉 독재 아래 개인의 행동 가능성 문제를 설명해주기 때문입니다. 이 지점에서 나는 1990년대의 극복 전략으로 되돌아갑니다. 1990년대에 진행된 많은 인터뷰는 자가 수리자로서 자신들이 주거 공간을 어떻게 변경하거나 물건들을 보수했으며, 동독 시장에서는 구입할 수 없는 소비재들을 어떻게 스스로 만들어냈는지를 돌이켜 회상하며 전하고 있습니다. 동시에 예를 들면 주택관리청에서는 사람들이 놀이터나 집 앞의 정원 같은 공적 공간의 유지를 독려하기 위해 노력합니다. 즉 자가 수리에 대한 독려를 통해 국가가 주도해 **사회주의적 시민 소비자**로 교육하고자 하는 시도는 보급에서 구멍이 뚫린 부분들을 메꾸어 줄 뿐만 아니라 사회주의적 가치를 창조해내는 것을 목표로 했고, 그럼으로써 체제와의 강력한 결속을 목표로 삼았던 것이지요.[99] 1989년 이전 자가 수리에 대한 회고에 나타나는 긍정적인 언급은 역설적이게도 동독이 붕괴되고 나서야 비로소 사회주의적 소비자 정체성[100]의 생산이 그 효과를 보이기 시작했다는 것을 암시합니다. 동시에 농업 지식과는 달리, 자가 수리에 대한 지식은 서독에서 이미 자리 잡은 자가 수리의 수요와 널리 확산된 자가 수리의 도구들에 대한 사회적 수용을 바탕으로 1989년 이후에도 일상에서 그 유용성을 유지하게 됩니다.[101]

브뢱베 그것을 좀 자세히 이야기해 줄 수 있습니까?

필링어 많은 사람은 자가 수리의 예들을 돌이켜 회상하면서 1989년 이전에 그것이 국가적 정치화의 도구로 이용되었음에도 불구하고, 자신들의 경험을 스스로 결정했던 행위로 해석합니다. 즉 많은 서술에는 동독 시절 물품 조달의 어려운 조건 아래에서 스스로 일구어낸 업적에 대해 어떤 분명한 자부심이 함께 묻어 있다는 의미이지요. 1989/90년의 변혁 이후 많은 인터뷰에서는 자가 수리나 이와 함께 배웠던 능력들을 동독 생활의 하나의 전형으로 받아들여 긍정적 경험으로 진술합니다. 제가 **사회주의적 소비자상**에 대한 회고적 수용이라고 표현했던 것이 바로 이런 평가를 말하는 겁니다. 동시에 1989/90년의 체제 변동을 통해 구성 틀의 조건들이 결정적으로 변화되었습니다. 1989년 이전에는 국가가 주민의 먹고사는 문제를 조직했음에 반해, 체제 전환 이후에는 시민 스스로가 자신들의 행위에 대해 책임을 넘겨받아야만 합니다. 이런 전개의 분명한 증거 가운데 하나가 인터뷰에서 자주 기술되고 있는 가격 비교입니다. 더 이상 국가가 아니라 시장이 가격을 확정했습니다. 이제 동독인 자신들이 가격 대비 최고의 품질을 찾아내야 하는 것이 중요하게 된 것이지요.[102] 1990년 2월에 소비자 보호를 위한 연맹본부가 동독에 창설되었으며, 품질검사재단도 자신들의 작업을 동독으로 확장했습니다.[103] 이 두 기관은 서독에서는 이미 1950년대와 1960년대부터 존재해왔습니다. 이들은 정보의 결핍을 없애고 합리적이면서 자기 책임 아래 행동하는 남녀 소비자로 교육할 지식을 전달하는 데 목표를 두었습니다.[104]

브뤼베 그렇게 표현할 수 있는 교육이, 말하자면 각기 전혀 다른 기관들의 도움을 받으면서 진행되었다는 것인데요 …….

칠러 다시 한 번 학교를 주제로 이야기해보지요. 왜냐하면 소비의 경우와 유사하게 새로운 학교 시스템도 안정성과 예측 가능성의 감소가 생겨났기 때문입니다. 이는 특히 교사들에게 해당되는 이야기인데, 이들에게 지금까지 있던 활동의 안정성이 사라졌습니다.[105] 지금까지 이들의 직업 일상에서는 과제들의 지속적인 변화와 유연한 지침이 없었기 때문이지요. 또한 어떤 이들에게는 개방이 자기만의 사고를 갖게 하고 새로운 방법들의 시도를 가능토록 하는, 오랫동안 희망해 왔던 사건이라면, 다른 이들에게는 감당하기 어렵고 긴 불안의 경험이었던 것입니다. 교육에 대한 연구에서 체제 차원에서는 이중의 전환을 이야기하고 있는데, 즉 정치적 체제 전환이 하나이고, 이와 함께 1990년대 중반에 특히 인구상의 변화를 동반한 동독 학교에 대한 구조 조정에 따른 총체적 교육 개혁이 다른 하나입니다.[106] 이 '두 번째 전환', 즉 궁극적으로 학교체제의 근본적 구조 조정은 무엇보다도 건축상의 변화들로 나타납니다. 그래서 학교 건물이 변화된 요구들에 적응할 수 있도록 1999년에는 동독 학교 건축 유형(Typenschulbauten)을 위한 『근대화의 가이드라인』이라는 책자가 발간됩니다. 하지만 많은 학교는 이미 이 시기에 대대적인 개축을 마쳐놓고 있었습니다.

브뤼베 사실상 이는 교육 분야에서의 세 번째 전환이네요. 왜냐하면 당신이 이미 앞에서 청소년기 자체가 남녀 학생들에게 두 번째 전환이라고 언급했었잖아요. 이는 당시의 **불안의 동시성**을 드러내는 좋은 예이면서 동시에 내가 언급했던 삶의 청사진과 세대 문제를 구체적으로 다룰 기회이기도 합니다. 왜냐하면 변혁(Umbruch)이 남녀 학생들에게 오직 그들이 젊은 세대라는 것만으로 나이든 세대와는 완전히 다른 가능성을 열어놓았기 때문입니다.

쵤러 체제 전환 작업에서 세대적 특성이라는 것은 분명히 중요한 역할을 합니다. 연령 그룹으로 보아 '전환기 청소년'(Wendekinder)에 해당하는 많은 내 인터뷰 대상자가 정치적 변혁을 오늘날의 시점에서도 개인적 성취를 위한 가능성의 공간으로 해석합니다. 각자 개인사의 흐름에 따라 갑작스런 삶의 개방을 통해 어떤 기회를 경험하기도 하고, 아니면 장기 실직에 따른 확실성과 삶의 질의 상실을 경험하기도 합니다. 자신의 경력을 1989년에 막 시작했느냐, 아니면 은퇴를 바로 눈앞에 두었느냐에 따라 교사들에게서도 차이가 있었습니다. 여기에서 나이 든 세대들의 부담이 더 컸지만, 동독이 처음 세워질 때 신임 교사로 학교에 들어왔던 사람들에게는 특히 더 심했습니다. 이들은 1945년 이후 자신들의 눈에 더 나은 교육 체제를 건설한다는 목표를 갖고 새롭게 들어왔습니다. 그로부터 만들어진 자기 이해가 1989/90년의 변혁을 통해 완전히 의문에 처하게 된 것입니다. 예를 들어 1989년 처음 교사가 된 사람에게는 새로운 것들에 자신을 맞추기가 확실히 더 쉬웠습니다. 1945년의 변혁 경험과 나치 과거가 제2세대와 제3세대에도 계속 영향을 끼쳤다는 것을 함께 감안하는 것이 중요합니다. 이는 결국 인터뷰 대상자들의 개인사적 진술에서 분명하게 드러납니다. 여기서 다시금 기억이라는 요소와 그것의 가족사 안에서의 전달이 중요해집니다. 이는 다음번 우리의 논의 사항과 잘 연결됩니다. 즉 기대와 경험, 기억의 문제입니다.

브뢰베 체제 전환의 정치적·법적·경제적 결정들에 대응해 이를 넘어서기 위한 전략이라는 측면에서 **세 번째 결과로** 다음과 같은 것을 분명히 확인하게 됩니다. 이 전략은, 예를 들면 학교에서의 성과 원칙 같은 **견고한 구조들**이나 혹은 안정된 제도들을 확고히 붙잡고 있음을 포함합니다. 거기에는 또한 (수세기 동안 내려오는) 마을의 위계 서열을 유지 혹은 재건하거나 검소함을 유지하는 것 같은 전통들에 대한 재발견도 포함됩니다. 그밖에 새로운 체제나 변화하는 사회의 창출에 적극적으로 참여하는 것도 넘어섬(Bewältigung)의 형식들에 ─ 이 문제성 있는 개념을 우리는 그저 더 나은 대안이[107] 없어서 사용하고 있습니다만 ─ 포함되었습니다. 이들 넘어섬과 창출의 모습은 과거 동독 기관들이 (예를 들면 지역의 주택관리청 같은 곳의) 이를 이용하는 사람들 주도로 비공식적 상담소로 변환되거나 이해 대변 기관의 설립(예를 들자면 법률지원소 같은), 혹은 서독 기구들이 넘겨받거나 적응했던 것(예를 들면 품질검사재단과 세입자연맹 같은) 같은 행태들에서 드러납니다. 예를 들어 (자산법의 경우처럼) 동독인의 이익을 고려해 법률을 변경했지만, 그 결과 진행 기간이 늘어나게 되었고 다시금 이런 것들이 참을 수 없을 정도라고 묘사되었던 것처럼 원래의 목표를 이루기 위한 지원이 부분적으로는 혼란을 가져오기도 합니다. 또한 이 시기에 중요했던 것은 부모 세대의 경험의 창고로부터 조언과 지식을 꺼내 쓸 수 없었다는 것입니다. 1989/90년의 체제 전환이 생활세계에 천천히 영향을 끼쳤습니다. 즉 그것은 자산법이 영향을 끼치기까지 혹은 현장에서 학교가 변화되기까지, 그래서 생활세계에서 구체적으로 느낄 수 있을 때까지 시간이 필요했다는 의미입니다. 소비의 경우에는 이와 달리 더 빨랐지만, 여기서도 익숙했던 일상적 관례들과 구조들에 적응해야 함은 물론 새롭게 배워 나가야만 했습니다. 체제 차원에서의 변화가 일상생활에서는 일단 느리게 전달되며 느껴졌기 때문에 사람들의 생활세계 안에서의 변혁에 대한 대안적 시기 구분이 나왔으며, 그래서 '전환'의 긴 역사를 맞게 된 것입니다. 거기에는 개인적이고 사회적인 상황(나이, 성별, 사회적 출신 등)과 마찬가지로 그 사람이 대도시에 사느냐, 소도시에 사느냐 혹은 마을에 사느냐 같은 지리적 상황 또한 중요한 역할을 했습니다. 앞으로도 이는 계속해서 생활세계의 영역에 따라 더욱 세분화해야만 합니다. 그래야만, 예를 들어 학교의 변화가 소비와 주거 소유의 문제와는 다른 시기 구분으로 나뉘는 것처럼 우리의 연구 영역들 사이에 차별성이 드러납니다.

필링어 일반적으로 대안적인 혹은 개인적인 시기 구분은, 예를 들면 기술사 분야에서 새로운 기기들이 일상에 처음 들어오게 됐을 때와 같이, 현대사의 다른 분야에서도 관찰할 수 있습니다. 하지만 '전환'의 긴 역사에서는 모든 삶의 영역에서의 변화들의 바로 이 동시성이 문제인 것입니다. 그것이 뭔가 특별한 점입니다.

칠러 지금까지 우리가 칭한 세 가지 결과들은 아마도 동독에만 적용되는 건 아닐 것입니다. 내 짐작으로는 변혁의 핵심기에 대한 의미와(두 번째 결과, 70쪽부터) 극복의 전략(세 번째 결과, 98쪽부터)은 다른 (포스트) 사회주의 사회에서도 역시 관찰할 수 있을 것이라 생각합니다. **심성의 지속**과 그것이 정치 시스템(첫 번째 결과, 69쪽부터)을 통해 새겨진 각인은 변환 중에 있는 다른 사회들에도 분명히 적용될 것입니다.

브륍베 네, (포스트) 사회주의 전환기를 연구하는 다른 연구자들과 토론하는 것은 흥미 있을 것입니다. 제 짐작으로는 그와 비교해 우리의 다음 문제는 그저 독일만의 전형적 현상이고 다른 곳에 적용시키기는 어려울 것이라는 생각이 듭니다.

'전환'을 기억하다: 기대와 경험의 공동 작용

필링어 내게 가장 흥미를 끈 연구 결과는 1989년 전후 시기에 대한

변환(Transformation)

동독 출신의 역사학자 필리프 테어(Philipp Ther)의 연구에 기댄다면, 변환의 개념을 "정치 체제, 경제, 사회 등에서의 특별히 근본적이고 포괄적이며 속도 빠른 '전환'(Wandel)"이라고 정의할 수 있다.[108] 동시에 변환은 첫째, 적어도 1989/90년 이전의 10년, 즉 이른바 후기 사회주의(Spätsozialismus)라고 불리던 기간, 둘째, 평화적 혁명 자체, 그리고 셋째, 그 이후 최소 10년의 기간을 포함할 수 있다. 이 개념은 (동부) 독일뿐만 아니라 1989년부터 1991년 사이의 여러 동유럽의 혁명과 변혁, 그리고 그들의 전사(前史)와 후사(後史)에도 적용할 수 있다. 반드시 (포스트) 사회주의의 사건들과 과정에 제한할 필요는 없고 다른 시기에도 적용할 수 있다. 정확히 언제 변환의 시기가 시작되었고, 언제 그것이 끝났는가는 궁극적으로 각각의 주제에 달려 있다. 소비 영역에서는 1990년대 중반에 변환이 종식된 것처럼 보이는 반면에, 다른 영역, 특히 입장, 태도, 심성의 차원에서는 여전히 많은 지속성을 드러낸다.

이에 대한 영향력 있는 선구적 출판물로는 헝가리-오스트리아 출신의 사회과학자 칼 폴라니(Karl Polanyi)의 1944년 저서가 있다.[109] 폴라니는 『**거대한 전환**』이라는 저서를 통해, 특히 영국을 예로 들어 19세기와 20세기 초의 대규모 사회적 변환들을 서술했다. 오늘날 사회학과 정치학에서는 사회적·생태적·경제적 전환(Wandel)이 자주 변환(Transformation)으로 표현된다.

이야기식 연결(Verbindung)입니다. 이에 대해서는 1990년대에 내가 직접 분석한 인터뷰를 통해 관찰할 수 있었습니다. 동독에서의 생필품 조달을 둘러싼 일상 경험들뿐만 아니라 1989년 이전부터 이미 텔레비전이나 가족 방문 목적의 서독 여행 혹은 서독에서의 소비를 넘어 서독과의 협약에 관한 지식들이 많은 동독인에게 시장 경제 아래에서의 소비의 기능 방식을 각인했습니다. 인터뷰한 내용에 따르면, 이런 것들은 개인적 네트워크나 정치적 특권에 따라서가 아니라 수입과 준비된 능력 (Leistungsbereitschaft) 등, 말하자면 이런 외견상의 '객관적' 요인들에 따라 조합이 만들어집니다. 많은 동독인은 정치적 특권에 따른 소비재의 분배를 성과의 공정성이라는 마르크스주의적으로 각인된 이해와는 어긋나기 때문에 정의롭지 않다고 받아들였던 것입니다.[110]

브뢰베 그에 대한 실례를 들어줄 수 있나요?

필링어 소비재를 성과에 비례해 배급하지 않는 것을 불공정하게 보는 인식은 물품 조달과 관련해 국가보안부가 정기적으로 작성하는 동향 보고서에서 지속적으로 발견할 수 있는 예입니다. 1985년 12월 몇몇 라이프치히 시민은 물품 공급 차원에서 자신들이 동베를린과 비교해 '불공정한 차별'[111]을 받는 것에 대해 비판합니다. 소비재 분배에 있어 수도가 정치적 고려에 따라 특혜를 받는 것이 불공정하다는 것이 동향 보고서에 적시된 진술입니다. 왜냐하면 만일 모든 노동자가 동일한 성과 산출을 요구받았다면, 또한 '결과의 분배'에 있어서도 동일하게 보장받아야만 한다는 것이지요. 하지만 그 어떤 변화도 나타나지 않았기 때문에 1980년대 말까지 주민들 사이에서는 물품 조달 영역에서 국가사회주의적 '욕구 충족을 위한 해결 방식'[112]의 능력에 대한 신뢰가 사라지게 됩니다. 그래서 많은 사람이 특별한 상품을 사고 싶을 때에는 동베를린으로 갔습니다. 동독에서의 경험이 많은 사람에게 성과에 기반하는 메커니즘의 실현을 통해 시장 경제 안에서 소비재의 공정한 분배가 보장되어야 한다는 기대를 각인했습니다. 물론, 자본주의에 대한 비판이 공산주의적 국가 독트린의 중심적 구성 요소였고 동독 미디어들이 실업이나 빈곤 같은 시장 경제의 부정적 결과들에 대해 자주 보도했음에도,[113] 그에 대한 기대들은 생겨났습니다. 무엇보다 무역과 물품 공급 분야가 성공적이라는 제목 아래 긍정적으로 보도되면서 동독 미디어들은 1980년대 동안 지속적으로 신뢰를 상실합니다.[114] 다른 한편 1989년 이전 동독 주민들은 자본주의 체제가 주는 소비의 구조적 결함과 불공정성에 대해 그 어떤 자신들만의 경험을 체득할 수 없었습니다.

브뢰베 하지만 불리한 상황을 알아채기 위해 사람이 꼭 모든 것을 스스로 경험할 필요는 없지 않습니까?

필링어 네, 맞는 말이기는 합니다. 하지만 흔히들 하는 해석에 대해 나는 동의하지 않습니다. 어떤 소비 연구자들은 1989/90년에 동독 주민들이 '명백한 사회적 성취물들'과 '서구 소비의 불명료한 약속들'을 맞바꿀 준비가 이미 되어 있었다는 전제에서 시작합니다.[115] 그와 달리 내가 조사했던 지역에서의 많은 사람이 적어도 지금 돌이켜 보면 정의롭고 '성과와 반대급부'[116]에 기반한 소비와 사회적 안전 확보 체제의 유지를 희망했음을 알 수 있습니다. 아마도 소비와 관련해 1989년 이전에 생겨났던 기대들과 시장 경제의 구조적 도전에 대한 경험 부족이 1990년 3월 최고인민회의(Volkskammer) 선거에서 '독일을 위한 연합'(동독 CDU, DSU, DA)이 48퍼센트 이상을 득표해 명백히 승리하는 데 기여했을 것입니다.[117] 왜냐하면 선거전에서 이들 연합이 가능한 한 빨리 시장 경제의 도입과 독일 통일을 약속했기 때문입니다. 동독을 '번창하는 정경(情景)'(blühende Landschaften)[118]으로 변화시키겠다는 콜 총리의 유명한 문장이 그 효과를 발휘했던 것이지요. 그 문장이 많은 동독인이 가졌던 사회주의에서의 부정적 소비 경험들, 시장 경제의 메커니즘에 대한 긍정적 기대 등과 맞아떨어졌기 때문입니다.[119] 사회학자 옌스 베케르트

(Jens Beckert)는 과거의 경험과 현재의 행위에 대한 경제적 미래상이 갖는 의미를 '상상적 기대'(fiktionale Erwartungen)라고 표현했습니다.[120] 이 개념을 1990년 3월의 최고인민회의 선거에서 보여준 선거 행태에 적용한다면, 선거권을 갖는 동독 주민의 과반수가 사회적 안전 보장을 유지하면서 가능한 한 빠른 연방공화국 편입을 통해 경제적 부흥을 희망했다고 해석할 수 있습니다.[121]

브뤼베 1989년 이전부터, 그리고 변혁의 핵심기에 가졌던 서독 체제에 대한 기대가 1990년대에 새로운 체제를 경험하면서 양자 사이의 괴리를 경험했다는 것이 우리의 모든 연구에서 드러나는 기본적 관찰입니다. 이런 기대와 경험들이 여러 면에서 서로 맞아떨어지지 않았고, 그것이 다시금 동독인들과의 현재의 대화 속에서 지난날들과 체제 전환이 어떻게 기억되는지에 영향을 끼치고 있는 것 싶습니다.

칠러 내 사료를 기반으로 이야기하자면, 좀더 확장해 해석할 수 있을 것 같습니다. 무엇보다 내 사료는, 예를 들어 동독의 학교 시스템의 경우에 경험과 기억 사이의 불일치를 보여주고 있습니다. 1990년에 작성된 사료나 진술과 1995년 혹은 2018년에 작성된 기억 사이에는 커다란 차이가 있음을 확인할 수 있습니다. 1980년대 후반부터 1991년 동·서독의 학교 시스템이 같아질 때까지 동독의 학교 시스템에 대해서는 매우 분명한 비판들이 있었습니다. 남녀 학생들, 학부모, 교사, 그리고 예를 들면 크리스타 볼프(Christa Wolf)[122] 같은 지식인들은 청소년 조직의 정치화와 군사화, 청소년 활동과 정당 정치 등을 한데 섞는 것에 이의를 제기했었습니다. 이를 넘어 1990년 초에 만들어진 청소년들의 진술은 특히 나를 놀라게 했습니다. 작센 종단 연구(SLS)를 통해 스스로 작성한 텍스트에서 그들은 종합기술고등학교(Polytechnische Oberschule, POS)가 자신들을 거의 지원하지 않았으며, 따라서 그곳에서 배운 것이 거의 없었다고 말합니다. 그래서 지금은 심화 교육을 위한 교육 기관의 요구에 대비하기가 어렵다고 이야기합니다. 이 문제에서는 직업학교 과목들과 인문계 과정 모두 명확한 차이 없이 진술이 비슷합니다. "그밖에도 저의 학교 성적이 내려갔어요. 무엇보다 우리는 종합기술고등학교에서 너무도 잘못 길들여졌어요. 그곳에서 학생들은 아주 손쉽게 좋은 학점을 받았거든요. 하지만 직업학교에 갔을 때 갑자기 엄청나게 높은 수준을 요구받게 되자 거기에 적응하기 위해서는 시간이 필요했는데, 거의 그럴 기회가 없어 학생들의 성적은 떨어졌지요. 이를 다시 회복할 시간은 주어지지 않았어요."[123]

또 다른 여학생은 이 주제에 대해 다음과 같이 진술합니다. "우선 제가 종합기술고등학교의 교과 과정에서 별로 힘들이지 않고 마스터할 수 있었던 것들을 지금은 엄청나게 높은 성적에 대한 압력으로 어려움을 겪고 있어요. 그래서 저는 지금 보충 수업을 통해 이를 따라가고 있어요. 학교의 높은 요구 수준 때문에 현재 저의 성적은 종합기술고등학교를 다닐 때보다 0.5 정도 내려갔어요. 여가 시간에도 공부하는 것이 현재 저의 주된 과제입니다. 이처럼 성과를 높은 수준으로 끌고 가는 일이 제게는 정말 많은 어려움을 주네요."[124]

학교와 관련된 내 자료들에 따르면, 1990년 작성된 진술과 동독 학교 시스템이 모두 사라져버린 시점에서의 평가는 서로 일치하지 않음을 확인할 수 있습니다. 작센 종단 연구에서 학생들의 진술뿐만 아니라 구술사 인터뷰에서도 질문의 시점이 학교 시스템의 전환 시점에서 최근으로 다가올수록 동독의 학교 시스템을 더 낫다고 기억하고 있습니다. 수업이 더 체계적으로 이루어졌고 보다 많은 교양 지식(Allgemeinbildung)을 교육받았으며, 사회적 도태도 훨씬 줄어들었다는 것이지요.[125] 사료 속 진술에서 변혁기와 그 이후 시기 사이의 명백한 괴리가 나를 놀라게 했는데, 여기에는 설명이 필요합니다.

브뢱베 하지만 자신의 과거에 대해 시간 간격을 두고 회고하면 긍정적으로 기억하게 되는 것은 자주 발견할 수 있는 현상이잖아요.

쵤러 맞습니다. 과거를 장밋빛 렌즈를 통해 보는 것이 일단 특별한 일은 아닙니다. 기억 연구에서도 잘 알려져 있는 일이지요.[126] 그럼에도 이 경우에서의 괴리가 내 생각으로는 너무 심각해 언제 무엇을 통해 기억의 전환이 발생한 것인지에 대한 의문이 제기됩니다. 그밖에도 동독에서의 '전환'과 같이, 정치화된 주제 영역에서는 바로 이런 달라짐을 명료하게 드러내는 것이 우리의 역사상을 위해 중요하다고 나는 생각합니다. 동독 학교에 대한 기억이 긍정적이지만 '전환'기 직후 시기에서의 경험은 그렇지 않습니다. 여러분의 생각으로는 어떤 요소들이 기억 형성에서 역할을 했을까요?

필링어 자기 자신의 경험 이외에도 이른바 '동독것들'(Ossis)에 대한 미디어상의 논의가 준 영향을 과소평가할 수 없다는 것이 내 생각입니다. 그것이 동독에서의 삶에 대한 기억의 형성과 변화에 영향을 끼쳤습니다.[127] 그 한 예가 물량 부족을 공동으로 극복했던 이야기를 인터뷰한 자료입니다. 그 질문 대상자는 1989년 이전의 물량 부족 문제를 정치 체제의 불안정화나 정통성을 약화하는 요소로 받아들이기보다는, 연대와 공동체적 관계라는 동독만의 특별한 경험으로 보면서 긍정적으로 서술합니다. 이 진술은 인터뷰 대상자로서는 이중의 기능을 충족합니다. 하나는 "스스로 적극적이고 자기 결정적이며 긍정적으로 삶의 성과를 결정하는"[128] 서사 전략으로 기능하는 것이지요. 또 다른 하나는 사회주의적 생활세계를 전체주의적 총괄 지배로 표현하던 담론적 해석과 분명한 선을 긋고 있다고 해석할 수 있다는 것입니다. 그런 담론적 해석은 1990년대 초반 서독의 운동가들과 일부 동독 주민이 주장하던 것이었습니다.[129]

쵤러 즉 서독 경제 시스템으로부터 채워지지 못한 기대라는 배경 속에서 동독의 과거에 대한 기억이 어떤 긍정적인 방향 전환을 가져다주었다는 것이군요. 당신은 이를 어떻게 설명하지요?

필링어 내 생각으로는 소비재에 대한 영리하고 연대감 있는 행위들에 대한 이야기들로부터 자기 스스로의 행동 가능성에 대한 하나의 회고적 강조(retrospektive Betonung)를 관찰해낼 수 있을 것 같네요. 이는 국가의 억압적 특징이나 권력 기구와 억압 기구를 기억의 중심에 배치시키는 동독 관련 박물관이나 역사 기념관에서의 공식적 기념과는 상충합니다.[130] 1990년대에는, 동독 정권 아래에서 1989년 이전에 탄압을 받았던 사람들이 자신들의 경험을 드러내고 그때까지 공산주의적으로 각인되어왔던 역사상에 대해 무언가 이의를 제기할 수 있다는 것이 아주 중요한 의미를 갖습니다. 동독의 과거에 대한 해석의 결정권은 특히 과거 동독에서 정권 반대 운동을 했던 사람들이 갖고 있었습니다. 이들은, 1990년 1월부터 2000년 사이 국가보안부 사료관리청(Stasi-Unterlagenbehörde)의 책임자로 취임했던 요아힘 가우크(Joachim Gauck)에게서 보듯이, 1990년대 동안 기억 정책과 역사 정책에서 권력을 갖는 위치에 올랐습니다. 하지만 관점들은 시간에 따라 변화했습니다. 그래서 최근 일코-사샤 코발추크는 만일 "(소수 동독 출신의) 과거를 밝혀내고 청산하고자 하는 집단이 사회 내 다수의 사람이 밝혀내고자 하는 동독 시절 과거사와 전체적으로 보아 완전히 다른 삶의 길과 경험을 제시했다면",[131] 이는 어떤 결과를 가져오게 되는가라는 문제를 제기한 바 있지요. 실제로 동독 주민들 가운데 다수의 사람들은, 도로테 비어링(Dorothee Wierling)이 강조한 것처럼, 국가보안부와는 그 어떤 직접적인 경험도 없었고, 그들과의 접촉을 부담으로 느끼지도 않았습니다.[132] 그런 한에서는 문서보관소를 통해 전달되는 것과 그 이후의 기억 정책은 분명히 서로 상충합니다. 그렇게 된 근거를 내 생각으로는 '잘못된' 기억에서가 아니라 1990년대 언론과 기억 정책적 담론들에서 찾을 수 있으리라 생각합니다.

브뢰베 사료를 기반으로 이런 상호 충돌을 확인하는 작업은 흥미로운 일인 것 같습니다. 동독에서의 일상생활을 보여주는 개인 운영의 박물관들이 당신의 주장을 강화할 것으로 보입니다. 이들에게는 국가가 지원하는 기억 문화 말고도 다른 주제에 관심을 보이거나 다른 수집품을 전시하고자 하는 욕구가 있습니다. 우리가 연구에서 사용했던 바로 그 구술사가 피지배자의 경험을 전해주면서 지배자의 경험과 서로 충돌하게 하는 가능성을 제공합니다. 이 둘을 고려한다면 단일한 이미지는 전혀 만들어지지 않습니다. 반대로 동독에서의 '전환'과 1990년대를 주제로 그동안 넘겨받아왔던 해석이 무너져버립니다. 이런 붕괴의 원인을 1990년대의 미디어와 기억 정책적 담론에 있다고 판단하는 것은 조심스러운 일일 것 같습니다. 왜냐하면 이런 평가는 더 이상 사료에 기반한 것이 아니라 그 자체로서 역사 정책이기 때문입니다.

이와 연결해 미디어상의 담론이 갖는 의미와 '오시/베시'라는 상투어를 주제로 이야기하고자 합니다. 당신이 언급했던 '오시'가 전해주는 이야기란 오직 '오시/베시'라는 그 반대편과 함께 이야기해야 기능합니다.[133] 필링어, 당신은 인터뷰 대상자들의 이야기가 어떻게 상투적으로 이야기되는 설명 모델에 종속되어 혹은 보다 중립적으로 표현하자면 어떻게 서로 영향을 끼치면서 전개되었는지에 대해 밝혀냈지요. 이들의 이야기는 결국 다양한 미디어를 통해 1990년대 초에 확산되었습니다. 이를 더 확대할 수도 있고 세분화할 수도 있습니다. 내 연구에서 나는 동독에 대한 이야기(통일 이후 시기에도 마찬가지로)가 어떤 틀 안에서 일어났는가에 따라 달라지더라는 것을 확인할 수 있었습니다. 거기에서 그 대화 상대가 동독인이냐 혹은 서독인이냐의 문제는 덜 중요했으며, 그보다는 그 이야기를 털어놓는 사람이 어떤 공중을 대상으로 두고 한 것이냐가 훨씬 더 결정적이었습니다. 그래서 공식적인 자리에서 하는 이야기와 사적인 자리에서의 질적·서술적 인터뷰는 구분될 수 있습니다. 즉 특정

한 세팅에 따라 한 명의 동일한 사람이 자신의 이야기를 달리 드러낸다는 것입니다.[134]

췰러 그에 대한 예를 들어줄 수 있나요?

브뤽베 네, 클라인마흐노프 마을의 경우가 아주 좋은 예가 됩니다. 주택 소유권에 대한 보상 문제와 동독인과 서독인 사이의 우호적이지 않은 만남에 대해서는 1990년대에 다양한 미디어를 통해 대단히 자주 보도되었습니다. 즉 일부에서는 피해를 입는 '오시' 대(對) 거만하고 탐욕스런 '베시'라는 정형에 따라 매우 선정적으로 다루었습니다.[135] 또한 비록 1990년대 초 미디어가 보도했던 것보다는 보다 온건한 톤이기는 하지만, 현장 증언자들은 클라인마흐노프의 공적 장소에서 자신들의 역사를 동독인과 서독인 사이의 갈등으로 묘사하고 있습니다. 이 이야기 안에는 우월함을 드러내는 서독인의 등장과 이에 저항하는 동독인으로서의 엄청난 분투에 대한 진술이 포함되어 있습니다. 내 생각으로는 특히 2015년 클라인마흐노프의 임차인, 사용자, 주택 소유자 연합이 창립 25주년을 맞아 행한 연극 공연에서 분명하게 드러났다고 봅니다. 나는 사람들이 이 이야기의 '각본'에 전적으로 주목해[136] 여러 시간의 행사 동안 청중으로부터 단 한 번도 질문이 제기되지 않았다는 인상을 받았습니다. 1989년 이전의 시기에 대해서는 건드리지 않았습니다. 누가 어떤 이유에서 1989년 이전에 마을을 떠났는지에 대해서도, 누가 왜 그 집에 들어왔는지에 대해서도 주제화하지 않았습니다. 공개적인 거리 두기가 부족했다는 것이 눈에 띄었기에, 그래서 내 생각으로는 그저 하나의 관찰로 남겨둘 수 있을 것 같습니다.[137]

췰러 그 의미는 동독의 과거나 그에 대한 자신들의 태도, 독일사회주의통일당 정부에 대한 비판이나 참여 등에 대해 언급이 없었다는 것인가요?

브뤽베 적어도 공개 행사에서는 그랬습니다. 그와 달리, 2000년의 정성적 인터뷰에서는 동독의 당사자들 사이에 커다란 차이가 분명히 드러납니다. 내가 인용하는 인터뷰는 2000년에 도시사회학자들에 의해 진행되었습니다. 거기에서는 자주 '질투심'(Neid)이 언급되었는데, 대화의 대상이 된 남녀 주민들은 마을에 사는 동일한 '모델 집단'이었음을 분명히 밝혀둡니다.[138] 토지 대장에 기재되어 법적으로 명확한 경우에는 동독 시절 그가 옛 집주인이건 집을 판 사람이건 간에 갈등 없이 일이 진행되었습니다. 이는 도시사회학자가 진행한 인터뷰에서도 확인되며,[139] **지속되는 심성**이라는 내 평가와도 들어맞는 결과입니다. 그에 반해 1990년 3월 7일 공표된 '공동 재산에 속하는 건물의 판매에 관한 법'(일명 모드로프 법)에 따라 집을 사거나 토지를 산 사람들에 대해서는 불신의 감정을 갖고 바라보게 됩니다. 왜냐하면 동독에서의 토지 구입은 과거에는 불가능한 일이었기 때문입니다. 모드로프 법은 동독에서 자산 소유권에 대한 정부 차원에서의 어떤 확인도 없이 자산 가치에 대한 평가를 가능하도록 만들었으며, 동·서독 국가가 소유권 협상을 진행하는 과정에서 자산 관계를 한 번 더 심각하게 변화시켰습니다. 인터뷰에 따르면, 이들 판매자는 동독 시절 국가나 지역 소유의 집에 대한 관리를 맡았던 사람들인데, 나중에 사적으로 부를 축재한 당 간부 혹은 특권층으로 치부됩니다.[140] 이들 반대편에 위치한 인터뷰 그룹은 이들을 '보통의 소비자'(Ottonormalverbraucher)[141] 혹은 '성실한 시민'[142]으로 표현하거나, 아니면 자신들을 스스로 그렇게 표현합니다. 이들은 자신들의 주택이나 땅을 동독 시절에 구입했고 스스로 관리했던 사람들입니다.

필링어 주거 공간에 대한 보상 문제에 있어 또 다른 서사 모델(Erzähl-muster)을 관찰한 것이 있나요? 또 모든 이야기가 '오시/베시'라는 틀을 지향하나요?

브뤽베 지배적인 공적 서사가 반드시 동·서독 서사 형식을 취할 필요는 없습니다. 예를 들어 슈베린(Schwerin)시라는 또 다른 연구 공간에서는 완전히 다른 이야기가 나옵니다. 여기에서는 완전히 낡은 구도심의 복구를 위해 역사적 행위자들이 모두 공동으로 진력하는 이야기가 중심에 있습니다. 즉 '전환'의 긴 역사가 그 중심에 있는데, 왜냐하면 옛 건물들을 국가가 철거하는 것에 대한 분노가 늦어도 1980년대 후반이면 일어나기 시작합니다. 거기에서 하나의 시민 주도 모임이 생겨나는데, 특히 건축가와 예술가 등이 한데 모여 구도심을 보존하기 위해 투쟁하지요. 그들은 예를 들어 전시회를 조직하거나 도시 계획안과 재단장 계획안을 제시합니다.[143] 이 이야기는 1990년대 구도심을 유지하는 것으로 끝나게 되지만, 이를 위해 다양한 행동가들의 공동 참여를 이끌어냈습니다. 이런 것이 1989년과 그 전후의 '전환'의 역사를 함께 관찰해야 한다는 우리의 연구 시각에 대한 하나의 논거입니다. 왜냐하면 만일 우리가 그저 1989/90년부터 일어난 일들을 시각에 고정한다면, 그것은 슈베린의 경우에서는 그저 그들의 긍정적 역사만을 가져다주는 것이 될 것이기 때문입니다.

필링어 이와 더불어 문제를 제기하자면, 생활세계에서의 시기 구분과 이 정치에 의해 각인된 큰 전환점들과는 얼마나 차이가 날까요?

츨러 내 자료에 따르면, 반복적으로 일반적 전환점과는 다른 시기들을 직업 경력과 관련한 기억에서 관찰할 수 있었습니다. 내가 질문했던 남녀 교사들의 경우에 학교 수업과 병행하면서 변혁을 극복해야 했습니다. 예를 들어 1990년대 중반에 두 학교가 건물을 하나로 병합한다거나, 그래서 다른 학교 건물로 이사를 해야 하는 사건들을 '전환'보다도 더 의미 있는 직업상의 전환점으로 받아들입니다. 즉 이런 것들이 보여주는 것은 체제 차원에서의 전환점이었던 것을 반드시 개인의 생활세계에 1대 1로 적용할 수 있는 것은 아니다라는 것입니다. 1989년에 모든 것이 바뀌었다는 인식은 너무 짧은 시각이며, 사람들의 일상적 경험의 몇몇 영역을 간과하게 됩니다.

브뤽베 기본적으로 나는 췰러의 이의 제기를 수긍할 수 있습니다. 하지만 췰러, 그럼에도 일상 생활에서 중요하게 여기는 '작은' 전환점들은 결국 거대한 전환점의 결과가 아닌가요? 달리 표현하자면, 최근 어느 정치학자가 내게 우리가 궁극적으로는 강력한 전환에 각인된 사회적 변화를 연구하는 것이 아닌가라는 말을 했습니다. 나는 이것은 너무 단견이라고 생각합니다. 왜냐하면 그것은 1989/90년이라는 시기가 가져다준 사건의 동시성과 거대한 불안감을 감안하지 않기 때문이지요. 루르(Ruhr) 지역이나 자를란트(Saarland)에서 탈공업화는 당사자들에게 의문의 여지없이 씁쓸한 개인사적 전환점으로 표현됩니다. 하지만 그것이 그들의 생활세계 전체를 한번에 변화시키지는 않았습니다. 즉 법적 체계, 경제 시스템, 사회 시스템 같은 것들은 여전히 그대로 있다는 것이지요. 그럼에도 이런 총체적인 변화가 동독인들의 경험과 기억을 각인했습니다. 비록 그들 자신은 하나하나의 개별적 대책에 의해 각기 다른 강도로 영향을 받았다 하더라도 말입니다.

췰러 맞습니다. 비록 거의 모든 삶의 영역에서 심원하고 빠른 속도의 전환이 있었지만, 1989/90년 개개인이 놓여 있던 상황과 전환점에 대한 의미 부여는 생활세계라는 차원에서는 서로 다르고 더 긴 기간 동안 진행되었습니다. 각자의 개인사적 진행에 따라 '전환'은 중요한 변환기로 불리기도 하지만, 삶의 다른 사건이 기억의 중심에 자리하기도 합니다.

브뤽베 그런 예로서 주거가 아주 좋은 경우가 될 것 같습니다. 집이란 변화하는 세계에서 비효율성을 특징으로 하는, 일종의 돌아와 쉬는 공간(Rüzugsort)이지요. 일자리의 상실 혹은 상실의 위협, 그리고 모든 다른 일상에서의 변화들 가운데서도 불안전한 시대에 많은 사람에게 안전을 제공하는 장소가 바로 집입니다. 감정적 차원에서나 물질적 차원에서 모두 그렇습니다. 자산법과 함께 이제 이 돌아와 쉬는 공간이 위협받게 되었고, 당사자들은 자신의 안전을 상실하거나 아니면 걱정하게 됩니다.

클라인마흐노프에서는 길었던 결정 기간으로 인해 이런 불안감을 더 키웠습니다. 소유권 문제가 해결될 때까지 걸린 기간은 몇 달 정도가 아니라 종종 몇 년씩 걸렸지요. 주택 소유라는 시각에서 본다면, 변혁의 기간은 약 2년에서 10년 혹은 그보다 더 긴 시간이었습니다.[144] 많은 사람이 견디기 힘들다고 진술했던 불확실성이 최종적 판결 통보가 나고서야 비로소 종료될 수 있었습니다. "잃어버린 지난 10년은 그 누구도 보상해 줄 수 없습니다."[145]

필링어 브뤽베, 불안정성의 이 긴 경험이 '전환' 이후의 시간을 기억함에 있어 얼마나 영향을 끼쳤으며, 1989년의 시간에 대한 기억에는 어떤 영향을 끼쳤나요?

브뤽베 살던 집을 되돌려주어야만 하는가 아닌가에 대한 불안의 시간이 그 결정보다도 종종 더 강력하게 각인된 듯합니다. 그래서 예를 들면 클라인마흐노프의 주민들은 2000년에 진행했던 어느 인터뷰에서 불안감이라는 문제를 놓고 연방정부의 민주주의에 대해 의심을 제기합니다. "법의 적용을 받지 못한다는 점에서 저는 우리 민주주의에 대해 의심을 갖습니다."[146] 인터뷰는 다음과 같이 계속됩니다. "서독 측이 더 유리하게 가져갔어요. 그들이 더 로비를 잘했지요. …… 어찌 표현해야 할지 모르겠는데, 모든 것이 대단히 자의적이었어요. 네, 1983년부터는 더 이상 임대료를 낼 필요가 없었던 것은 물론 우리의 장점이었지요."[147]

초록의 자연에 둘러싸여 있으면서 17년 동안 전혀 임대료를 내지 않아도 되는 상황을 사람들은 대단히 기쁘게 받아들였는데, 부동산 가격과 임대료가 상승한 지역에서는 이것이 결코 적은 이득이 아니었습니다. 하지만 그가 미확정된 주택 소유권의 문제를 정의롭지 못하다고 받아들였던 것에 비한다면, 이런 문제는 그에게 별로 중요한 게 아니었던 것으로 보입니다.

필링어 민주주의에 대한 비판 속에는 탐욕스러운 서독의 옛 집주인이라는 이미지가 떠오르네요. 이것이 그저 신화에 불과한가요, 아니면 클라인마흐노프의 주민들이 실제로 그런 사람들과 맞부딪혔던 것인가요?

브뤼베 네, 1990년부터 적용된 자산법을 통해 이득을 본 서독의 옛 집주인은 분명히 있었습니다. "그리고 자산형성법(Vermögensbildungsgesetz)이 실시되자, 이제 저도 벌써 자산형성법이라고 말하네요 ……, 저는 이렇게 말했어요. 흠, 만일 법률이 그렇게 제정되었다면 나도 그것을 이용하겠어, 탕감법(Abschreibungsgesetz)를 이용해 세금을 절약해야지."[148]

여기에서 우리는 사건들이 급격히 연속해 일어나는 것의 의미를 읽을 수 있습니다. 서독의 옛 주택 소유주는 소유권 규정의 진행과 관련해 이익을 보았습니다. 왜냐하면 그들로서는 모든 삶의 영역이 동시적으로 변화된 것은 아니니까요. 그들은 미리 정해진 기간인 1992년 말까지 반환을 위한 신청서를 제출하고 기다릴 수 있었습니다. 그와 달리, 동독 주민들은 새로운 경제 체제, 정치 체제, 사회 체제에 적응해야만 했으며, 어떤 사람들은 직장을 잃기도 했고 또 다른 사람들은 정치 분야나 그 유사한 분야에서 적극적으로 활동했습니다. 주거와 관련된 분야에 적극 참여한다는 것은, 말하자면 다른 주제들을 위해서는 시간이 많지 않았다는 것을 의미했습니다.

필링어 우리의 연구 결과는 1989년 이전의 연방 체제에 대한 기대가 어긋났으며, 이것은 1990년대의 경험들과는 분리해 설명해야만 한다는 것을 분명하게 보여줍니다. 궁극적으로 이것은 '특정' 동독인들의 문제가 아니라 그들의 사회적·경제적 지위가 서사의 형성에 커다란 영향을 끼치는, 인간과 인간성의 다양함의 문제인 것입니다. 결국 문제는 동독인들이 어떻게, 그리고 어떤 방식으로 자신들의 삶의 역사를 진술하는가와 그들이 겪은 단절들을 진술 속에 어떻게 결합하는가를 연구하는 것입니다. 학자로서 우리는, 어떻게 이런 다양함을 총체적 서사 속에 드러내면서 서사의 다양성을 살릴 것인가라는 문제 앞에 놓여 있습니다. 동시에 시간의 흐름에 따른 (예를 들면 1990년대 말이나 오늘날과 비교되는 1991년) 해석 모델(Deutungsmuster)을 추적하는 것도 중요합니다. 예를 들어 남녀 학생들의 중·고등학교 시절의 기억에 대한 이야기들이 시간의 흐름에 따라 변화하는 것에서 분명하게 볼 수 있습니다. 기대와 경험, 기억 등의 공동 작업과 그것들의 서사 형성에 있어서의 직접적인 의미, 그리고 사후의 의미 부여 등은 우리 연구 프로젝트에서 보편적으로 적용될 수 있는 하나의 통찰이며, 이는 또한 다른 동유럽 사회들에 대한 연구에도 응용될 수 있을 것입니다.

브륀베 그렇다면 우리는 다음과 같은 것을 **네 번째 연구 결과**로서 확정하도록 하지요. '전환' 내지는 변환의 기억에 대한 설명과 가치 판단을 위해서는 무엇보다 1989년 이전의 연방 독일 체제에 대한 여러 삶의 영역에서의 (동독인들의 —옮긴이) 기대와 1990년대 체제에서의 경험 사이에는 괴리가 있다라는 발견이 중요합니다. 여기서 눈에 띄는 것은 비록 1949년 이후의 전 지구적 발전과 탈산업화, 복지국가의 해체, 디지털화 등에도 불구하고 마치 아무 변화가 없던 것처럼 자료들은 연방정부에 대한 고정된 이미지를 보여준다는 것입니다.[149] 연방정부라는 비교의 배경은 변하지 않은 채 그대로 남아 있습니다. 다른 동유럽이나 중동부 유럽 국가들이 유럽을 바라보는 시각에도 이와 유사한 방식을 적용할 수 있는지는 검토해보아야 할 것입니다.

기억과 함께 (동독에서의) 자신들의 삶의 역사에 대한 의미 부여는, 특히 구체적인 독일적 틀을 통해 각인되었습니다. 그것이 서사를 지배했고 동독에 대한 기억들과 동독을 지배했습니다. 한편으로는 동독에 대한 기억에서 언론을 통해 확산되거나 구성된 담론이 강력한 힘을 발휘했습니다. 특히 '오시/베시'라는 서사나 동독을 전체주의적 국가로 제시하면서 동시에 사람들의 행동 가능성을 부정했던 1990년대 학문과 과거 동독 시절 재야 집단이 만들어낸 지배적 해석들은 더 이상 많은 동독인의 일상적 세계에 대한 서사와 일치하지 않으며, 점차 저항에 직면하게 되거나 분노와 반대 서사를 유발하게 되었습니다. 기억은, 1990년대부터 어떻게 각각의 개인사가 전개되는가에 따라 그 자체로서 그때그때마다 변화해왔습니다.

진술된 기억들은 그들이 이야기하게 되는 매번의 틀과 상황에 따라, 그리고 듣는 이들이 어떤 사람인가에 따라 부분적으로는 상당히 큰 차이를 보여줍니다. 공적 장소에서의 진술에는 확산적이며 수용적인 서사가 이어지지만, 이는 전반적으로 장소가 어디냐에 따라 달라집니다(예를 들어 클라인마흐노프에서의 동·서독 서사와 슈베린에서의 성공적이고도 공동으로 영향력을 발휘했던 구도심 재개발 서사). 서사적 인터뷰와 대화는 다시금 사적 공간을 제공하며, 그 속에서는 동독의 과거와 1990년대에 대한 훨씬 다양한 뉘앙스가 이야기됩니다. 이런 자리에서는 오히려 동독 정권에 대한 자기 자신의 입장 같은 것들이 더 잘 언급되며, 다른 정보에 대한 자신의 입장들도 전하고 있습니다.

필링어 즉 1989/90년 이전 시기와 당시, 그리고 그 이후라는 세 단계에 걸친 기억은 상호 연결된 서사로 묶여 있다는 것이군요.

브뢱베 네, 변혁의 핵심기를 설명하고 1990년대를 극복해내기 위한 전략으로서, 우리는 첫 번째 결과물로는 **지속되고 있는 심성**에 대한, 그리고 두 번째 결과물로는 기억에 대한 하나의 틀을 제공했습니다. 이런 기억의 변화 가능성이 무엇보다 독일적 '통일 사회'라는 특별한 경험의 형태 덕분인지, 아니면 비교 가능한 형태로 다른 포스트공산주의적 전환의 맥락에서도 발견해낼 수 있을 것인지는 유럽적 시각 안에서의 경험과 기억에 대한 비교사라는 대단히 전도유망한 문제에 속합니다. 이를 서술하는 일은 아직 이루어지지 않고 있습니다.

주

1   Brückweh, Kerstin: Wissen über die Transformation. Wohnraum und Eigentum in
    der langen Geschichte der ≫Wende≪, in: Zeithistorische Forschungen-Studies in
    Contemporary History 16 (2019) 1, pp. 19~45; https://doi.org/10.14765/zzf.dok-
    1335(2019. 10. 30. 접근) 참조.
2   민원 서류의 작성과 제출에 대한 실례는 다음을 참조. Anfragen von Privatpersonen in
    Grundbuchangelegenheiten, 1970-1979, Bundesarchiv (BArch) DO 1/7376 und DO
    1/16318.
3   Glock, Birgit/Keller, Carsten: Fokusrunde Amt zur Regelung offener Vermögensfragen
    (ARoV) PotsdamMittelmark vom 16. 2. 2000, Teilverschriftlichung, p. 4. 인터
    뷰와 녹취록의 일부는 연구 프로젝트 ≫Property Restitution and the Post-1989
    Transformation Process in Germany and Poland. An International and Interdisciplinary
    Research Project≪(1999-2001 von der Volkswagen Stiftung gefördert)에서 가져왔
    다. 이 연구 프로젝트를 위해 넘겨받은 독일 부분 자료는 ─ 대화는 Birgit Glock,
    Hartmut Häußermann und Carsten Keller(Humboldt-Universität zu Berlin)에 의해
    진행 ─ 세 차례의 전문가 인터뷰, 열여섯 차례의 기본 구상 인터뷰, 두 차례의 중점
    모임에 대한 음성 녹음 및 인터뷰 자료, 녹취록 등으로 구성되어 있다. 이 프로젝트는
    베를린시 플렌츠라우어 베르크 구역 및 클라인마흐노프 구역과 관련해 진행되었다.
4   Markovits, Inga: Justice in Lüritz. Experiencing Socialist Law in East Germany,
    Princeton/Oxford 2010, pp. 26~41(영어본 이전에 발간된 독일어본으로는
    Gerechtigkeit in Lüritz. Eine ostdeutsche Rechtsgeschichte, München 2006 참조).

5   DDR 통계 연보에 따르면, 1989년 41퍼센트, 1979년 62퍼센트가 각각 개인 소유 주택이었다. Statistisches Taschenbuch der Deutschen Demokratischen Republik 1990, p. 201, abgedruckt in: Buck, Hansjörg F.: Mit hohem Anspruch gescheitert. Die Wohnungspolitik der DDR, Münster 2004, p. 418 참조. DDR 건설아카데미에 따르면, 1987년 2,000명 이하의 주민이 사는 자치체에서는 개인 소유 주택이 74퍼센트에 달하는 것으로 나타났다. Bauakademie der DDR (ed.): Grundlagen zur Planung und Gestaltung der Dörfer. Zwischenbericht G1, Berlin 1987, p. 14, abgedruckt in: Flagge, Ingeborg (ed.): Geschichte des Wohnens, Bd. 5. 1945 bis heute. Aufbau, Neubau, Umbau, Stuttgart 1999, pp. 419~562, 특히 p. 531 참조.

6   Haasis, Lucas/Rieske, Constantin: Historische Praxeologie. Zur Einführung, in: Haasis, Lucas/Rieske, Constantin (ed.): Historische Praxeologie. Dimensionen vergangenen Handelns, Paderborn 2015, pp. 7~54 참조.

7   총체적 조망을 위해서는 Wischermann, Clemens: Mythen, Macht und Mängel. Der deutsche Wohnungsmarkt im Urbanisierungsprozess, in: Reulecke, Jürgen (ed.): Geschichte des Wohnens, Bd. 3: 1800-1918. Das bürgerliche Zeitalter, Stuttgart 1997, pp. 333~502 참조.

8   Siegrist, Hannes/Sugarman, David: Geschichte als historisch-vergleichende Eigentumswissenschaft. Rechts-, kultur- und gesellschaftsgeschichtliche Perspektiven, in: Siegrist, Hannes/Sugarman, David (ed.): Eigentum im internationalen Vergleich (18.-20. Jahrhundert), Göttingen 1999, pp. 9~30, 특히 p. 25 참조.

9   Hnilica, Sonja/Timm, Elisabeth: Das Einfamilienhaus als neue anonyme Architektur. Bestand und Begehren, in: Zeitschrift für Kulturwissenschaft 11 (2017) 1, pp. 15~28, 특히 p. 17 참조.

10 Osterhammel, Jürgen: Die Verwandlung der Welt. Eine Geschichte des 19. Jahrhunderts, München 2009, p. 363; Nützenadel, Alexander: Städtischer Immobilienmarkt und Finanzkrisen im späten 19. Jahrhundert, in: Jahrbuch für Wirtschaftsgeschichte 52 (2011) 1, pp. 97~114, 특히 p. 100; Derix, Simone/Lanzinger, Margareth: Housing Capital. Interdisciplinary Perspectives on a Multifaceted Resource, in: Jahrbuch für Europäische Geschichte 18 (2017), pp. 1~13 참조.

11 전체적 조망으로는 Stewing, Clemens: Geschichte des Grundbuches, in: Der Deutsche Rechtspfleger 97 (1989), pp. 445~47 참조. 배경과 관련해서는 Brückweh, Kerstin: My Home Is My Castle. Immobilien und die Kulturgeschichte des Vermögens im 19. und 20. Jahrhundert, in: Geschichte in Wissenschaft und Unterricht 70 (2019) 11/12, pp. 624~41 참조.

12 Engels, Friedrich: Zur Wohnungsfrage, in: Der Volksstaat 51-53, 103, 104 (1872) sowie 2, 3, 12, 13, 15, 16 (1873); http://www.mlwerke.de/me/me18/me18_209.htm

(2019. 10. 30. 접근) 참조.

13 2차 분석(Sekundäranalyse)으로도 표현되는 재평가(Zweitauswertung) 방법론에 대해서는 Apel, Linde: Oral History reloaded. Zur Zweitauswertung von mündlichen Quellen, in: Westfälische Forschungen 65 (2015), pp. 243~54 참조.

14 필자가 중심 사료로 삼은 인터뷰는 1990년대에 작성되었으며, 다음 출판물들이 기반이 되었다. Schier, Barbara: Alltagsleben im »sozialistischen Dorf«. Merxleben und seine LPG im Spannungsfeld der SED-Agrarpolitik 1945-1990, Münster/München u.a. 2001; Weihrich, Margit: Kursbestimmungen. Eine qualitative Paneluntersuchung der alltäglichen Lebensführung im ostdeutschen Transformationsprozeß, Pfaffenweiler 1998; Schlegelmilch, Cordia: Deutsche Lebensalter. Erkundungen in einer sächsischen Kleinstadt, in: PROKLA. Zeitschrift für kritische Sozialwissenschaft 23 (1993) 91, pp. 269~95; Schlegelmilch, Cordia: Eine Stadt erzählt die Wende: Wurzen/Sachsen 1989-1990, Beucha/Markkleeberg 2019.

15 Bönker, Kirsten: Schlecht haushaltende Frauen und sparsame Männer? Geld-Subjekte und Geldpraktiken in der Sowjetunion. 1950er bis 1980er Jahre, in: L'Homme. Europäische Zeitschrift für feministische Geschichtswissenschaft 22 (2011) 2, pp. 77~93, 특히 p. 87 참조.

16 Muschalla, Robert: Einleitung, in: Muschalla, Robert (ed.): Sparen. Geschichte einer Tugend, Berlin 2018, pp. 11~15 참조.

17 Archiv Institut für Sozialwissenschaftliche Forschung, Projektgruppe »Alltägliche Lebensführung«: Leipzig-Studie 1991-1994, Transkription Interview O-117, 1992, p. 65. 우리는 녹취를 통해 녹음된 구술들을 읽기 좋은 텍스트 형태로 바꾸었다.

18 Stadtarchiv Bad Langensalza: Bestand Merxleben, Nr. 168, Bauanträge und Baugenehmigungen, Gemeindeverwaltung Merxleben, 1990-1994 참조.

19 Rudnick, Carola S.: Die andere Hälfte der Erinnerung. Die DDR in der deutschen Geschichtspolitik nach 1989, Bielefeld 2011 참조.

20 예를 들면 Bickerich, Wolfgang: »Es ist ein anderes Leben«, in: Der Spiegel 39/1990, pp. 34~61 참조.

21 Preisvergleich Ost-West: Teurer Einkauf östlich der Elbe, in: test 26 (1991) 6, pp. 18~21 참조.

22 튀링겐의 국경 마을인 켈라(Kella)를 한 예로서 진행된 연구에는 다음과 같은 것이 있다. Berdahl, Daphne: Where the World Ended. Re-unification and Identity in the German Borderland, Berkeley, CA, 1999, pp. 159f.

23 Müller, Dietmar: Die Gouvernementalität des Bodeneigentums im östlichen Europa, in: Comparativ 16 (2006) 5/6, pp. 112~29, 특히 p. 123 참조.

24 기본 연구로서 Tatzkow, Monika /Henicke, Hartmut (ed.): Grundbuchdokumentation und Grundbuchmanipulation in der früheren DDR, Berlin 1993이 있다. 또한 연방문

서보관소 내무부 목록에는, 예를 들어 1950년대 지적과(地籍課) 토지대장의 문제들과 개선 가능성 등에 대한 논의들이 존재한다(BArch DO 1/8817 und DO 1/8818).

25 여러 지역에서 있었던 상당한 수의 실제적 문제들을 다음의 답변을 통해 확인할 수 있었다. Ministerium des Innern: HA Vermessung und Kartenwesen, Verfügung vom 5. 11. 1952, Betrifft: Überleitung der Grundbuchämter zu den Abteilungen Kataster(Tatzkow/Henicke: Grundbuchdokumentation (Anm. 24 참조), Dokument 2, pp. 1f.에 재수록). 답변들은 BArch DO 1/8823에서 찾을 수 있다.

26 Grosser, Dieter: Das Wagnis der Währungs-, Wirtschafts- und Sozialunion. Politische Zwänge im Konflikt mit ökonomischen Regeln, Stuttgart 1998, p. 227.

27 Kaprol-Gebhardt, Anke: Geben oder Nehmen. Zwei Jahrzehnte Rückübertragungs- verfahren von Immobilien im Prozess der deutschen Wiedervereinigung am Beispiel der Region Berlin-Brandenburg, Berlin 2018 참조.

28 Verheyen, Nina: Die Erfindung der Leistung, München 2018, p. 55 참조.

29 Jeismann, Karl-Ernst/Lundgreen, Peter (ed.): Handbuch der deutschen Bildungsgeschichte, Bd. 3: 1800-1870. Von der Neuordnung Deutschlands bis zur Gründung des Deutschen Reiches, München 1987 참조.

30 권력과 훈육을 주제로 하는 근본적 사고에 대해서는 미셸 푸코(Michel Foucault)의 다음 저서 참조. Überwachen und Strafen. Die Geburt des Gefängnisses, 20. Aufl., Frankfurt am Main 2017(zuerst 1977).

31 Böhme, Jeanette/Hummrich, Merle/Kramer, Rolf-Torsten: Schulkultur. Theoriebildung im Diskurs, Wiesbaden 2015, p. 59.

32 Reh, Sabine/Ricken, Norbert (ed.): Leistung als Paradigma. Zur Entstehung und Transformation eines pädagogischen Konzepts, Wiesbaden 2018 참조.

33 리타 니콜라이(Rita Nikolai)는 튀링겐에서의 인문계 고등학교의 전통에 대한 수많은 실례를 전하고 있다. Schulpolitik im Wandel. Historische Wurzeln und schulstrukturelle Wege in den ostdeutschen Bundesländern und Berlin nach der Wiedervereinigung, Berlin 2018, pp. 110f.

34 Tillmann, Klaus-Jürgen: Staatlicher Zusammenbruch und schulischer Wandel. Schultheoretische Reflexionen zum deutsch-deutschen Einigungsprozeß, in: Dudek, Peter/Tenorth, Heinz-Elmar (ed.): Transformationen der deutschen Bildungslandschaft. Lernprozeß mit ungewissem Ausgang, Weinheim u.a. 1993, pp. 29~36, 특히 p. 34 참조.

35 그 밖에 다른 퇴직의 원인이나 변화된 고용 조건으로는 조기 퇴직과 정치적으로 특별히 연루된 교사 혹은 비자발적 기간제 고용 등이 있었다. Flösser, Gaby/Otto, Hans-Uwe/Tillmann, Klaus-Jürgen: Schule und Jugendhilfe. Standortbestimmung im Transformationsprozeß, in: Flösser, Gaby/Otto, Hans-Uwe/Tillmann, Klaus-Jürgen (ed.): Schule und Jugendhilfe. Neuorientierung im deutsch-deutschen Übergang,

Opladen 1996, pp. 8~29, 특히 p. 18 참조.

36 1989년 10월 8일 동독의 내적 정치 상황에 대한 진보 세력의 반응에 대해서는 Archiv des Beauftragten für die Unterlagen des Staatssicherheitsdienstes der ehemaligen DDR (BStU), MfS, ZAIG, Nr. 5351, Bl. 55-61 참조.

37 Gudermann, Rita: »Bereitschaft zur totalen Verantwortung«. Zur Ideengeschichte der Selbstversorgung, in: Prinz, Michael (ed.): Der lange Weg in den Überfluss. Anfänge und Entwicklung der Konsumgesellschaft seit der Vormoderne, Paderborn 2003, pp. 375~411 참조.

38 Merkel, Wolfgang: Systemtransformation. Eine Einführung in die Theorie und Empirie der Transformationsforschung, Wiesbaden 2010, p. 66.

39 Zierold, Katja: Veränderungen von Lebenslagen in ländlichen Räumen der neuen Bundesländer, in: Becker, Annette (ed.): Regionale Strukturen im Wandel, Opladen 1997, pp. 501~67 참조.

40 Heinz, Michael: Von Mähdreschern und Musterdörfern. Industrialisierung der DDR-Landwirtschaft und die Wandlung des ländlichen Lebens am Beispiel der Nordbezirke, Berlin 2011, pp. 398~405.

41 Archiv Barbara Schier, Sinngemäßes Gesprächsprotokoll des Interviews von Barbara Schier mit Detlev Wagner am 29. 8. 1994 in Bad Langensalza, p. 1 참조. 인터뷰 대상자들의 이름은 모두 변경했다.

42 Archiv Barbara Schier, Sinngemäßes Gesprächsprotokoll des Interviews von Barbara Schier mit Gudrun und Rüdiger Röcker am 28. 3. 1994 in Merxleben, pp. 7f. 참조.

43 Roth, Klaus: Nahrung als Gegenstand der volkskundlichen Erforschung des östlichen Europas, in: Kalinke, Heinke M./Roth, Klaus/Weger, Tobias (ed.): Esskultur und kulturelle Identität. Ethnologische Nahrungsforschung im östlichen Europa, München 2010, pp. 27~38 참조.

44 Offe, Claus: Das Dilemma der Gleichzeitigkeit. Demokratisierung und Marktwirtschaft in Osteuropa, in: Merkur 45 (1991) 505, pp. 279~92.

45 Ebert, Elvir: Einkommen und Konsum im Transformationsprozeß. Vom Plan zum Markt - vom Mangel zum Überfluß, Opladen 1997, pp. 117~27; Schramm, Manuel: Die »Wende« von 1989/90 als Konsumrevolution, in: BIOS 27 (2014) 1/2, pp. 95~108, 특히 p. 106 참조.

46 Rick, Kevin: Die Gründung der Stiftung Warentest als »zweitbeste Lösung«? Verbraucherpolitik zwischen Verbraucherverbänden und Staat in den 1960er Jahren, in: Historische Zeitschrift 303 (2016) 2, pp. 426~58, 특히 p. 427.

47 Archiv der Stiftung Warentest: Einkaufshelfer: Test-Informationen und Preisvergleiche für Verbraucher aus der DDR, in: test (1989), pp. 1~8 참조.

48 Presse- und Informationsamt der Bundesregierung (ed.): Wegweiser für Verbraucher.

Informationen, Tips und Ratschläge zu Problemen im Verbraucher-Alltag, 5., überarb. Aufl.,, Bonn 1991 참조.

49 Kaffeefahrten: Reisen und kaufen?, in: test & rat (1991) 1, pp. 28~30 참조.

50 Archiv Institut für Sozialwissenschaftliche Forschung, Projektgruppe ≫Alltägliche Lebensführung≪: Leipzig-Studie 1991-1994, Transkription Interview O-I14, 1991, p. 23.

51 Ebd., Transkription Interview O-I11, 1991, pp. 90f.

52 Wensierski, Hans-Jürgen von: Mit uns zieht die alte Zeit. Biographie und Lebenswelt junger DDR-Bürger im gesellschaftlichen Umbruch, Opladen 1994, p. 32 참조.

53 이와 관련된 기본 연구는 Berth, Hendrik/Brähler, Elmar/Zenger, Markus/Stöbel-Richter, Yve (ed.): 30 Jahre ostdeutsche Transformation. Sozialwissenschaftliche Ergebnisse und Perspektiven der Sächsischen Längsschnittstudie, Gießen 2020 참조.

54 Sächsische Längsschnittstudie, Originalfragebogen 1990, Teilnehmer 153 0033(이하 참가자는 약자로 표기: SLS 1990). 설문지 원문은 연구의 현재 책임자인 드레스덴의 헨드리크 베르트(Hendrik Berth)가 보관 중이며, 뮐러에게 대여된 바 있다. 텍스트의 자유로운 사용을 위해 뮐러가 정보보호법에 따라 참가자들에게 고유의 식별 번호를 부여했다. SLS의 양적 연구 자료는 GESIS Leibniz-Institut für Sozialwissenschaften 에 보관 중이다. Förster, Peter (2011): Sächsische Längsschnittstudie-Welle 4, 1990. GESIS Datenarchiv, Köln, ZA6216 Datenfile Version 1.0.0 (2011), doi:10.4232/1.10777.

55 SLS 1990, 153 0074. 원문에서의 철자법 오류는 교정했다.

56 SLS 1990, 153 0094.

57 Lüdtke, Alf (ed.): Alltagsgeschichte. Zur Rekonstruktion historischer Erfahrungen und Lebensweisen, Frankfurt am Main 1989; Lindenberger, Thomas: Die Diktatur der Grenzen. Zur Einleitung, in: Lindenberger, Thomas (ed.): Herrschaft und Eigen-Sinn in der Diktatur. Studien zur Gesellschaftsgeschichte der DDR, Köln 1999, pp. 13~44 참조.

58 Schütz, Alfred/Luckmann, Thomas: Strukturen der Lebenswelt, Konstanz 2003(zuerst 1975), p. 29.

59 Ebd.

60 Ebd.

61 Haumann, Heiko: Lebensweltlich orientierte Geschichtsschreibung in den Jüdischen Studien. Das Basler Beispiel, in: Haumann, Heiko (ed.): Lebenswelten und Geschichte. Zur Theorie und Praxis der Forschung, Wien/Köln/Weimar 2012, pp. 70~84, 특히 pp. 80f. 마찬가지로 우리의 분석을 위해 유용한 연구로는 Hiebl, Ewald/Langthaler, Ernst (ed.): Im Kleinen das Große suchen. Mikrogeschichte in Theorie und Praxis (Jahrbuch für Geschichte des ländlichen Raumes), Innsbruck/

Wien/Bozen 2012 참조.

62 Weil, Francesca: Verhandelte Demokratisierung. Die Runden Tische der Bezirke 1989/90 in der DDR, Göttingen 2011, pp. 158~60 참조.

63 예를 들면 Klemm, Uli: Demokratie-Lernen - Grenzen und Hindernisse. Oder: »In allen Schulen gibt es immer mehr Undemokratie, als es Demokratie gibt«, in: ZEP. Zeitschrift für internationale Bildungsforschung und Entwicklungspädagogik 31 (2008) 3, pp. 16~20 참조.

64 SLS 1990, 153 0117.

65 Droit, Emmanuel: Wie Schulräume politisiert wurden. Strategien und Grenzen der DDR-Erziehungsdiktatur in den frühen 1950er Jahren, in: Deutschland Archiv, 2016. 6. 22.; https://www.bpb.de/geschichte/zeitgeschichte/deutschlandarchiv/229939/(2020. 3. 25. 접근) 참조.

66 Nikolai, Rita: Schulpolitik im Wandel (각주 33 참조).

67 Helsper, Werner: Schulkulturen. Die Schule als symbolische Sinnordnung, in: Zeitschrift für Pädagogik 54 (2008) 1, pp. 63~80 참조.

68 Reh, Sabine: Berufsbiographische Texte ostdeutscher Lehrer und Lehrerinnen als Bekenntnisse. Interpretationen und methodologische Überlegungen zur erziehungswissenschaftlichen Biographieforschung, Bad Heilbrunn 2003 참조.

69 Ebd.

70 Berth, Hendrik/Brähler, Elmar/Zenger, Markus/Stöbel-Richter, Yve: Zentrale Ergebnisse aus 28 Jahren Sächsische Längsschnittstudie, in: Berth, Hendrik/Brähler, Elmar/Zenger, Markus/Stöbel-Richter, Yve (ed.): Gesichter der ostdeutschen Transformation. Die Teilnehmerinnen und Teilnehmer der Sächsischen Längsschnittstudie im Porträt, Gießen 2015, pp. 29~44 참조.

71 Ministerrat der DDR: Verordnung über die Festsetzung von Mietpreisen in volkseigenen und genossenschaftlichen Neubauwohnungen, 1981. 11. 19, BArch, DC 20 I 3/1781, Bl. 192-194 참조.

72 Ministerrat der DDR: Orientierung zur Entwicklung des Wohnungswesens in der DDR, 28. 7. 1990, BArch, DC 20 I 3/3010, Bl. 1-22 참조.

73 Einigungsvertrag, Anlage I Kap. XIV, II Anlage, I Kapitel XIV, Abschnitt II, p. 165; https://www.gesetzeim-internet.de/einigvtr/EinigVtr.pdf(2019. 1. 22. 접근).

74 Bundesministerium für Raumordnung, Bauwesen und Städtebau (ed.): Miete und Wohngeld in den neuen Bundesländern, Bonn 1995 참조.

75 Archiv Cordia Schlegelmilch, Wurzen-Studie 1990-1996, Transkription des Interviews von Cordia Schlegelmilch mit Christel Franke am 1991. 10. 21, Kassette 216/B, p. 36.

76 Borst, Renate: Verfahren und Wirkungen der Privatisierung von Mietwohnungen in

den neuen Bundesländern seit 1990, in: Schäfer, Uta (ed.): Städtische Strukturen im Wandel, Opladen 1997, pp. 117~215 참조.

77 Dommann, Monika: Markttabu, in: Dejung, Christof/Dommann, Monika/Speich Chassé, Daniel (ed.): Auf der Suche nach der Ökonomie. Historische Annäherungen, Tübingen 2014, pp. 183~205, 특히 p. 186.

78 Landratsamt informiert: Zum Mietrecht, in: Wurzener Tageblatt vom 1991. 7. 17. 참조.

79 개발 정책의 체계와 관련된 개념의 역사에 대해서는 Büschel, Hubertus: Hilfe zur Selbsthilfe. Deutsche Entwicklungsarbeit in Afrika 1960-1975, Frankfurt am Main 2014 참조.

80 이하 다음의 서술을 참조했다. Grosser, Dieter: Das Wagnis der Währungs-, Wirtschaftsund Sozialunion(각주 26 참조).

81 신탁 문제와 관련된 역사에 대해서는 예를 들어 다음 참조. Böick, Marcus: Die Treuhand. Idee - Praxis - Erfahrung 1990-1994, Göttingen 2018.

82 전개와 보완에 대해서는 Kaprol-Gebhardt: Geben oder Nehmen(각주 27 참조), pp. 85~230 참조.

83 Berliner Morgenpost, Berliner Zeitung, Märkische Allgemeine Zeitung, Potsdamer Neueste Nachrichten, Die Zeit, Frankfurter Allgemeine Zeitung, Der Spiegel, Die Welt 등의 일간지에서 이에 대한 평가를 다루었으며, 클라인마흐노프의 지역 문서보관소에 일부 자료 소장(특히 The Nation 등).

84 동독에서 '임대료를 내지 않고 사는 사람'이 행했던 주택에 대한 이러한 형태의 점거가 저항 행위가 아니라 체제 문제에 대한 하나의 답변으로 받아들여졌음을, 예를 들어 우도 그라쇼프(Udo Grashoff)는 설득력 있게 서술하고 있다. Grashoff, Udo: Schwarzwohnen. Die Unterwanderung der staatlichen Wohnraumlenkung in der DDR, Göttingen 2011 참조.

85 통일 협약에 대해서는 https://deutsche-einheit1990.de/deutsche-einheit/der-einigungsvertrag/(2019. 10. 30 접근)를 보라.

86 Bearbeitung der Anträge (bundesweit), Stand 31. 3. 2001, in: Bundesamt zur Regelung offener Vermögensfragen BARoV (ed.): Offene Vermögensfragen. Versuch einer Bilanz, Berlin 2001, p. 90 참조. Das BARoV는 이 수치를 청구서가 거의 95퍼센트, 즉 2백만 명 이상 완료되었을 때 발표했다.

87 Brückweh, Kerstin: Unter ostdeutschen Dächern. Wohneigentum zwischen Enteignung, Aneignung und Neukonstituierung der Lebenswelt in der langen Geschichte der »Wende«, in: Großbölting, Thomas/Lorke, Christoph (ed.): Deutschland seit 1990. Wege in die Vereinigungsgesellschaft, Stuttgart 2017, pp. 187~212; Brückweh, Kerstin: Der Streit ums Eigenheim. Eine Geschichte offener Vermögensfragen vor, während und nach 1989, in: Horch und Guck 82/83(2017), pp. 84~87 참조.

88 동독에서 습득한 지식 가운데 행정과 관련된 사안에 대해서는 Glock, Birgit/Keller, Carsten: Interview - Ehepaar redlicher Erwerb, 2000, Teilverschriftlichung, pp. 2, 4 참조.

89 그 결과에 대해서는 Kaprol-Gebhardt: Geben oder Nehmen(각주 27 참조), p. 233 참조.

90 Glock, Birgit/Häußermann, Hartmut/Keller, Carsten: Die sozialen Konsequenzen der Restitution von Grundeigentum in Deutschland und Polen, in: Berliner Journal für Soziologie 11 (2001), pp. 533~50, 특히 pp. 540, 542 참조.

91 Gemeindeamt Kleinmachnow: Auswertung der Wahl der Gemeindevertretung am 1993. 12. 5. 참조.

92 Glock Birgit/Keller, Carsten: Fokusrunde ARoV Potsdam-Mittelmark 2000. 2. 16, Teilverschriftlichung, p. 3.

93 Ebd.

94 Glock, Birgit/Keller, Carsten: Fokusrunde Prenzlauer Berg 2000. 3. 6, Teilverschriftlichung, p. 4.

95 Glock, Birgit/Keller, Carsten: Fokusrunde ARoV Potsdam-Mittelmark 2000. 2. 16, Teilverschriftlichung, p. 2.

96 Glock, Birgit/Keller, Carsten: Interview - Redlicher Erwerber im Prozeß, 2000, Teilverschriftlichung, p. 2 참조.

97 Schier, Babara: Alltagsleben im »sozialistischen Dorf«(각주 14 참조), p. 143.

98 Archiv Institut für Sozialwissenschaftliche Forschung, Projektgruppe »Alltägliche Lebensführung«, Leipzig-Studie 1991-1994, Transkription Interview O-I12, 1991, p. 12.

99 Kreis, Reinhild: A »Call to Tools«: DIY between State Building and Consumption Practices in the GDR, in: International Journal for History, Culture and Modernity 6 (2018) 1, pp. 49~75, 특히 pp. 64f. 참조.

100 Ebd., p. 65.

101 연방정부에서의 자가 수리의 역사에 대해서는 Voges, Jonathan: »Selbst ist der Mann«. Do-it-yourself und Heimwerken in der Bundesrepublik Deutschland, Göttingen 2017 참조.

102 동독의 가격 정책에 대해서는 Skyba, Peter: Konsumpolitik in der DDR 1971 bis 1989. Die Verbraucherpreise als Konfliktgegenstand, in: Walter, Rolf (ed.): Geschichte des Konsums. Erträge der 20. Arbeitstagung der Gesellschaft für Sozial- und Wirtschaftsgeschichte, Stuttgart 2004, pp. 343~66 참조.

103 Ministerium für Handel und Tourismus: Pressemitteilung zum Verbraucherschutz 1990. 7. 6, BArch DL 1/26560 참조.

104 품질검사재단 창설의 역사에 대해서는 Rick: Die Gründung der Stiftung Warentest

(각주 46 참조), pp. 426~58 참조.

105 Neuhaus, Friedemann: Geschichte im Umbruch. Geschichtspolitik, Geschichtsunterricht und Geschichtsbewußtsein in der DDR und den neuen Bundesländern 1983-1993, Frankfurt am Main 1998, p. 298 참조.

106 Döbert, Hans: Schule in Ostdeutschland zwischen zwei Transformationsprozessen, in: Döbert, Hans/Fuchs, Hans-Werner/Weishaupt, Horst (ed.): Transformation der ostdeutschen Bildungslandschaft. Eine Forschungsbilanz, Wiesbaden 2002, pp. 37~ 49 참조.

107 'bewältigen'(청산하다, 극복하다)이라는 단어는 일반적으로 과거에 대한 종식과 연결되어 있으며, 그럼으로써 어느 면에서는 원상 회복이 가능함을 의미한다. 우리가 이런 의미로 사용한 것은 아니지만, 'Aufarbeitung'(청산, 책임 규명) 같은 다른 개념들로 서술되는 현상 또한 우리가 의미하는 바는 아니다. 우리에게서 중요한 것은 과거사 정책이 아니라 그 원인이 과거사에 있는 문제들과 마주하는 일상에서의 전략들이다. 이와 관련된 개념의 문제에 대해서는 Fischer, Torben/Lorenz, Matthias N. (ed.): Lexikon der »Vergangenheitsbewältigung« in Deutschland. Debatten- und Diskursgeschichte des Nationalsozialismus nach 1945, 3., überarb. Aufl., Bielefeld 2015 참조.

108 Ther, Philipp: Die neue Ordnung auf dem alten Kontinent. Eine Geschichte des neoliberalen Europas, Berlin 2014, pp. 28, 31. 근본적 연구로는 Kollmorgen, Raj/ Merkel, Wolfgang/Wagner, Hans-Jürgen (ed.): Handbuch Transformationsforschung, Wiesbaden 2015 참조.

109 Polanyi, Karl: The Great Transformation, New York 1944.

110 성과/능력에 대한 마르크스주의적 이해에 대해서는 Ebert, Thomas: Soziale Gerechtigkeit. Ideen, Geschichte, Kontroversen, Bonn 2015, pp. 230~43 참조.

111 이하: Information über Reaktionen der Bevölkerung des Bezirkes Leipzig zur gegenwärtigen Versorgungslage(1985. 12. 12.), BStU, MfS, BVfS Leipzig, Abt. XVIII, 00267/01, Bl. 12-21.

112 독일사회주의통일당의 경제 전략의 적용과 관철에 대한 주민 반응이라는 특기할 만한 측면에 대한 자료와 무역/공급, 서비스 분야에서의 문제들에 대한 자료로는 1989년 6월 6일, BStU, MfS, ZAIG 14283, Bl. 2-13, 특히 Bl. 3 참조.

113 예를 들어 ADN: Die BRD ist nach wie vor von Massenarbeitslosigkeit geprägt, in: Neues Deutschland, 1989. 11. 7, p. 7 참조.

114 무역과 공급 문제에 대한 동독 주민의 반응 관련 자료로는 1986. 11. 17, BStU, MfS, HA XVIII, 20704, Bl. 58-65; Meyen, Michael: Denver Clan und Neues Deutschland. Mediennutzung in der DDR, Berlin 2003, pp. 43~52 참조.

115 Berghoff, Hartmut: Konsumregulierung im Deutschland des 20. Jahrhunderts. Forschungsansätze und Leitfragen, in: Berghoff, Hartmut (ed.): Die Regulierung des

privaten Verbrauchs im 20. Jahrhundert, Göttingen 1999, pp. 7~21, 특히 p. 9.

116 Kuhr-Korolev, Corinna: »Gerechtigkeit oder Gleichmacherei?« Die Debatte um die Privilegien der sowjetischen Parteielite 1986-1991, in: Zeithistorische Forschungen-Studies in Contemporary History 10 (2013) 2, pp. 264~82, 특히 p. 274.

117 최종 결과에 대한 동독 선거위원회의 문서는 Dokument der Wahlkommission der DDR zum Endergebnis; https://www.helmut-kohl-kas.de/index.php?menu_sel=17&menu_sel2=126&menu_sel3=&menu_sel4=&msg=555(2020. 7. 3. 접근) 참조.

118 화폐 통합, 경제 통합, 사회 통합 관련법의 발효와 관련한 헬무트 콜(Helmut Kohl)의 1990년 7월 1일 텔레비전 연설 요약문은 https://www.helmut-kohl.de/index.php?msg=555(2019. 9. 30. 접근) 참조.

119 Villinger, Clemens: Von Erfahrungen und Erwartungen. Konsum und der Systemwechsel von 1989/90, in: INDES (2019) 1, pp. 46~54, 특히 p. 54 참조.

120 Beckert, Jens: Woher kommen Erwartungen? Die soziale Strukturierung imaginierter Zukünfte, in: Jahrbuch für Wirtschaftsgeschichte 59 (2018) 2, pp. 507~23.

121 Bandit, Christopher: Einheitserwartungen. Präferenzen, Hoffnungen und Befürchtungen im »Wendejahr« 1989/90, in: Berliner Debatte Initial 30 (2019) 4, pp. 67~84 참조.

122 Gruner, Petra (ed.): Angepasst oder mündig? Briefe an Christa Wolf im Herbst 1989, Berlin 1990 참조.

123 SLS 1990, 153 0110.

124 SLS 1990, 153 0103.

125 Frau K.와의 2017년 6월 16일 인터뷰.

126 Erll, Astrid: Kollektives Gedächtnis und Erinnerungskulturen, Stuttgart 2005 참조.

127 Pates, Rebecca/Schochow, Maximilian (ed.): Der »Ossi«. Mikropolitische Studien über einen symbolischen Ausländer, Wiesbaden 2013 참조.

128 Obertreis, Julia: Sprechen über das Leben im Sozialismus. Vom Recht auf Glück und Scham, in: Andersen, Knud/Apel, Linde/Heinsohn, Kirsten (ed.): Es gilt das gesprochene Wort. Oral History und Zeitgeschichte heute, Göttingen 2015, pp. 98~113, 특히 p. 112.

129 Sabrow, Martin: Die DDR erinnern, in: Sabrow, Martin (ed.): Erinnerungsorte der DDR, Bonn 2010, pp. 9~25, 특히 p. 16 참조.

130 Ebd.

131 Kowalczuk, Ilko-Sascha: Zur Gegenwart der DDR-Geschichte. Ein Essay, in: Zeitgeschichteonline, März 2019; https://zeitgeschichte-online.de/themen/zur-gegenwart-der-ddr-geschichte(2019. 10. 30. 접근).

132 Wierling, Dorothee: Die Stasi in der Erinnerung, in: Gieseke, Jens (ed.): Staatssicherheit und Gesellschaft. Studien zum Herrschaftsalltag in der DDR,

Göttingen 2007, pp. 187~08, 특히 p. 195 참조.

133 Ahbe, Thomas: Die Konstruktion der Ostdeutschen, in: APuZ B41-42(2004), pp. 12~22; Pates/Schochow (ed.): Der ≫Ossi≪(각주 127 참조).

134 Wierling, Dorothee: Zeitgeschichte ohne Zeitzeugen. Vom kommunikativen zum kulturellen Gedächtnis - drei Geschichten und zwölf Thesen, in: BIOS 21 (2008), pp. 28~36, 특히 p. 33 참조.

135 많은 경우 가운데 하나의 실례로서 "Brutale Wessis wollen uns aus unseren Häusern jagen!" in: Neue Revue, 1991. 5. 31.; 혹은 보다 완곡한 표현의 기사로는 Colitt, Leslie: East Germans find their homes are no longer their castles. Many live in fear of being forced out by their western neighbours(Colitt reports from Kleinmachnow), in: Financial Times, 1990. 5. 2./3. 참조.

136 Wierling, Dorothee: Zeitgeschichte ohne Zeitzeugen(각주 134 참조), p. 32. 도로테 비에를링(Dorothee Wierling)은 '각본'을 아래 글에서 인용했다. Appiah, Anthony K.: Identity, Authenticity, Survival. Multicultural Societies and Social Reproduction, in: Taylor, Charles/Gutmann, Amy (ed.): Multiculturalism. Examining the Politics of Recognition, Princeton 1994, pp. 149~63.

137 Brückweh, Kerstin: Unter ostdeutschen Dächern(각주 87 참조), pp. 187~212 참조.

138 Glock, Birgit/Keller, Carsten: Interview-Ehepaar redlicher Erwerb, 2000, Teilverschriftlichung, p. 3; Glock, Birgit/Keller, Carsten: Interview-Frau aus Klein Moskau, 2000, Teilverschriftlichung, p. 2; Glock, Birgit/Keller, Carsten: Interview-Redlicher Erwerber im Prozeß, 2000, Teilverschriftlichung, p. 3 참조.

139 Glock, Birgit/Häußermann, Hartmut/Keller, Carsten: Gewinner und Verlierer in Kleinmachnow. Die Wahrnehmung der Restitution bei den Betroffenen, FR-WP3-Berlin 2001(미출간 보고서), pp. 177~211, 특히 p. 209 참조.

140 Glock, Birgit/Keller, Carsten: Fokusrunde ARoV Potsdam-Mittelmark(2000. 2. 16.), Teilverschriftlichung, p. 3; 특권층으로서의 자기 진단에 대해서는 Glock Birgit/Keller, Carsten: Interview-Direktor im Stolper Weg, 2000, Teilverschriftlichung, pp. 5f. 참조.

141 Glock, Birgit/Keller, Carsten: Interview-Ehepaar redlicher Erwerb, 2000, Teilverschriftlichung, p. 4.

142 Glock, Birgit/Keller, Carsten: Interview-Redlicher Erwerber im Prozeß, 2000, Teilverschriftlichung, p. 1.

143 Oral-History-Interview von Anja Schröter mit Gottreich Albrecht, Schwerin, 2019. 6. 20.

144 2001년 브란덴부르크에서 종료 비율은 95.76퍼센트였다. Bearbeitung der Anträge (bundesweit), 2001. 3. 31. 현재, in: Bundesamt zur Regelung offener Vermögensfragen BARoV (ed.): Offene Vermögensfragen. Versuch einer Bilanz, Berlin

2001, p. 85 참조.

145 Glock, Birgit/Keller, Carsten: Interview-Familie im Prozeß, 2000, Teilverschriftlichung, p. 3.

146 Glock, Birgit/Keller, Carsten: Interview-Redlicher Erwerber im Prozeß, 2000, Teilverschriftlichung, p. 2.

147 Ebd.

148 Glock, Birgit/Keller, Carsten: Interview - Käufer und aktiver AET(Alteigentümer) IC, 2000, Teilverschriftlichung, p. 6.

149 Doering-Manteuffel, Anselm/Raphael, Lutz (ed.): Nach dem Boom. Perspektiven auf die Zeitgeschichte seit 1970, Göttingen 2008 참조.

개인적 시각들

함께 경험한 이들의 시각에서 본 서면 대화

대화 여행을 준비하는 동안, 그리고 그 이후에도 우리는 여러 동시대인들에게 서면 대화들을 읽고 평가를 글로 써줄 것을 부탁했다. 분량에 대한 것 말고는 어떤 형식이나 내용상의 틀을 제시하지는 않았다. 또한 간략한 개인 약력에 대한 예시를 보내기는 했지만, 이를 구성하는 작업은 전적으로 그들에게 맡겼다. 여기에 제시된 글들은 2019년 11월에서 2020년 3월 사이에 작성된 것이다. 우리가 방문했던 장소들과 그곳에 참석했던 경험자들의 순서에 따라 정렬했다.

볼프강 피들러(Wolfgang Fiedler), 마이닝겐(Meiningen)

이미 논의한 바대로 나는 서면 대화를 PDF파일로 받았고, 이에 대한 코멘트를 서면으로 작성해줄 것을 요청받았다. 파일을 받은 당일 저녁에 40쪽 분량의 글을 읽고 나서는 오히려 혼란스러워졌다. 인터뷰를 돌이켜 생각한다면, 나의 기대는 완전히 다른 것이었다. 읽은 후 든 느낌은, 내 인터뷰 내용이 텍스트 속 어디에 어떻게 반영되었는지가 분명하지 않았다는 것이다. 그 밖에도 다른 주제 영역들이 여전히 있었지만 '나의 대화'는 학교와 '전환'을 둘러싼 학교 안에서의 변화를 중심으로 구성되어 있었다.

서면 대화를 읽으면서 『테스트』(Test) 지(誌)의 정기 구독자로서 나는 소비 행태에 대한 진술과 테스트라는 단어에 계속 생각이 집중되었다. 1989년 이후 너무 많은 것이 변했고 환상적인 약속은 오히려 종종 현실을 깨닫게 하는 경험들로 이어졌기 때문에, 나는 1991년부터 『테스트』 지뿐만 아니라 『금융 테스트』(Finanztest) 지도 구독하고 있었다. 그 이후에 이 잡지들은 나의 구매 결정에 있어 중요한 조언자가 되었으며, 품질검사재단은 내게 최고의 신뢰성과 성실성을 제공하고 있다. 잡지를 읽고 내가 아내에게 새로운 치약이나 주방 기구 세척제에 대한 새로운 품질검사의 결과를 전할 때면, 아내는 이미 나보다 먼저 읽고는 득의의 미소를 짓는다. 그러면서 우리는 구매할 제품을 바꾼다.

1990년과 1991년, 나는 『테스트』 지와 『금융 테스트』 지에 자극을 받아 많은 시간을 보험과 건강 보험, 법률 혹은 노동법 같은 영역들에 대해 상세히 알아보았다. 이 새롭고 지금까지 알지 못했던 내용들이 내게는 흥미 있었기 때문에, 내가 얻은 지식을 당연히 다른 사람에게 전해주고자 했다. 그래서 나는 동료들에게 이 주제들에 대한 심화 교육을 받아볼 것을 권하기도 했다. '내가 다니는 학교'의 거의 모든, 아니 모든 동료가 이 기회를 이용했다. 그 숫자를 내가 센 것은 아니지만, 내 기억에는 모임이 대단히 북적였다.

내 고향인 마이닝겐은 튀링겐(Thüringen)주와 바이에른(Bayern)주의 경계에서 약 15킬로미터 정도 떨어져 있다. 1989년에는 두 주(州)를 오고갈 수 있는 경계 초소가 많지 않았기 때문에 교통량이 주 경계로부터 마이닝겐 너머까지 밀리고는 했었다. 환영금(Begrüssungsgeld)을 받기 위해 아내와 나는 뢴(Rhön)에 있는 보다 작은 경계 초소를 이용했었다. 하지만 트라비(Trabi)를 탔던 나와 아내, 두 살과 다섯 살짜리 두 아들, 이렇게 우리 가족은 뢴으로 가는 가파르고 얼음이 깔린 경사길에서 더 이상 올라가지 못하고 말았다. 우리 가족처럼 그 길을 따라 서독으로 가서 환영금을 받고자 했던 많은 동독인은 그날 실패했다. 다음날 우리가 받은 환영금으로 무엇을 구입했는지는 시간이 많이 지나 더 이상 기억하지는 못한다. 당시 우리는 많이 숙고하고 철저히 계산한 후에 수많은 크고 작은 원하는 것들을 샀지만, 결코 소비 광란에 빠져들었던 것은 아니었다.

그에 반해 우리 장모님은 자신의 직장 동료와 함께 거의 모든 환영금을 당일 멜리히슈타트(Mellrichstadt)에 있는 한 그리스 음식점에 쏟아부었다. 그녀는 오늘도 여전히 그 일에 대해 이야기하면서 그 식당 주변의 훌륭한 환경과 국경이 다시 닫힐지도 모른다는 불안을 그 이유로 댄다. 동독 음식점의 상황을 생각한다면 당시 특별히 선택의 여지는 없었다. 그렇지만 내 아내나 나라면 환영금을 그렇게 '먹어 치운다'는 생각은 결코 하지 못했을 것이다.

볼프강 피들러

1989년부터 전(前) 헨플링(Henfling) 고등학교, 현(現) 헨플링 김나지움 교사

1981~89년 예나(Jena)에서 물리와 천문학 교사 학사 과정 졸업

1978~81년 마이닝겐에서 군복무(경찰 대기반)

1978년 마이닝겐 헨플링 고등학교(Oberschule: 구동독에서 고등학교 과정을 의미. 1959년부터는 확장고등학교(Erweiterten Oberschule)와 종합기술고등학교(Polytechnische Oberschule)로 나뉘어짐) 졸업

카린 프린첼(Karin Printzel), 라데보일(Radebeul)

나는 신념을 갖고 민주주의를 신봉하는 사람이다. 그렇다면 왜 내 작센 이웃 또한 그렇지 않겠는가? 몇 년 전에 나는 드레스덴에 있는 교육 센터에서 남한 사람들을 맞은 적이 있다. 그들은 내게 남·북한이 통일된다면 어떤 정치 교육이 필요한가에 대해 물었다. 나는 1989년 당시와 그 이후의 시기에 대해, 오늘날의 시각에서 볼 때 부족했던 것들과 놓쳤던 기회들, 그리고 그 결과가 사회에 끼친 영향 등에 대해 많은 이야기를 했다.

이제 다시금 그때를 상기하고 회고해야만 한다. 앞에 놓여 있는 '전환의 긴 역사'의 문장들을 한편으로는 당황스러움의 눈길로 읽는다. 나는 내 안에서 울려 나오는 다음과 같은 소리를 듣는다. 당시 일어난 것들의 최종적 결말을 나는 이해하고 받아들일 수 있는가? 언제부터 내 아이들은 가설이 아니라 역사책을 통해 **바로 이런** 전환의 이미지를 그린 역사 이야기로 다시 만날 수 있겠는가? 다른 한편으로 나는 오늘날의 사회적 상황에 대한 지식을 갖고 비판적으로 '전환의 긴 역사'를 읽는다. 정치 교육이라는 안경을 코에 걸고 나는 묻는다. 오늘날의 민주주의에 대한 회의와 국가 기관에 대한 거부는 피할 수도 있지 않았겠는가? 만일 전환기와 그 뒤에 이어지는 시기에 시민 정치 교육이 보다 광범위하게 진행되었었더라면 …….

1989년 이전의 심성과 시각, 가치의 틀이 오늘날에도 여전히 우리의 일상적 삶과 행위에 영향을 끼치고 있다는 것을 나는 현실에서 경험하고 있다. 나의 동-서 결혼은 그저 남녀 사이의 차이라는 선의만으로는 설명되지 않는 갈등을 이따금씩 노출하기도 한다. 사람의 시각과 접근법은 어릴 적 우리들에게 각인됐던 것들에 기원을 둔다. 우리 아이들이 무엇을 다시금 자식에게 전해줄 것인가는 아직 정해지지 않았다. 심성의 통일은 어느 세대부터 시작될 것인가?

우리 아이들이 언젠가는 1968년의 방식으로 — 환경 파괴와의 싸움에서 시기를 놓친 것을 계기로, 나아가 페기다(Pegida) 운동과 독일대안당(AfD)에 동조해온 자신들의 부모들에 저항하는 — 거리로 나가 반란을 일으킬 날이 있을까?

전환이 왔고 — 우리 세대가 승리했다. 전환의 대상이 된 이들은 우리 부모, 부모의 부모, 우리의 선생님들 등 우리 앞의 세대였다. 1989년 가을, 그들이 어디에 서 있었건 상관없이 나의 경외심은 지난 30년 동안 적극적 참여와 용기를 보여주었던 그 모든 이에게 향하고 있다. 다른 법률로 새롭게 구조화된 노동 시장에서 자신의 자리를 찾은 사람들, 자유 시장 경제를 기회로 파악한 사람들, 자신이 직접 회사를 세운 사람들, 협의체를 만들고 시민 사회에 적극적으로 참여한 사람들, 그 모든 변화에도 불구하고 우리와 함께 해준 젊은이들. 또한 나는 1989년부터 투쟁하고, 좌절하고, 전환을 저주했던 이들에게 존경을 표한다. 학문과 정치는 이

카린 프린첼

2011년부터 헤르베르트-베너 교육장(Herbert-Wehner-Bildungswerk e.V.) 대표

2005~11년 헤르베르트-베너 교육장(드레스덴) 교육 담당자

2002~04년 라이프치히 홍보 회사에서 기획 담당

2000년 이후 성인 정치교육 분야 훈련 담당(계약직)

1995~2002년 레겐스부르크, 라이프치히, 헤이그 대학에서 커뮤니케이션 및 정치학 석사 과정 졸업

1994~95년 디트로이트에서 입주 가사 노동

1994년 튀링겐주의 마이닝겐에서 고등학교 졸업

들 여성과 남성의 목소리를 아마도 더욱 자주 경청해야 할 것이다.

지금의 문장들을 나는 뮌헨에서 에르푸르트를 거쳐 드레스덴으로 가는 기차 안에서 작성하고 있다. 나는 1989년이 존재했다는 것도, 동독과 서독 사이의 경계가 그저 녹색의 띠로 남게 된 것도 기쁘고 감사하다. 녹색은 희망의 색이다. "한데 속한 것은 함께 자라난다."(빌리 브란트(Willy Brandt)).

로제마리 베르크홀츠(Rosemarie Bergholz),
가브리엘레 아이센베르거(Gabriele Eissenberger), 가레이(Garrey)

아이센베르거 우리 두 사람이 이 텍스트를 읽었지요. 이들 다양한 분야에 대해 무언가 덧붙이고 싶은 말이 있나요?

베르크홀츠 주거/주택 소유권에 대해 얼마간 이야기할 것이 있습니다. 대부분 임대 주택이나 단독 주택과 관련해 논의가 이루어졌는데, 내 생각에는 농촌 지역, 즉 농가 주택들에 대해서는 거의 언급이 안 된 것 같습니다. 서독에서는 1960년대와 1970년대에 도시화가 강력히 진행되었습니다. 이에 비해 동독의 농촌 인구는 그저 완만하게 줄어들었습니다. 그래서 1987년 서독에서는 농민이 단지 6.2퍼센트였을 뿐임에 비해 1989년 동독에서는 여전히 23.5퍼센트, 즉 전체 인구의 거의 4분의 1이 농촌 지역(2,000명 이하의 거주민이 사는)에 거주했습니다.

아이센베르거 그런데 주택 소유권의 단절이 인구의 4분의 1에서 일어나는 것은 19세기가 아니라 20세기 후반, 즉 동유럽으로부터의 이주, 주택 몰수, 서독으로의 이주, 농업생산협동조합화 등에 따른 결과입니다. 그전까지는 주거 장소와 작업 장소가 동일했지요. 이런 것들이 연구에 어떤 영향을 끼쳤다고 생각하나요?

베르크홀츠 농업생산협동조합-주택의 거주자는 스스로를 자가 소유권자와 유사한 책임을 갖고 있다고 생각했어요. 임대료는 낮았고, 농업생산협동조합에서 수리 자재를 제공했으며, 임대인이 수리 작업을 맡아 했었지요. 이웃집에서 수리가 있을 경우, 그리고 건설 자재가 제대로 도착하지 않으면, 동독의 "공장으로부터 더욱 많은 것을 끌어낼 수 있다"와 같은 슬로건에 입각해 조합 차원에서 자재를 공용으로 사용했습니다. 1950년대의 토지 대장에 대해 한마디 추가하겠습니다. 그 당시 토지 대장의 기재 제도를 운영하기에는 분명히 혼란의 시대였습니다. 수백만 명의 피난민이 과거 프로이센의 동부 독일 지역으로부터 몰려와 머물거나, 아니면 서독으로 계속 넘어갔습니다. 죽었다고 생각했던 전쟁 포로들이 수년이 지나 농촌에 되돌아왔어요. 100헥타르가 넘거나 나치의 소유였던 농지들은 몰수되었지요. 새 농민들이 정착했고, 어떤 이들은 남았고, 또 다른 이들은 떠나갔습니다. 여러 농민들이 소련에 의해 체포되거나 사라졌어요. 감금에서 살아남은 사람들이나 다른 많은 농민은 농업생산협동조합에 들어가려 하지 않았고 서독으로 도망갔습니다. 당연히 동원 가능한 모든 노동력이 생산에 필요했지만, 일부 남성들은 전사했습니다. 국민이 배를 곯는 상황에서 토지 대장에 정확하게 그리고 매번 새로운 변동을 일일이 기재한다는 것은 부차적 문제였지요.

아이센베르거 이렇게 해서 우리는 이제 소비라는 주제로 들어왔습니다.

베르크홀츠 검약이 전체 독일의 미덕은 결코 아니었습니다. 인간은 할 수만 있다면 예기치 못하는 상황에 대비하기 위해 물건을 남겨놓습니다. 대량 실업으로 이어졌던 불안했던 전환기에 안전(=저축)을 향한 욕구는 강했지요. 과거 동독에서 저축 통장이란 또 다른 의미를 갖고 있었습니다. 돈은 서독에서처럼 중심 역할을 하지는 않았어요. 기본적인 식재료는 보조받고 있었고 싸구려 빵을 토끼 사료로 줄 수 있었습니다.

로제마리 베르크홀츠

2008년부터 조기 연금 수령, 2011년부터 정식 연금 수령

2005~08년 1인 회사 헤르바리페(Herbalife) 운영, 이후 무직

2004~05년 벨치히(Belzig) 장거리운수회사협회 근무

2001년 함부르크-만하이머(Hamburg-Mannheimer) 회사 사무직

1998~2003년 가레이, 칙스도르프(Zixdorf), 클라인 마르첸스(Klein Marzehns), 래디케(Rädigke) 등에서 향토사 편찬, 노동 창출 교육 수료. 그 사이 간헐적 무직, 수료 이후 무직

1994년 보스도르프(Bossdorf) 소재 유리 공장 사무직, 이후 무직

1988~90년 니메크(Niemegk)에서 경리직, 이후 무직

1988년 가레이로 이사

1984년 첫 남편과 사별

1981년 둘째 아이 출산

1979~88년 린다우(Lindau)와 체르니츠(Zernitz) 농업생산협동조합 경리

1977년 첫 아이 출산

1976~77년 체르프스트 소비조합 경영 감독

1969~73년 바이마르(Weimar) 전문대학 공업경영학 교육

1967~74년 체르프스트 임산물의 물품 관리

1965~67년 리헨(Lychen) 직업학교에서 임업 경영을 위한 경리 교육

1965년 종합기술고등학교 졸업

1948년 동독 체르프스트(Zerbst) 출생

가브리엘레 아이센베르거

2019년 이후 지역위원회 위원, 지역평의회 의원. 포츠담-미텔마르
크(Potsdam-Mittelmark) 향토사위원회 대표단 단원

2015~19년 이주 청소년 적응 지원

2014년 뒤셀도르프와 베를린에서의 동시 전시회 기획 및 실현

2012년부터 펜션 개조 및 개장, 2016년 마을 공회당 재개장

2012년부터 학교와 취업 사이에 있는 청소년 지도

2007~12년 베를린-크로이츠베르크(Berlin-Kreuzberg) 청소년/터키
아이들의 적응 지원

2009~17년 베를린 경제 전문 변호사 보조원

2003~09년 스페인 체류, 교육과 예술 분야에서 다양한 활동

1997~2003년 대형 부동산 회사 사무 보조, 통역사 겸직

1994~95년 베를린 자유대학 라틴아메리카연구소 조교(박사 과정
및 수업), 다양한 출판물 출간

1989~90년 베를린(동독 지역) dpa 통신 편집부 비서

1984~93년 베를린 자유대학 라틴아메리카학, 사회학, 경영학 석사
과정 졸업. 이 시기 칠레와 페루에서 장기 체류

1980~84년 첫 딸 출산 및 양육

1978~79년 칠레와 페루에서 체류

1977~78년 '칠레 정치범 석방을 위한 행동' 사무장

1974~77년 함부르크 대학 법학 석사 과정 수료, 이 기간 주간지
『슈테른』(*Stern*)에서 근무

1969~73년 함부르크의 야간 인문고등학교 졸업

1966~69년 대형 도매 및 해외 교역 판매 교육

1966년 헬름슈테트에서 중등학교 졸업

1950년 서독 헬름슈테트(Helmstedt) 출생

출간물: 『납치와 학대, 죽음. 독일 동물원에 갇힌 라틴아메리카 인종 전시회』(*Entführt, verspottet und gestorben. Lateinamerikanische Völkerschauen in deutschen Zoos*), Frankfurt am Main, 1966; 『칠레의 역사를 넘어서. 칠레 노동조합과 인권 운동을 위한 한스-뵈클러 재단 및 장학생들의 연대 작업, 1973~1992』(*Nicht nur ein Stück Geschichte Chiles. Solidaritäts-Arbeit der Hans-Böckler-Stiftung und ihrer Stipendiaten für die chilenisch Gewerkschafts-und Menschenrechtsbewegung (1973-1992)*), Münster 2013; 『언젠가 루터가 가레이에 왔었을 때. 어느 역사적 여정』(*Als Luther einst nach Garrey kam. Eine historiche Roadstory*), Garrey 2017.

좋지 않은 물품 수급 상황은 남국(南國)의 과일이나 고가의 소비재에 해당하는 문제였지요. 그런 것들은 드물거나 미리 예약을 해야 했습니다. 사람들은 그런 것에 자기 돈을 전혀 쓸 수가 없었어요. 그래서 저축을 했습니다. 따라서 통일 과정에 대한 부정적 평가의 핵심은 물질적 부족에 있지 않고, 동독이 서독에 비해 계속 '홀대'받는다는 것에 있었습니다. 화폐가 2:1로 평가 절하되고 작업장은 폐쇄되었지요. 우리는 더 이상 가치가 없었던 겁니다.

지그프리트 프렌첼(Siegried Frenzel),
라벤슈타인/플래밍(Rabenstein/Fläming)

서면 대화를 읽으면서 나 또한 경험했던 많은 것이 기억에서 되살아

난다. 가장 눈에 띄는 것은 연구자들의 차별화된 접근 방식이다. 예를 들어 내 아내나 대부분의 동독 주민들이 이야기하는 것과는 다른, 동독에서의 나의 삶에 대해 이야기할 수 있다. 내게는 종합기술고등학교(POS)에서 보낸 시간이 소름 끼치는 기간이었는데, 거기서 전혀 어떤 도움도 받지 못하고 있다는 감정을 느꼈기 때문이다. 고등학교 졸업 후 나는 라이프치히로 갔고 독립 장인에게 수련을 받았다. 16세의 나이에 나의 '자유로운' 발전이 천천히 시작된 것이다. 라이프치히는 당시(1980~82) 내게 훌륭해 보였다. 수련을 마친 그해에 다시 다른 도시로 가서 새로운 일을 시작했다. 나는 그런 식으로 인간과 장소를 알아갔다. 다양한 이력의 사람들을 만났으며, 이 모든 것을 서면 대화에 기재했다. 나 또한 소비 상품이 부족하거나 있어도 별로 질이 좋지 않았던 경험이 많다. 독일국민군(NVA)에 차출되지 않아도 되었던 행운으로 나는 그 기간에 많은 것을 보고 발견하며 보냈다. 1985년 나는 동베를린에서 전문대학 과정을 시작했다. 이곳 동베를린에서 다른 동독의 모습을 알 수 있었다. 동독의 다른 어디에도 없는 그런 것들이 거기에는 있었다. 자신의 주택을 스스로 수리하거나 임대 계약 없이 살고 있는 여러 사람을 만났다. 또한 여기에서는 어느 정도의 기간을 노동 계약서 없이도 거주하는 것이 가능했다. 돈이 필요하면 야간조에서 일할 수 있는 공장이 있었고, 주말이면 임금을 받을 수 있었다. 그런 것은 동독의 다른 어디에서도 가능하지 않았다. 또한 노동 계약서가 없어도 한 달에 10마르크를 내면 '개별적' 건강 보험을 국가 건강 보험 외에 추가로 들 수 있었다. 동독 시민들은 이런 것을 거의 알지 못했다. 그 모든 규제에도 불구하고 동베를린에서는 자유 공간을 가질 수 있는 여지가 있었다. 1987년까지 나는 국가가 운영하는 공장에서 일한 적 없이 개인 기업에서만 일했었다는 것을 덧붙여야 한다. 그 이후에는 교회에 사무직으로 고용되어 여러 일을 담당했다. 1987년 초가 되어서야 나는 동베를린의 인민소유기업(Volkseigene

Betrieb, VEB)에서 3교대로 일을 시작했다. 여기서 비로소 사회주의적 생산에 대한 식견을 획득할 수 있었다. 1989년 1월부터 5월까지 나는 프리랜서로 일하면서 훔볼트 대학을 특별 졸업 시험을 통해 마칠 수 있었다. 9월부터 다시 신학 학부 과정에 들어갔고 대학생으로 통일을 경험했다. 그리고 서베를린 대학과 훔볼트 대학을 합치고자 서베를린 교수들이 우리 쪽으로 왔다. 그들이 동독의 겉모습을 보고 표현했던 언어들이 내게는 대단히 불쾌하게 느껴졌었다. 당시 임대 계약 없이 한 주택에 살고 있었기 때문에 나 또한 거기서 쫓겨날지도 모른다는 불안이 있었다. 그래서 나는 지역 주택관리청에 가서 임대 계약을 청구해 받을 수 있었다. 2001년 9월이 되면서 베를린을 떠났다. 나는 많은 변화를 경험했지만, 이 시대에 대한 불안감은 그리 많지 않았다.

지그프리트 프렌첼

2019년부터 라벤슈타인/플래밍(Rabenstein/Fläming) 시의 명예 시장

2008년부터 래디케(Rädike) 병원 상담사, 명예 지역 대표

2001~08년 신학자로서 다양한 활동

1989~2000년 베를린 훔볼트 대학 신학 석사 과정

1985~87년 신학 전공 이후 다양한 활동

1982~85년 에르푸르트(Erfurt), 데사우(Dessau), 쾨텐(Köthen), 게른로데(Gernrode), 프리엔슈테트(Frienstedt) 등에서 다양한 활동

1980~82년 라이프치히에서 트럼펫 제작 수련

1980년 도브리츠(Dobritz) 소재 종합기술고등학교에서 10학년 졸업

자비네 헨스키(Sabine Hensky), 괴르츠케(Görzke)

나는 동베를린의 프렌츨라우어 베르크(Prenzlauer Berg)에서 성장했다. 당시 다들 그러했듯이, 청년선봉대, 텔만선봉대, 그리고 잠시 자유독일 청년단의 단원 생활을 했다.

나는 상당히 진취적이었고 학교에서 성적도 좋아 그룹평의회(Gruppe-nrat) 대표로 선발되기도 했고, 나중에는 우정평의회(Freundschaftsrat)와 자유독일청년단의 기간 조직 지도부에 속하기도 했다. 하지만 단지 이런 조직에 속해 있었기에 직책을 수행했을 뿐 한번도 제대로 편안하게 느껴지는 못했다. 여기서는 위선(Unehrlichkeit)이 지배하고 있다는 느낌을 나는 항상 갖고 있었다. 마침내 전환이 왔고 그것으로부터 벗어날 수 있어 기뻤다.

나는 좁은 임대 주택에서 부모님과 함께 살았는데, 그곳은 가스 난방 시설이 되어 있었다. 우리는 전화기도 있었다. 어머니가 고관절이 좋지 않아 가스 난방 시설을 갖게 되었고, 전화는 아버지가 국가보안부에서 일하고 있어서였다.

어려서부터 텔레비전을 통해 서독을 알았다. 그곳은 내게 마치 파라다이스 같았다. 모든 것이 화려하고 반짝거렸다. 어쩌다 나는 할머니를 통해 어린이 초콜릿을 얻는 행운을 얻기도 했다. 그러면 몇 주 동안에 걸쳐 이를 나누어 먹었다. 언젠가 한번은 반짝이는 장신구, 천사, 초콜릿 등이 들어 있는 크리스마스 달력을 받기도 했다. 몇 달이 지나 그것을 처음 열었을 때는 이미 구더기들이 득실거렸다. 이런 것들을 통해 내가 서독을 보는 시각이 변한 것은 결코 아니었다. 그럼에도 서독에서 온 모든 작고 세밀한 것은 내게 아주 소중한 보석이었다.

나는 당시의 시간을 전적인 모순으로 느끼면서 살았다. 우리 학교의 교장은, 자신은 머리 끝에서 발끝까지 서독 제품으로 치장했으면서도 우리에게 서독에서 온 예쁘고 화려한 비닐 포장지 사용을 금했다. 나 또한 포장지를 사용하지 않는 학교를 존중했으며, 이를 학교 친구들에게도 권했다. 공식적으로는 서독 텔레비전을 볼 수 없었지만, 우리 아버지는 오직 그것만 보았다. 같은 반 친구가 우리 집 맞은편 거리에 살았는데, 교실에서 그는 우리 집 텔레비전에서 어떤 프로그램이 나오는지 떠들고 다녔다. 그 이후에 밖에서 텔레비전이 보이지 못하도록 우리 집 침실 전체를 개축했다. 나 자신은 아버지의 일에 대해 전혀 알지 못했다. 아버지는 내게 언제나 사무실에서 일한다고 말했다. 물론, 나는 그게 맞는 말이 아니라는 느낌은 갖고 있었고, 학교에서 아버지의 직업에 대해 물어보는 것이 언제나 극히 불편했었다. 부모님이 이미 통일 이전에 이혼했기 때문에 나는 여기에서 해방감을 느꼈으며, 전환과 함께 다른 여러 모순을 경험했다. 1989년 말의 학교는 대단히 재미있었다. 고학년 학생들은 겟세마네 교회에서의 행사가 계획된 집회에 초대되었다. 나도 참여하기는 했지만, 거기서 무언가 역할을 하지는 못했다. 1989년 11월 9일 이후에는 부분적으로 수업이 전혀 진행되지 않았는데, 그것은 교사들이 수업 준비실에 앉아 토론을 했기 때문이었다. 우리도 같이 앉았고 교사들에게 서독에서의 첫 경험에 대한 이야기를 듣기도 했다. 토요일 수업은 점차 줄어들었다. 나는 그 어떤 두려움도 느낄 수 없었고 오히려 변화와 그에 대한 기대로 기쁨이 앞섰다. 아주 잠깐 동안 속성반이 만들어졌고, 그래서 나는 1990년 새로운 학교의 새 반으로 들어갈 수 있었다. 이제 내가 대학 입학 자격시험을 치를 수 있는 가능성이 확실하게 열린 것이었다. 나는 동독 시대에 (언어 과목을 제외하면) 좋은 교육을 받았다고 생각했고, 서독 체제로 바뀌고 나서도 어떤 문제도 없었다. 교과서는 훨씬 보기 좋게 효과적으로 만들어져 있었고, 그래서 내게는 훨씬 가치 있게 느껴졌다.

베를린의 서부 지역은 훨씬 낯설었고 스스로가 초라하게 느껴졌다. 내가 마치 한 마리 회색 쥐 같다고 느꼈다.

처음으로 서독 친척이 우리 집을 방문했을 때 그들은 우리의 주거 환경에 충격을 받았다. 집은 회색이고 회반죽이 떨어져 나갔으며, 여전히 전쟁 때의 총알구멍이 남아 있었다. 나는 완전히 당황했다. 나는 바로 이 집과 그 역사를 사랑했었다. 그래서 개조된 건물의 파스텔 색조에 몇 년 후에도 여전히 짜증이 났고, 옛 건물이 갖고 있던 멋진 장식물들이 없어진 것을 아쉬워했다.

동독에서 성장했다는 경험에 대해 나는 대단히 감사한다. 만일 그렇지 않았다면, 나는 이 시기의 경험과 그 시절 사람들의 행동 방식에 대해서도 수긍할 수 없었을 것이다. 나는 이런 과정들을 통해 내게 맞는 일을 하고, 나 자신이 왜곡되지 않도록 배울 수 있었다고 생각한다.

자비네 헨스키

2004년부터 목회 통신 조직 및 참여, 셋째와 넷째 아이 출산(2005, 2009년)

2004년 아른트 헨스키(Arndt Henky)와 괴르츠케 목회 통신 창간

2002년부터 친환경 상품 독립 소매점 운영

2001~04년 베를린 북부의 한 친환경 농장에서 공동 생활

1999년부터 육아

1998~2001년 라이네(Rheine) 거주, 두 아이 출산(1999, 2000년)

1997~98년 베를린 도미니쿠스 병원에서 운동 테라피 담당

1994~97년 베를린 카를-본회퍼 신경정신병원에서 운동 테라피 교육 이수

1991~94년 케테-콜비츠 인문고등학교 졸업

1981~90년 베를린 프렌츨라우어 베르크 오토 쉬리츠(Otto Schieritz) 종합기술중고등학교 졸업

1975년 베를린-미테(Berlin-Mitte) 출생

토마스 징거(Thomas Singer), 클라인마흐노프(Kleinmachnow)

내게 주어진 첫 질문은 이런 것이었다. "동독인들은 어떻게 체제 변환에 대비했었는가?" 그 답은 이럴 수밖에 없다: 전혀 없었다. 왜냐하면 동독인들은 적어도 11월 9일까지는 더 나은 동독을 원했으니까. 1989년 여름 시점에서 새로운 동독을 향한 브리(Brie) 형제 같은 좌파 지식인들의 계획은 더 이상 그 어떤 대중적 영향력도 발휘할 수 없었다. 체제 전환에 대한 논의는 1989년 12월 연방 총리 콜이 드레스덴에서 연단에 올라서고, 독일 국기를 가득 실은 화물차와 버스 가득 서독에서 온 박수 부대가 등장하면서 비로소 천천히 공식적인 주제가 되기 시작했다. 원탁회의(Runder Tisch) 모임에서는 그 시작부터 1990년 3월 18일까지 많은 행동가가 모여 논쟁을 벌였고, 이를 넘어 다른 동독, 더 나은 동독, 혹은 두 독일의 긍정적 측면들을 합친 하나의 독일을 만들고자 적극 참여했다. (새로운 통합 독일 헌법을 위한 초안을 참조하시라).

개별 사료 작업을 통한 역사 해석의 문제점은 다음과 같은 것이었다. 무엇이 '잘못된 기억들'이며, 그것이 잘못되었다는 것을 누가 결정하는가? 동독인들은 당시 서독 법무장관이던 클라우스 킹켈(Klaus Kingkel)이 1990년대 초 자신의 부서 전체에서 공식적으로 '동독을 비합법화(delegitimieren)하는' 연구 용역을 진행시켰다는 것을 여전히 잘 기억하고 있었다.

이는 또한 서독의 엘리트들에 의해서도 진행되었으며, '전환' 30년을 맞아서도 여전히 그런 것들은 놀라울 만한 지속력을 갖고 진행되고 있다(오늘날 텔레비전 드라마 「현장」(Tatort)의 3분의 1에서는 국가보안부가 악역으로 등장하는 느낌인데, 이는 지난 1990년대보다 훨씬 자주 나오는 현상이다). 누군가 구동독, 나아가 사회주의로부터 어떤 긍정적인 것을 끌어낼 수 있다는 것을 서독의 여론 주도층이 여전히 두려워하고 있음을 과거의 동독 시민들은 정확히 인지하고 있었다. 이해하기 어려운 기억 작업의 '왜곡'은 그 때문에 일어나고 있다.

또한 동독 역사에 대한 해석의 주도권은 자칭, 타칭 과거 정권의 반대 세력들이 쥔 채 오랫동안 전적인 영향력을 발휘하고 있다.

예를 들자면, 요아힘 가우크(Joachim Gauck)는 오히려 동독 역사에 대한 어떤 해석의 주도권도 갖고 있지 않다. 그럼에도 그는 서독 엘리트들에 의해 그런 인물로 양식화되었다. 하지만 위선적이고 자칭 정권의 반대 세력으로 자신을 포장한 변절자 겸 전환의 이득자인 그의 인격에 대한 거부감은 널리 펴져 있다.

확실한 것은 그런 것들이 더 이상 '사료에 바탕한' 기억이 아닌, '역사 정책'에 따른 기억이라는 것이다. 크리스타 볼프를 빌려 경고하자면, 우리는 다른 이들이 혹시 우리가 살아온 대로가 아닌 다른 이야기를 하고 있지는 않은지 지켜보아야만 한다.

주택 소유권을 둘러싼 논란에 대해 이야기하자면, 무엇보다 먼저 주거는 인권이다. 아울러 우리는 지구에서 단지 손님일 뿐이고, 제한된 존재임에도 이런 사실을 대부분 잊고 있다. 자신의 욕구를 그대로 드러내면서, 어떤 일이 있어도 이 위성의 한 조각을 자신의 소유로 선포하는 것은 얼마나 어리석은 일인가? 역사상 땅과 토지에 대한 모든 소유권은 궁극적으로는 약탈 혹은 국가가 진행한 몰수 내지 국유화에서 출발했다.

'선 반환, 후 배상'이라는 원칙이 이에 반대하는 안을 물리치고 인민회의(Volkskammer)에서 관철되었던 것은 자신들의 집을 계속 소유하고자 했던 '고위 간부들'(die Bonzen)의 의도를 막고자 하는 특정 세력이 있었기 때문이 아니었겠는가? 실제로 이들 세력은 과거에 소유권을 가졌던 사람의 이해를 동독인들의 이해보다 의식적으로 앞세웠다. 얼마나 많은 '고위 간부들'(또한 얼마나 많은 수공업자와 자영업자, 흥행 예술인)이 자기 집을 소유했었는지 구체적인 숫자를 밝힌다면 재미 있을 것이다. 거기에는 SED의 포츠담 지역 지휘부 제2비서이자 간부 문제를 담당했던 울리 슐라크(Uli Schlaak)도 포함되어야만 한다. 자신의 집을 소유하는 혁명가 는 혁명의 패배자다(즉 더 이상 투입에 유용하지 않다).

'선 반환, 후 배상'이라는 원칙은 결국, 단지 사적 소유권에만 이 원칙 의 실질적 시행을 보장하겠다던 의도와는 달리 20년 넘게 투자의 가장 큰 방해물 역할을 했다. 지금까지 다양한 방식으로 사용되어왔고, 그래 서 잘 정비되어 있던 (가끔은 그저 임시 처방에 머무르는 경우도 있지만) 그 어떤 거리와 집들, 성과 지주들의 거주지들도 전환 이후에는 폐허로 전 락하게 되리라는 것은 이미 오래전부터 충분히 예상할 수 있었다. "그들 은 집과 거주지를 잘 가꾸어왔었다." 이는 곧 집을 잘 관리하기 위해서는 '자본주의적' 소유주가 꼭 필요한 것은 아님을 의미한다.

그렇게 접근한다면, "연방 독일의 질서로 적응하는 과정에서의 불평 등과 부당함"은 이 질서에 대한 적응 때문이 아니라 지난 40년 동안 분 리 발전으로 인해 동독 내에서 생겨난 실제적 관계와 구조들 가운데 어 느 정도는 넘겨받을 가치가 있지 않은가라고 되물을 의사가 전혀 없기 때문에 생겨나는 것임이 드러나게 된다. 자신의 절대적인 우월감에 대한 확신이나 무관심 혹은 승자 의식 같은 것들 때문에 사람들은 '사실'을 알고자 하지 않는다 ……

예를 들어 동독 여성의 자의식, 더 많은 사람의 이익을 도모하는 국가 적 개입에 대한 기대, 기본적 생필품에 대한 보장, 공정한 분배, 고등 교 육을 받은 전문 노동자의 높은 비율, 검증된 기술적·학문적 지식, 비록 대학에 들어가는 문이 좁기는 했지만 고등학교 성적을 통해 제한된 이 들만 뽑지 않고 일부는 계획서 제출만으로 입학시키는 것 등, 40년 동안 동독에서 새롭게 형성된 정서에 대해서는 고려하지 않았다.

특히 동독인들은 1989년 10월 18일을 주택 판매를 인정하는 최종일 로 정한 규정에 대해 분노했다. 비록 동독의 독자성에 대해서는 아직 전혀 문제되지 않던 시기이기는 했지만, 에리히 호네커(Erich Honecker)의 사임으로 동독이 주택 판매에 대한 그 어떤 권리도 더이상 존재하지 않는 위치에 있게 되었다는 것을 당시 동독인들에게 알렸어야만 했거나 알아챌 수 있었어야 했다.

문제는 규정들이 시행될 수 있는 조건이 고려되었는가(86쪽 참조)가 아니라 이 규정들을 통해 실행하고자 했던 정치적 목표가 무엇이었는가 이다. 이른바 모드로프 법의 규정들은 명백히 수많은 동독 시민의 이익을 대변했다.

거주자와 구소유주 사이의 갈등에서, 특히 뒤에 벌어진 법적 다툼에서 거주자들이 당시 일반적이었던 '거액의 주택 자금 융자'를 받았다는 자료는 말할 것도 없고, 자신이 사는 주택을 유지하기 위해 썼던 일반적 비용도 소송의 증거 자료로 첨부할 수 없었던 것은 결정적이었다.

다음과 같은 악의적 농담은 1990년대 초에 주택 문제가 놓였던 상황의 특징을 잘 드러낸다. 질문: 독일 통일은 언제 완료되는가? 답: 어떤 동독인도 더이상 토지 대장에 올라가지 않게 되면, 그때 비로소 독일기독교민주연합(CDU) 전당 대회의 결정에 따라서.

안드레아 바인리히(Andrea Weinrich), 클라인마흐노프

포츠담 현대사연구소 학자들의 연구와 그들의 '전환'의 긴 역사에 대한 연구 결과를 나는 매우 기쁘게 생각한다. 주변의 토론들을 인지하거나 언론을 통해 경험한 독일의 최근 역사에 대한 이상한 서술이나 해석을 생각한다면, 지금 앞에 놓인 작업은 중요하고 의미 있다고 생각한다. 지금도 여전히 당시 일어난 일들에 대해 얼마나 많은 관심이 지배하고 있는가를 생각하면, 개인적으로 늘 다시금 놀라곤 한다. 다음과 같은 질문들이 내게 얼마나 자주 주어졌던가? "1989년 11월 9일에 너는 과연 어디에 있었니?" 혹은 "전환을 너는 어떻게 경험했어?" 종종 친밀한 분위기에서 당시 일어난 일들에 대한 기억들을 활발히 주고받고 나면, 충족된 또는 실망스러운 기대들과 미래에 대한 생각들로 채워지게 된다. 이 단 한 번뿐인, 역사적으로 의미 있는 경험은 우리 모두를 서로 연결한다. 어떤 때는 이런 것들을 매일의 일상 속에서 잊게 된다. 그래서 친구와 지인들, 그리고 이제는 전문 역사가들과 이에 대해 대화를 나눌 수 있게 된 것을 매우 기쁘게 생각한다.

내가 이 시간을 어떻게 경험했었느냐는 질문을 받게 되면 우선 몇 개의 에피소드가 생각난다. 동서 국경이 열리고 나서 이틀 후에 우리는 조금은 창피한 마음을 갖고 환영금을 받으러 베를린 노이쾰른(Neukölln)

으로 갔다. 이 돈을 받아 우리는 헤르만 광장에 있는 큰 백화점에 들어 갔다. 얼마나 사람들이 많았고, 얼마나 풍족했으며, 얼마나 물건들이 다양했던가. 우리는 압도되어 입구 근처에 서 있었고 방향을 잃지 않고자 노력했다. 그리하여 몇몇 방문객들을 관찰할 수 있었다. 특히 우리의 눈에 띈 것은 두 명의 나이든 여성이었는데, 입은 옷으로 보아 서베를린 인임이 분명하다고 판단할 수 있었다. 이들은 그럼에도 큰 주머니에 물건들을 담아 값을 지불하지도 않고 황급히 백화점을 떠나갔다. 우리는 적잖이 당황스러워 옆 골목을 목적 없이 배회했다. 그런 가운데 베를린 자유대학 학생들을 만났으며, 그들의 거리 뒤편에 위치한 집에서 지금 우리를 덮친 모든 것에 대해 밤을 새우면서 토론했다. '번창하는 정경' (blühende Landschaften, 콜이 동독 국민에게 공개적으로 약속했던 동독의 미래상―옮긴이)에 대해서는 누구도 이야기하지 않았다.

변혁이 일어났을 때 나는 22세였으며, 당시 갖고 있던 개인적 목표는 개혁된 동독이었다. 사건은 현기증을 일으킬 정도의 속도로 전개되어갔다. 나는 당시 환경 보호와 여성 문제에 관심을 갖고 있어 이와 관련된 일에 참여하고 있었다. 내 손에 들어온 모든 것을 읽고 난 후에 오라니엔부르크(Oranienburg) 거리에서 춤을 추었고 세계를 여기저기 여행했으며, 그 모든 새로운 가능성을 공부하는 것을 거의 잊어버렸다. 중요했던 것은, 그 모든 유혹에도 불구하고 균형을 잃지 않는 것이다. 새로운 것과 아름다운 것을 많이 배울 수 있었지만, 그럼에도 보험 계약을 체결한다든가 건강 보험을 결정해야만 하는 일, 사기꾼들의 눈속임에 빠지지 않는 것과 같은 신경을 거슬리게 만드는 것들을 통제해야 했다. 특히 돈이 갑자기 대단히 중요한 역할을 하게 되었다. 나는 이러한 변화들을 긍정적으로 받아들일 수 있었고, 이것들이 나를 더 강하게 만들었다는 것에 스스로가 자랑스럽다. 그것은 하나의 긴장되는 도전이었고 진실로 거대한 분투였다.

이 연구 결과들은 나로 하여금 개인적 경험들을 균형 잡게 하고 다시 검토하게 하며, 부족한 부분을 채우도록 만든다. 나는 일어난 일들에 대한 다른 시각에서의 탐구를 환영한다. 그렇지만 경험에 대한 보고나 해석의 시도에서 종종 나타나는 흑백의 이미지들은 짜증스럽다.

고트라이히 알브레히트(Gottreich Albrecht), 슈베린(Schwerin)

연구에서 다루었던 1989/90년 이후 동독 주민들의 '다중적 부담'(Mehrfachbelastung)은 내 생각으로는 두 체제가 갖는 근본 문제에 기반해 일어난 것이었다. 이는 지금까지의 사회적 담론 안에서 분명한 조명을 거의 받지 못했으며, 오히려 모호해지거나 숨겨져왔다.

첫째: 동독이 서독으로 편입되는 과정과 청산 과정(키워드: '비(非)신탁회사'(Un-Treuhand, 'treu'에는 정직이라는 뜻이 있는데, 정직하지 못했다는 의미로 저자가 만든 조어—옮긴이))이 외견상 낙후된 건물 상태와 기술 상태에 따른 해체 혹은/그리고 '비경제적 경제 체제'의 분쇄라는 것은 단지 핑계였을 뿐이다. 보다 결정적인 원인은 다른 곳에 있었다. 즉 당시 집권당이던 독일기독교민주연합(CDU)의 주도 아래, 서독에 의한 자본주의적 경제 체제의 권력 기반과 이윤 기반을 확보하기 위해 동독 지역의 용지와 토지 소유권을 획득하려는 것이었다.

나의 결론: 건물 소유권은 국가나 자치단체 혹은 개인 소유로 남아 있을 수 있다. 그러나 용지와 토지는 결코 그렇게 되어서는 안 되었다. 건물 용지는 영구히 그리고 명확하게 소유권을 빼앗아갔다. 그 대신에 더 이상 인민 공동 소유(동독에서의 공식적 토지 소유 방식—옮긴이)는 아니지만, 크게 말하자면 우주 혹은 신의 소유, 간단히 말하자면 지구의 소유가 되었어야 했다. 황당하게 들리지만, 이는 이 역사적으로 내려온 탐욕

의 문제를 해결하기 위해 '전 지구적 정의'라는 시각을 갖고 다다를 수 있는 유일한 논리적 귀결이다.

둘째: 장벽의 붕괴와 함께 여행과 발언, 언론, 양심의 자유 등 동독인이 목표로 했던 기본권이 보장되었으며, 독재적 통일 정당을 대신한 복수 정당 체제는 구원으로 다가왔다. 내 생각에 이러한 종류의 의회주의가 갖는 효력은 비교적 짧은 약 10~15년 정도만 있었다. 경험을 통해 사람들은 정당 정치가 주로 권력 계산과 권력 유지의 정책이며, 본안에 충실한 정치로부터는 점점 멀어지게 된다는 확신을 갖게 된다.

서독의 정당정치적 국가 틀 안에서는 녹색당이 최후의 진보적 정당이었다. 예를 들어 독일국민민주당(NPD)이나 독일을위한대안당(AfD) 같은 보수적 (신)정당들은 민주주의적 국가 체제 안에서 민주주의를 위협하는 '무임 승차 승객'(Trittbrettfahrer)으로 모습을 드러낸다.

결론적으로 강조하자면, 전통적으로 내려오는 '다당제 민주주의'는 더 이상 지금 존재하거나 점증하는 사회 문제, 즉 난민, 기아, 환경, 기후 등의 위기를 국가적·유럽적 혹은 전 세계적 차원에서 해결하지 못한다. 따라서 그 대신에 궁극적으로 시민 직접 투표와 국민 투표 같은 공동 결정 제도의 정치 원칙을 실제 현실에 끌어와야 한다!

당시: '우리가 국민이다'(Wir sind das Volk)라는 구호는 오늘날, 그리고 앞으로 "우리가 직접 스스로 함께 결정한다"는 의미여야 한다. 수직적으로 결정되던 **'총체적 지배 체제'**는 수평적으로 결정되는 **'직접민주주의 네트워크'**로 대체된다. 백그라운드를 갖고 당 노선만을 철저히 따르는 출세론자들이 아닌, 당으로부터 자유로운 준비성과 정치적 관리력을 갖춘 이들이 정부 권한을 행사해야 한다. 즉 책임감과 결정력이 '수직에서 수평으로' 변환되어야 한다.

여기에 첨부하자면: 통일 독일 내에 기본 헌법에 보장되어 있는 새로운 공동 헌법에 대한 요구가 여전히 없다. 이에 대한 완강한 거부는 정의

고트라이히 알브레히트

2007년부터 독자적 건축 사무소 운영, 교회, 유대인 회당, 기관 등의 설계(예를 들면 그랄-뮈리츠Graal-Müritz 마을 공동회관, 슈베린 유대인 회당의 설비 등)

2005~06년 이스라엘에서 회개 드러내기 운동(Aktion Sühnezeichnen) 자발적 평화 봉사

1990~2004년 슈베린에서 독립 건축 사무소(Albrecht+Hartung) 공동 운영

1991~2000년 슈베린 '새로운 포럼'(Neues Forum, 후일 녹색당) 건축 위원회 회원

1988~89년 슈베린 구도심의 황폐화와 철거에 반대하는 '셸프시-기념물'(Denk-Mal-Schelfstadt) 저항 전시회 개최

1980~90년 슈베린 교회 이사회 건축 부문 이사

1978~80년 슈베린 주거 및 사회 건설 콤비나트, 사회 건설 프로젝트

1972~77년 라이프치히 도시 건설 사무소, 도시 내 구도심 및 신축 설계

1979~83년 바이마르 건축 및 건설 전문대학 건축 전공 석사

1968~72년 바이마르 건축 및 건설 전문대학 지역 설계 및 도시 설계 전공 석사

1968년 툼(Thum, Erzgebirge)에서 인문고등학교 졸업

롭지 못함의 핵심적 사항으로 '전환기 이후 시기' 전체에 지속적으로 작용하고 있다.

마지막으로 기후 문제에 대한 하나의 사고: 국제적으로 서로 얽혀 작동하고 있는 자유주의적 자본주의 매출욕, 권력욕, 이익욕, 선동을 동원

한 전 지구적 군비 확산의 광기는 (즉각적인 전쟁으로의 투입 없이도) 지구라는 우리의 유일한 삶의 공간을 현실에서 지속적으로 파괴하는 근본 원동력이었고 지금도 그러하다. 이러한 상황이 현재뿐만 아니라 미래의 논의와 토론, 행동에 대한 전제를 구성하는 틀이다. 그래서 사회·정치적으로 바른 삶을 만들 수 있다면, 이른바 '전환'으로 불리는 평화혁명의 30~40년 이후에는 예언했던 '미래-전환'이 실현된 정의-혁명(Gerechtigkeits-Revolution)이 정말로 이루어질 것이다! 나는 이 비전을 위해 내 현재의 정치에 집중된 에너지를 기꺼이 계속 유지할 것이다 ······.

샤를로테 보르네만(Charlotte Bornemann), 라이프치히(Leipzig)

1992년 북해 연안에 있었던 나는 크고 멋진 소포를 받았다. 내가 입을 카니발 의상과 함께, 빈 자리에는 서독의 초콜릿 라파엘로(Raffaelo)가 들어 있었다. 거기에 더해 우유갑을 잘라 만든 카드가 있었는데, '로티 우유'(LottiMilch)라고 인쇄되어 있었다. 나의 부모님은 거기에다 다시 "사랑하는 로티야(샤를로테를 애칭으로 로티로 불렀던 듯하다 ─ 옮긴이), 이제 그륀(Grün, 작센의 소도시 렝겐펠트(Lengenfeld)의 한 지역명)에도 슈퍼마켓이 생겼는데, 그곳에서 '로티 우유'를 살 수 있게 되었단다"라고 썼다. 나는 4주일 동안 요양을 다녀왔기 때문에 최근의 전개들에 대해 얻어들어야만 했다. 왜냐하면 당시에는 많은 것이 빨리 변화하고 있었기 때문이다. 집으로 돌아오게 되었을 때, 나는 내가 살던 도시가 새로워진 것을 발견할 수 있었다. 새 집들이 몇 채 지어졌고, 극장인 '평화 영화 상영관' 안에 슈퍼마켓이 추가로 생겨났다. 1991년 여름 학기 초에 우리가 언니의 학기 시작을 축하하던 곳은 이제 모두 헐리고 할인 매장의 분점이 입점했다. 안쪽에는 스크린을 가리던 반쯤 잘려나간 붉은 벨벳 장막이 여전히 보였다. 여기에서 나는 서독 영화를 처음 알게 되었고, 「끝나지 않는 이야기」라는 영화를 보았다. 이제 여기서 사람들은 필라델피아 크림치즈와 그물망에 담긴 과일을 산다. 예전에 그것들은 자주 곰팡이가 피어 있어 아버지를 규칙적으로 흥분케 만들었으며, 넌지시 '그것들을' 쓰레기 더미에 밀어 넣고는 했었다. 그 시기는 슬슬 서독의 자동차들이 거리의 이미지를 바꾸기 시작하던 때였다. 우리는 학교에서 그런 '뽐내기 자동차'를 마련하는 것이 정말로 필요한 것인가에 대해 서로 논쟁을 벌였다. 동시에 우리는 어쩌다 그런 차에 함께 탈 수 있게 되면 정말 흥분했는데, 그런 차에서는 안전 벨트를 채울 수 있었다. 당시 아버지가 텔레비전을 한 대 사서 집으로 가져왔는데, 아이들 모두가 텔레비전 앞에 둘러앉아 환호했다. 우리가 천연색 텔레비전을 가졌다니! 그때는 그처럼 많은 것이 새로웠다. 또한 나는 지금도 선명히 기억한다. 이 모든 것이 당시 교회에서 시청까지 있었던 촛불 행진에서 시작되었던 것이다. 이후에 광장에서 거대한 집회가 열렸고, 어른들은 매일같이 그 많은 소식을 전해주었다. 그리고 가족 행사에 모이면 그에 대해 논쟁하고 부엌 식탁에서 다시금 그에 대해 좌절했었다. 내게는 정치적·경제적 측면들을 넘어 종교의 자유가 실질적으로 가장 의미를 갖게 되었다. 내가 교회의 일원이라고 해도 사람들이 나를 비웃지 않았던 것을 생각하면 가끔은 오늘날까지도 놀랄 때가 있다.

나로서는 이번 서면 대화를 통해 내 삶에서 이 '전환' 이후의 첫 10년이 얼마나 많은 격변을 가져왔는지, 우리 부모님은 아이들에 대해 얼마나 많은 걱정을 했던지, 그리고 가끔은 부모들이 얼마나 무력하고 당황스러워 했는지를 다시 한 번 명확히 생각하게 되었다. 오래 고대하던 서독 생활 수준과의 대등화는 항상 파산의 위협과 연결되어 있었다. 그것은 금전적으로 우리의 목을 꺾어놓는 일이었다. 나는 묻는다. 나와 같은 나이의 서독인들은 어떻게 살았는가? 그들에게 1990년대는 어떤 의미를 갖는가? 그들의 학교는 얼마나 민주적이었나? 우리 학교는 오늘날 얼마나 민주적인가? 우리에게 주어진 모든 물질과 구조는 아주 새것이며, 시도되지 않았던 것이다. 오늘날 내게 중요한 많은 모임이나 기관은 이즈음 창립 30주년을 기념한다. 이 미친 자유를 표현한 "와라, 한번 우리가 그것을 시도해보겠다!"라는 구호는, 한편으로는 존재론적 두려움을 흔들어 흥을 돋우기도 하면서 내게는 하나의 기본 신조가 되었다. 또한 나는 이와 함께 흔히 사람들이 말하는 '소비재에 대한 현명하고 연대에 기반한 구매'를 제3의 신조로 삼고 있다. 나는 서면 대화에서 소비에 대한 분석이 대단히 적절하다고 생각하며 거기에 다음을 추가하고 싶다. 나로서는 자신만의 행위 가능성들을 설명하는 것이 중요했는데, 왜냐하면 사람들이 어느 한 사람을 둘러싸고 무기력한 인간으로 만들어버려서는 안 된다고 생각하기 때문이다. 나의 인식은 다음과 같다. 우리는 결코 바보가 아니며, 우리의 삶에 대해 중요한 경험들을 했다. 이것들이 동독에 대한 공식적 기념들과 그처럼 정면으로 충돌한다는 것이 내 생각으로는 과거에도 그렇고 지금도 마찬가지로 진정한 문제라고 생각한다. 또한 그것은 어쩌면 생태적 위기를 맞아 자신들의 노하우를 갖고 동독에서 살았던 사람들이 대안적 경제에 대해 토론하는 것을 어렵게 만드는 것 같다.

샤를로테 보르네만
2017년부터 작센주 루터 교회의 교구 목사(Vikarin)
2005~17년 괴팅겐과 라이프치히 대학에서 신학 석사
2004~05년 1년 동안 알프스와 북해 거주
2004년 츠비카우(Zwickau)에서 인문고등학교 졸업

기젤라 칼렌바흐(Gisela Kallenbach), 라이프치히

그렇다, 그것은 하나의 긴 역사다. 이 '전환'은 앞으로도 예기치 않게 오랫동안 지속될 것이다. 아마도 당사자들에게는 고통거리일 것이다. 어쩌면 연구자들과 지켜보는 이들에게는 기쁨이 될 것이다. 얼마나 많은 동독 주민이 1989년 가을의 결과에서 나온 변화들이 시작되는 시점에 잘못 판단했었던가? 너무 많은 사람이 번창하는 정경과 구김살 없는 삶의 기쁨을 꿈꾸었다. 회의주의자, 심지어 현실주의자들의 이야기에 귀 기울이는 사람은 거의 없었다. 화려한 상품 공급, 행복과 안정, 물질적 풍요를 약속하는 광고 문구는 너무도 유혹적이었다. 속임수로부터의 탈출은 예정된 과정이었다. 정치학, 사회학, 심리학, 경제학까지 수많은 연구자가 조사할 대상들은 다양했다. 그들이 일찌감치 분석을 시작한 것은 정말 잘한 일이다. 왜냐하면 이를 통해 변화들이 서술될 수 있었기 때문이다. 또한 많은 천둥 번개가 예고된 암울한 장막의 기억들 속에서 햇살도 확인할 수 있었다. 여기 놓인 서면 대화는 역사상(Geschichtsbild)을 확장하고, 꼭 필요한 미래의 결정에 활용할 수 있는 기회를 제공하는, 새롭고 흥미 있는 측면들을 추가해놓았다. 이를 일반화하기에는 적당하지 않다. 그런 요구는 제기되지 않을 것이다.

내가 체제에 대해 내적 저항을 느꼈던 결정적 계기는 1978년 우리 아들이 학교에 들어가면서부터였다. 나는 우리 아이가 어떤 방식으로, 나아가 원칙적으로 '사회주의적 인간형'이 되도록 교육받아야만 함에 대해 외부로부터 강요받고 싶지 않았다. 그에 따른 후과(後果)가 있기는 하지만, 그렇다고 불가능한 것은 아니었다. 학교가 갖고 있는 기본적 기능 방식과 구조에 변화는 없지만 오늘날 달라진 인간형은 민주적이고 노동시장에 쓸모 있는 개인이다. 1990년대 초에 진행되던 혼돈과 불안 속에서 전공 선택이나 보충 수업 시스템, 수업 권고 같은 것들의 구체적인 변화가 얼마나 어려운지를 내 아이를 통해 알고 있기 때문에, 서면 대화에서 서술된 결과들에 동의한다. 오늘날 초등학교 연령부터 아이들을 내리누르는 성적에 대한 압력에 대해 나는 깊은 우려를 갖는다. 유감스럽게도 부모의 사회적 지위에 사람들은 의미를 부여한다. 미래를 내다보면서 사립 학교로 아이들이 몰리는 현상이 중단되기는커녕 어째서 오히려 늘어나고 있는지 묻지 않을 수 없다.

주거는 인권이다. 오늘날 대도시에서의 차별에 대해 이야기하자면, 비록 신축 지역에서는 교수 가정과 창고 노동자들이 나란히 살고 있다고 자찬하기는 했지만, 동독에서도 도시 구역 사이에 사회적 경계가 있었음을 분명히 이야기할 수 있다. 수많은 협동조합 가운데 어떤 하나에 속하게 되는 것은 하나의 '업적'이었다. 나아가 단독 주택에 산다는 것은 그것이 상속받지 않은 것인 한 분명한 특권이었다. 이는 내 경험으로는 클라인마흐노프에도 똑같이 적용된다. 그렇기 때문에 바로 그곳에서 주택 반환의 원칙에 반대하는 집단적 저항 운동이 있었다는 것은 결코 놀랄 일이 아니다.

기젤라 칼렌바흐

2009~14년 작센 주의회 의원

2004~09년 유럽 의회 의원

2001년 사회적 참여를 통한 연방 수훈 훈장

2000~03년 코소보(Kosovo)에서 UN 활동 (국제 시장)

1990~2004년 라이프치히 환경위원회 보좌관

1990년 시의회 의원, 다양한 위원회와 시민 운동의 발기인

1982년부터 교회 내 환경 그룹 참여

1969~90년 방송통신대학 (전문대 석사) 및 연구 조교

여기에도 또한 연방공화국의 사회 시스템에 대한 잘못된 기대들이 있었으며, 이는 오직 개개인의 경험을 통해 교정될 수 있는 일이었다. 민주주의는 긴장되고 서로에게 피곤한 일이다. 권리는 스스로 쟁취해야만 한다. 이는 긴 학습 과정이다.

랄프 그뤼네베르거(Ralph Grüneberger), 라이프치히

먼저 한 가지를 미리 언급하자면, 최근 어떤 사람이 만일 소설을 한 권 출간했고 이를 쓴 시기가 1997년까지 거슬러 올라가며, 1989년 10월부터 1990년 10월 3일까지를 다룬다고 가정하자. 그러면 인문학자들이 바로 이 시기를 '변혁의 핵심 기간'이라고 일컫는 것을 보면서 "그래, 내가 옳았지" 하고 자신감을 갖게 될 것이다.

이제 서면 대화로 돌아가면, 나는 이미 처음부터 기대가 컸다. 그것은 브뤽베와 마찬가지로 나 자신도 '서독 출신'으로 통일 이후 태어났으며, (이중의 새로움이) 동독에서 적어도 세 세대에 걸쳐 결정적 영향력을 끼쳤거나 끼치고 있는 발전을 연구 대상으로 삼고 있는 사람이기 때문이다. 아마도 그 어떤 성인이나 1990년 이후 성장한 사람 또는 그 후손들치고 결정적인 변화에서 벗어날 수 있었던 이는 아마도 없을 것이다. 우리 가족 중에는 10세 된 아이가 하나 있었는데, 그는 대자보 편집자로서 자신의 '일자리'를 잃었고 새로운 유혹들에 저항하는 데에 상당한 어려움을 겪었다. 그 당시 이 아이의 엄마는 교사로서 바덴-뷔르템베르크(Baden-Württemberg)주에서 교육 방식의 전환에 대해 배우고 있었다. 프리랜서였던 그 아버지도 어느 날 갑자기 작가로서 자신의 의미를 상실하고 말았다. 11년 이상을 전념했던 직업이었고 그 기간은, 예를 들자면 전문의가 되는 전 과정의 소요 시간과 같았다.

어렸을 때, 주택 소유권과 관련해 내 부모님과 두세 명의 이웃들이 함께 모은 임대료를 내가 직접 현금으로 집주인에게 가져다주었던 경험을 여전히 기억한다. 임대료는 한편으로는 너무 적어 아직 어렸던 나도 별 염려 없이 가져다줄 수 있었다. 다른 한편으로 나는 이를 통해 2층이 가장 많은 임대료를 낸다는 것을 알게 되었다. 그 스스로도 임차인이었던 집주인은 내게 타일을 붙인 벽난로 하나를 바꾸는 데에도 여덟 가구 모두의 한 달 임대료를 합친 금액만큼 든다는 것을 가르쳐주었다. 우리 아버지

랄프 그뤼네베르거

2006년부터 잡지『신시(新詩) 앨범』(*Poesiealbum neu*) 편집장

2000년부터 독일 PEN위원회 회원

1996년부터 현대시협회 대표

1984년부터 코르푸(Korfu), 파리, 스트루가(Struga)에서의 국제 시 페스티벌 초대

1978~82년 라이프치히 문학 석사

1978년부터 수많은 출판물(노래 가사, 시, 문학 비평, 어린이 책, 산문, 시사) 및 수상(독일, 네덜란드, 헝가리, 미국 등지에서의 장학금, 에로틱 시 부문 메난테스상〔Menantes-Preis〕 및 이르제 페가수스〔Irseer Pegasus〕 상 등).

출판물: 이 프로젝트 주제와 다양한 접점을 갖는 시, 전문 서적, 에세이,『가을날』(*Herbstjahr*, 2019),『라이프치히-이야기』(*Leipzig-Geschichten*, 2020),『믹 재거와 플라그비츠에서. 라이프치히-시집』(*Mit Mick Jagger in Plagwitz. Leipzig-Gedichte*, 2015), 혹은 베른드 린드너(Bernd Lindner)와의 공동 저작『해체. 라이프치히 가을의 전기들』(*Demonteur. Biographien des Leipziger Herbst*, 1992) 등을 출판했다.

는 손으로 하는 작업에는 완전 서툴러 내가 절삭공 수업을 받을 때나 그 전에 생산 공정 수업을 통해 연장 다루는 법을 배우고 그 사용법을 알게 되었을 때에도 집안의 작은 수리나 전선의 설치는 내가 맡아 하거나 이웃의 도움을 받아야 했다. 간단히 말해 동독에서는 어느 정도 벽에 못질을 할 수 있는 사람이면 누구나 부업을 가졌다. 주말이면 벽지 붙이는 책상을 갖고 움직이던 사람들을 기억한다. 누군가 그것을 갖고 있다는 것은 생산 도구를 갖고 있음을 의미했다. "바깥일보다는 내 개인적 일이 중요하다"라는 것이 인민 공유 기업에서는 일반적인 관례였다. 그래서 상품이 부족한 가운데서도 자기 집 정원에 시소를 설치하거나 집 전체를 울타리로 둘러싸기 위한 오후 작업이나 야간 작업이 많이 생겨났었다.

나는 별다른 경제적 어려움 없이 대학을 마칠 수 있는 특권을 누렸다. 평균 임금에 해당하는 액수의 장학금을 받았다. 동독의 작가로서 낭독회에 참가해 답례비를 받았는데, 이는 대부분 2개월 이상의 임대료에 해당하는 금액이었다. 그 가운데 20퍼센트가 소득세로 공제되었으며, 세금 증명을 위해 따로 내 시간을 투자할 필요는 없었다. 당연히 나는 문학이 곧 생필품으로 기능했던 시절이 사라졌음을 아쉬워했다. 나는 1990년 가을 이후에 도심에서 서점들이 자꾸 신발 가게로 바뀌고, 예술 전시회가 아니라 바겐세일 업소 개점 시간에 맞추어 늘어선 모습에 경악했다. 다행히도 이런 풍경은 다시 완화되었다.

프랑크 래텔(Frank Räthel), 바트 호네프(Bad Honnef)

자신이 아는 것들에 대해서만 판단을 내리는 것은 대단히 중요하지만, 특히나 '전환'과 같이 복잡한 사건에서는 더욱 그러하다고 나는 생각한다. 유감스럽게도 존중과 조심스러움이 일상에서의 미덕에 늘 속하는 것은 아니다. 그럴수록 더욱 기쁜 것은 이 책의 저자들이 전환의 승자들과 그들의 시각에 대해 면밀히 드러내고 있을 뿐만 아니라 별로 성공하지 못한 이들을 그들의 근심이나 곤경들과 함께 진지하게 다루는 데 성공하고 있다는 점이다.

나의 개인적 회고는 드레스덴에서 시작한다. 1989년 11월 9일 장벽이 갑자기 사라져버렸을 때, 나는 대학에서 교통학과의 조교로서 박사 학위 논문을 준비하고 있었다. 그 이후에는 동독 내 우편 전신국에서 사회주의 사회의 가치 있는 회원이 될 경력을 시작할 계획을 갖고 있었다. 6층에 있는 내 사무실 창을 통해 드레스덴 중앙역의 멋진 정경을 볼 수 있었다. 나는 당시 프라하 주재 독일 대사관을 통해 기차를 타고 해외로 나가고자 했던 이들을 미디어를 통해서뿐만 아니라 그곳 현장에서 지켜볼 수 있었다.

다른 여러 사람과 마찬가지로 나 역시 이제는 더 이상 지탱될 수 없으리라는 것을 분명히 의식할 수 있었다. 하지만 우리가 이를 통해 우선적으로 생각했던 것은 개혁된 동독이었다. 동독의 권력 구조가 그처럼 빨리 무너져버릴 줄은 당시 그 누구도 상상하지 못했다. 그리고 겉으로는 불가능할 것으로 보였던 일이 발생했다. 즉 수많은 사람이 극복할 수 없었던 경계인 동독과 서독 사이의 담장이 평화 혁명을 통해 사실상 하룻밤 사이에 역사가 되어버린 것이다. 그것이 어떻게 가능했던가? 이 질문에 대한 답을 나는 알지 못한다. 나는 국민방위군(NVA)에서의 복무 기간 동안 여러 위치에 있으면서 어디서도 동독의 '국방 기관과 보안 기관'이 체제 전환을 무력으로 막아내지 못할 상태라는 인상은 받지 못했다. 그러나 그 어떤 것이 그런 방향으로 이끌었건 잊지 말아야 할 것은 다음과 같다. 즉 결과가 달리 발생할 수도 있었다는 사실이다. 이런 차원의 평화적 체제 전환은 내가 아는 한 그 어느 곳에서도 성공한 적이 없다. 그래서 우리는 그에 대해 자부심을 가질 수 있다. 독일 내 경계를 자유롭게 왕래하게 된 직후에 나는 독일학술교류처(DAAD)로부터 디부르크(Dieburg)에 있는 독일 텔레콤 전문대학의 입학 제안을 받았다. 몇 번의 짧은 서베를린 방문을 제외하면 '서독'을 방문한 적이 없었기 때문에 나는 상당히 흥분했다. 학문적 목적으로는 더더욱 가본 적이 없었기 때문에 그곳에서 어떤 것들이 나를 기다리고 있을지 전혀 구체적인 상상을 할 수 없었다.

나와 함께 기차를 타고 프랑크푸르트로 여행하는 승객 대부분은 동독 난민촌으로 가기 위해 베브라(Bebra)에서 내렸다.

또한 그때까지도 기차에 타고 있던 동독 국경 부대의 장교들도, 그들의 업무가 무엇이든 간에, 이제 더 이상 국경 통제가 없어졌기 때문에 기차에 없었다. 그리고 마침내 나는 몇 주 전까지만 해도 결코 다다를 수 없던 곳에 도착했다.

'첫 접촉'은 대단히 개방적이고 정중했으며, 그 어떤 으스댐도 없었다. 그것은 긴장되고 흥분된 인상을 남겼다.

이후 전환의 일상으로 돌아왔다. 처음의 도취가 지나가자, 그리고 모든 것을 다시 한 번 되돌아보게 되었을 때, 마치 장벽을 반대편에서 바라보듯이 수많은 동독인은 그 어떤 것도 더이상 과거와 같지 않다는 것을 확인해야만 했다. 대학에서의 조교직은 크리스마스 전 마지막 주에 '단기 임무 0'으로 변하게 되었다. 다른 말로 표현하자면, '전출이 아닌 퇴출'이었다. 거의 완성되어가던 나의 박사 학위 논문을 위해 예정되었던 체제 친밀도 검사가 일단 보류되었다는 고무적인 소식을 듣게 되었다. 하지만 언제 누가 하게 되는 것인지 전혀 알 수 없었다. 또한 잊지 말아야 할 것은, 내가 대학에서 공부했던 것이 박사 학위를 제출할 수 있는 자격으로 인정받을 수 있는지에 대해서도 다시 검사를 받아야만 한다는 점이었다. 이후 몇 차례의 성과 없는 취직 시도들이 이어졌다. 내가 그런 식으로 새로운 자유를 맞게 될 줄은 미처 생각하지 못했다.

운이 좋게도 나는 내 전환의 운명과 오래 맞서 싸우지 않아도 되었다. 서독 연방 우정국과 동독 우정국 사이의 통합을 위한 준비 작업팀에 속해 있던 한 동료가 내가 직업을 구하고 있다는 것을 알고 나를 본(Bonn)에 있는 커다란 규모의 텔레콤 회사와 접촉할 수 있도록 중간에서 주선해주었다. 1991년 본에서의 '실습 생활'을 마치고 나서 나는 '국제 지도자 교육' 분야에서 일자리를 구할 수 있었다. 첫 번째 임무로 주어진 것은 본에 배치된 과거 동독 우정국의 고위 인력들이 시장 경제 문제에 대해 기본 학습을 받도록 조직하는 멘토 역할이었다.

그런 식으로 나의 개인적 전환기가 시작되었다.

나는 본에 있는 콘체른 본부에서 보좌관이 되었다. 나의 박사 학위 논문은 일반적인 경우와는 달리, 공개적인 특별 구두 시험을 통해 다시 한 번 근본적으로 검토되었고, 1991년 10월의 통일독일법에 따라 논문 시험에 무사히 통과되었다.

지금까지 25년 동안 나는 작센인으로서 라인란트주에서 어느 정도 성

프랑크 래텔 박사

2017년부터 파킨슨병으로 인한 작업 불능으로 은퇴

1998년 빈 경제대학 프로젝트 매니저 자격증

1991~2017년 본 소재 독일 연방 우정국 텔레콤(Konzern Deutsche Telekom AG) 국제인력자원부 보좌관 및 고참 전문가

1987~91년 드레스덴 프리드리히 리스트(Friedrich List) 교통학 전문대학 경제학부 조교(경제학 박사 1991)

1981~83년 동독 국민군(NVA) 복무

1981년 부르크슈태트(Burgstädt)에서 인문고등학교 졸업

1963년 헴니츠(Chemnitz, 당시 카를-마르크스Karl-Marx) 출생

공적으로 일해오고 있으며, 여러 번 외국으로 출장을 나갔다. 별로 좋지 않은 곳들도 가야 했다. 궁극적으로 일상에서 겪는 크고 작은 많은 문제까지 포함해 그 모든 우리의 자유로 인해 모두가 다 엄청나게 잘 되어가고 있다는 것을 잊지 말아야 한다. 그런 한에서 전환에 패배자는 없었다.

학자들의 시선

다른 학자들의 관점에서 본 서면 대화

이 장(章)을 위해 다양한 학문 분야의 동료들에게 우리의 서면 대화를 그들의 관점에서 논평해줄 것을 부탁했다. 우리는 필자들에게 어떤 형식으로 어떻게 쓸 것인지에 대해 자유롭게 선택하도록 했고, 단지 어느 정도 분량으로 쓸 것인지에 대해서만 정해주었다.

코린나 쿠어-코롤레프(Corinna Kuhr-Korolew), 포츠담
러시아와 소련 역사가의 관점에서 본 "'전환'의 긴 역사"

서면 대화는 여러 곳에서 사회주의 종식 이후와 마찬가지로 체제 격변을 겪은 동유럽 국가와 사회의 비교에 관해 언급한다. 러시아 및 소련 역사가로서 나는 이러한 비교 관점에서 "'전환'의 긴 역사" 프로젝트의 네 가지 결과에 대해 논평하고 싶다. 그것은 많은 영감과 흥미로운 발상, 그리고 접근 방식을 제공한다.

제1주제(51쪽 이하): 19세기부터의 사상과 심성이 어느 만큼 후대에 영향을 끼쳤는지의 문제는 소련에서도 제기되었지만, 그 답변은 구동독과는 다르다. 공산당 지배는 30년 더 지속되었다. 10월혁명은 구질서와의 더 급격한 단절을 의미했다. 제2차 세계대전까지 구엘리트층은 대부분 망명을 떠났거나 여러 차례의 테러 물결에 희생되었고 농업 중심의 국가는 산업국가가 되었다. 그럼에도 불구하고 우리 소련 역사가들은 현실사회주의의 부정적인 현상들 속에서 혁명 전(前) 시기로부터의 연속성을 본다. 우리는 소비에트형 인간을 말하면서 관헌 추종과 피동성, 그리고 부족한 법 이해라는 부정적인 특징들이 전형적으로 사회주의적인 것인지, 아니면 차르 독재의 결과인지 묻는다. 이러한 관점에서 나는 왜서면 대화가 구동독 시민들에게 사회주의를 통해 각인된 것에 대해서는 묻지 않는지 궁금하다.

제2주제(70쪽 이하): 구소련에 대해서도 사건들의 연쇄적 압력에 대해 말하는 것이 적절하다. 광범위한 주민층이 고르바초프가 1986년 시작한 개혁들을 지지했다. 1989년부터 변혁 과정은 통제하기 어려울 지경이 되어 제국과 사회주의 질서의 붕괴에 이르렀다. 하지만 상황의 역동성은 1991년과 1993년 사이에 다시 한 번 첨예화되었다. 대부분의 시민들에게 불안이 닥쳐왔고 생존이 위협받는 시기가 뒤따랐다.

제3주제(88쪽 이하): 이후 1990년대 구소련공화국들에는 극복 전략보다는 생존 전략에 대해 이야기하는 것이 더 적합하다고 추론할 수 있다. 사람들은 아주 다양한 도전들에 맞닥뜨려야만 했다. 그들에게도 연령, 교육, 직업, 관계, 어학 지식, 그리고 거주지가 중요한 역할을 했다. 동독과의 결정적인 차이점은 분명한 체제 교체라고 말할 수 없다는 사실이다. 사회주의가 그 중심축과 함께 붕괴했지만, 모든 국가 기구가 그런 것은 아니었다. 많은 사람이 과거의 자리에 그대로 머물러 있었다. 아울러 새로운 경제 메커니즘들과 법 규정들, 이데올로기적 재평가들 외에도 기

166

존의 행동 양식들과 네트워크들이 계속 존재했다.

　제4주제(99쪽 이하): 격변기에 대한 기억들과 관련해 오늘날의 러시아와 동독 사이에 흥미로운 유사점들이 있다. 개혁에 대한 기대는 매우 높았고 보다 나은 사회주의를 목표로 했다. 익숙해진 사회적 안전을 누구나 계속 누리고자 했다. 그러나 사람들은 동시에 보다 효율적이고 정의로운 체제, 보다 나은 생활 수준과 많은 자유를 소망했다. '유럽', '서방', '자본주의', '민주주의' 같은 개념들이 이러한 기대를 표현했지만, 그것은 1990년대에 실망으로 변했다. 푸틴 정부는 특히 이 격변기의 긍정적 발전에 대해서는 침묵하고 부정적 발전만을 강조하는 데서 국민적 동의를 이끌어내었다. 그것이 서방의 파멸적인 영향에서 비롯되었다는 것이다. 국가 소유 미디어들은 끊임없이 유럽의 민주적 가치를 경멸하고 있는데, 이러한 영향 아래에서 수많은 시민이 페레스트로이카 시기와 1990년대를 재해석했다. 그들은 이제 불확실성, 범죄와 파멸을 강조하면서 물질적 개선과 정치적 및 개인적 자유의 획득에는 눈을 감는다.

코린나 쿠어-코롤레프 박사

2019년 이후 포츠담의 라이프니츠 현대사연구소 연구원

2015~19년 자유 역사가 및 큐레이터

2012~14년 베를린 소재 연방주 문화재단 연구원

2009~12년 보훔 루르 대학 연구원

2006~09년 모스크바 독일역사연구소 연구원

1996~2001년 예나 대학과 마르부르크 대학 박사 과정생 및 연구원

1994~95년 본의 독일-러시아 포럼 직원

1986~94년 본, 쾰른, 모스크바 등에서 동유럽사, 슬라브학과 정치학 전공

1986년 고등학교 졸업

피오트르 필리프코프스키(Piotr Filipkowski, 바르샤바/베를린)

'변환'(Transformation)의 역사와 (현대)사의 변환 사이에서:
폴란드의 관점에서 보는 몇 가지 논평

최근 우리는 베를린 장벽의 붕괴와 폴란드 원탁회의 및 제1차 (부분적) 자유의회선거 30주년을 기념했다. 우리는 오래전부터 격변의 상징으로 회자되는 일련의 정형화된 그림들을 보아왔다. '거대한' 역사의 관점에서 우리는 곧 밝혀진 바와 같이 정치적으로 **돌아올 수 없는 지점들**이 역사의 흐름을 역전 불가능하게 변화시켰다는 것에 동의할 수 있다.

여러 해 동안 폴란드에서는 체제 이행기의 많은 문제에도 불구하고 오랫동안 갈망해온 자유와 민주주의, 그리고 자유 시장을 가져온 더 나은 사회로의 변화라는 확신이 지배적이었다. 오늘날 이러한 슬로건들은 과장된 것으로 들리며 설득력이 별로 없다. 언제부터인가 열광은 사그라들었고 축제 분위기를 거의 느낄 수 없다. 잘 알려진 피상적인 그림들과 설화들이 통용되고 있기는 하지만 통일적인 정서가 수반되지 않는다.

현재 폴란드에서는 공식적인 정치적 메시지가 다른 역사적 설명과 다른 감정들에 의해 지배되고 있다. 아주 공개적으로 "원탁회의에 대한 배반"이 언급된다. 이러한 설명은 새로운 것이 아니다. 사적인 모임들과 공적 공간의 주변부에서 처음부터 존재했지만, 한 번도 공적 역사 정책의 일부가 되지는 못했던 설명이다. 이 급진적인 상징적 교정은 폴란드의 체제 이행에 대한 새로운 역사 서술을 가져온다. 그것은 사실에 반대되는 사고, 즉 What if?(만약 …… 했더라면 어떠했을 것인가? — 옮긴이)라는 상상뿐만 아니라 If only(만약 …… 하기만 하다면 — 옮긴이)라는 확신과도 연결되어 있다.[1] **그들**이 아니라 만일 **우리**가 역사의 노를 장악했더라면 아마도 사건은 완전히 달라졌을 것이다. 그랬다면 우리는 현재 아주 다른, 보다 나은 폴란드를 갖고 있을 것이다라는 …….

따라서 우리는 한편으로 사회주의적인 '빠듯함의 경제'(Ökonomie der Knappheit)를 대치한 정상성과 자유와 민주주의와 자유 시장으로 회귀된 성공적 체제 이행이라는 상당히 진부한 설명을 듣는다. 역사철학적으로 볼 때, 역사적 필연성에 대한 설명이 문제가 된다. 그러면서도 이것을 역사가 저절로 결정한 것이 아니라 현실적으로 가능한 시나리오들 가운데 최상의 것이 실현되었다고 받아들인다. 혹은 적어도 우리에게 자부심과 만족을 줄 정도만큼은 되었다는 것이다. 폴란드가 1999년 나토에 가입하고 2004년 유럽연합에 가입한 것은 이러한 최상의 길의 이정표들이다. 지난 30년이 적어도 200년 폴란드 역사에서 가장 좋은 시기였다는 것이 이 설명에서 강조된다.[2]

다른 한편으로 체제 이행 과정의 불의에 대한 감정을 지적하는, 즉 좌절과 반감에 기초한 설명도 있다. 이들은 역사의 행로를 바꾸겠다고 약속한다. 폴란드 정치에서는 특히 체제 이행 시기부터 지금까지의 엘리트들을 '원탁회의'에 대한 배신으로 비난하고, 그로부터 결과하는 체제 이행의 죄악들을 드러내는 것이 중요하다. 이러한 교정의 국제적 차원은 이른바 약화된 민족적 주체성을 다시 회복하고 유럽연합의 명령을 거부함으로써 '문화적 마르크스주의'의 영향을 막는 데 있다. 마지막에 언급한 개념은 오늘날 많은 우파 지식인에 의해 모든 문화적 및 법률적 자유화를 불신케 하고자 사용되고 있다. 그것이 개인적 자유의 촉진을 통해 전통적인 가치와 결속을 약화하려 하기 때문이다. 페미니즘이 이 '자연적인 질서로부터' 여성의 해방을 주장하기 때문에 특별히 위험한 적으로 간주되는 것은 전혀 이상한 일이 아니다.

이 대립적이고도 정치적으로 도구화된 설화들이 폴란드에서 체제 이행에 대한 집단적 기억의 틀을 설정한다. 그것은 강하게 표현되고 암시적이지만 대부분 사람들의 일상적 경험들과는 동떨어져 있다. 하지만 이는 그것이 개인적 기억과 정치적 결정에 영향을 끼치지 않음을 의미하는 것은 아니다. 우리는 이 일반적인 경험들과 기억들에 대해 어떻게 아는가? 집에서 공유되는 가족사로부터뿐만 아니라 종적이고 양적인 거시사회학적 분석들[3]로부터 심화된 민속학적 사례 연구들[4]에 이르기까지, 그리고 지난 30년 동안의 사회학적 및 문화인류학적 연구들로부터도 알 수 있을 것이다. (질적인) 생애사적 사회학[5]과 구술사에 기초한 연구[6]의 다양한 작업들이 그 사이에 존재한다. 그 밖에도 아주 훌륭한 문화학적 해석들[7]이 있다. 여기서 단지 간략하게 언급된 수많은 저서는 다양한 사회적 경험들을 묘사하고 폴란드 체제 이행의 복잡하고 종종 서로 대립적인 파편적 모습들을 제공한다. 그 가운데 일부 유익한 묘사들을 차치한다면 변화는 더 단순하게 묘사된다. 과거에 폴란드 사회학자들에 의해 유행했듯이 단순히 체제 이행의 '승자'와 '패자'를 구분하는 것처럼 말이다. 오늘날의 관점에서 그것은 사회 이론에서 잘 알려진 게임의 은유를 확대 적용하는 것이라 해석할 수 있다. 사회학자들이 포함된 공적 토론에서 일부 참가자들은 특히 과도기 처음 몇 년 동안 이 게임의 패자들에게 결과의 책임을 돌렸으며, 심지어 놀랍게도 소비에트형 인간이라는 질병의 징후를 그들에게서 발견했다고 믿었다.[8] 체제 이행의 이러한 학문적 담론을 역사화할 필요성은 이미 인정받고 있다.[9]

그러나 폴란드에는 이 흩어진 연구들과 그로부터 귀결되는 자료들을 포괄적인 역사학 서술로 위치시키고자 하는 아래로부터의 복합적인 체제 이행의 역사서가 없다. 포괄적이라는 것은 완전하다는 것을 의미하지는 않는다. 모든 것을 설명하기란 불가능하거니와 이성적이지도 않다. 그 대신에 브뤽베가 그녀의 연구팀과 함께 설득력 있게 보여주듯이, 체제 이행 시기의 다양한 경험들을 분석 범주 중심으로 통합하고 그로써 분명한 관찰점을 취하도록 허용하는 이론적 관점을 취하는 것은 매우 유익한 시도이다. 이 범주는 사회학에서 빌린 것으로 **생활세계**라고 한다. 그것은 인간적인 문제들과 근심들을 다양성과 다층성, 모순과 복합성 속에서 파악할 수 있게 만든다. 역사학적 분석을 진전시키려면 우리는 이들 가운데 중요한 어떤 것을 선택해야만 한다. 저자들은 그러한 결정을 내리면서 그것을 **사례 연구**라고 한다. 분명한 이론적 관점 덕분에 생활세계의 이 결합하기 어려운 것으로 보이는 영역들이 '전환' 경험의 구성 부분들로서 관찰될 수 있다. 그것은 사람들의 전기와 사회적 세계들에서 겹치는 다양한 시간성과 역동성을 갖고 있는 많은 "체제 이행의 과정들"을 보여준다.

이 프로젝트는 나로 하여금 그러한 이행의 역사를 서술하는 것이 가치

피오트르 필리프코프스키 박사

2019년 10월부터 폴란드과학아카데미 베를린 역사연구센터 연구원

2016~19년 DFG/FWP-연구 프로젝트 '밑으로부터의 체제 이행: 울랴니크(Uljanik, 크로아티아)의 조선업과 노동 관계, 그리고 1980년대 이후 그디냐(Gdynia, 폴란드) 조선업" 틀 내에서 빈 대학 동유럽사연구소 박사후 과정

2012~14년 연방 문화재단 펠로우로서 부헨발트(Buchenwald) 추모 공원 연구원

2010년 이후 폴란드 과학아카데미 철학과사회학을위한연구소 연구원

2003~08년 폴란드 과학아카데미 철학과사회학을위한연구소 사회과학 대학원 박사 과정생

2002~10년 바르샤바 카르타(KARTA) 센터 직원, 많은 구술사 사료 작업 및 연구 프로젝트 관리

1996~2001년 바르샤바 대학 법학부 수학

1996년 폴란드 바르샤바에서 고등학교 졸업

있는 일임을 확신시켜준다. 유익하고 세밀하면서도 특정한 장소와 그들의 지방적 (생활)세계 속에 있는 인간들에 초점을 맞추고 있다. 체제 이행의 사회학과 인류학적 성과들을 이용하는 체제 이행사인 것이다. 동시에 이론적으로 분명하면서도 이러한 단편들 속에서 복합적인 역사 과정을 인식할 만큼 충분히 일관성을 갖고 있다.

나는 저자들의 서면 대화를 우리가 어떻게 한편으로는 집단 기억과 역사 정책의 피상적 특징들을 넘어설 수 있고, 다른 한편으로는 종합적인 '한 줄짜리' 거시사적 서술을 넘어설 수 있는가에 대한 시사로서 읽는다. 완전한 모습이라는 환상을 불러일으키지 않으면서 생활세계의 복합성을 보다 자세히 다루는 이행 과정의 다차원적인 역사적 분석에 도달할 수 있을 것인가? 이 작업은 그러한 역사가 이론적인 의식과 방법론적 혁신 없이는 생각할 수 없다는 것을 분명히 보여준다. 이 프로젝트가 폴란드 이행기의 생활세계 역사를 서술하기 위한 영감을 주기를 바란다.

슈테판 링케(Stefan Rinke), 베를린
라틴아메리카 역사가의 관점에서 본 '전환'의 긴 역사

1989/90년의 세계사적 전환은 동유럽 및 동중부 유럽의 현실사회주의의 종식뿐만 아니라 라틴아메리카의 많은 독재의 종식을 가져왔다. 라틴아메리카에서는 1960년대 이래 여러 나라에서 군(軍)이 권력을 장악했다. 그들은 지역에서 유례없는 형태의 국가 테러를 정착시켰고 인권범죄도 아랑곳하지 않았다. 냉전 상황 속에서 미국과 동맹국들은 일반적으로 그들에게 지원까지는 아니었다 하더라도 적어도 묵인은 해주었다. 반면에 그들은 동유럽 진영에서는 흔히 뭉뚱그려 '파시스트 독재'라 일컬어져 거부의 대상이자 정치적 선전에서 타도의 대상이었다. 상징적

인 것이 칠레의 사례이다. 칠레의 독재자 아우구스토 피노체트(Augusto Pinochet)는 특히 오랫동안 권력을 장악하고 있었으며, 민주주의로의 이행에도 영향력을 행사했다. 상황은 탈사회주의적인 체제 이행과는 근본적으로 다르지만, 격변 시의 경험들을 잠깐 살펴보는 것도 유익하다.

제1주제(51쪽 이하)에 대해: 1990년의 단절을 넘어선 연속성은 간과할 수 없을 만큼 명백하다. 과거 정책은 칠레 체제 이행의 중심 주제였다. 박해의 피해자들에 대한 보상과 정의가 중요했다. 군대와 사법부에서의 인적 연속성, 그리고 독재 정권에 의해 정권 이양 전에 발효된 법률적 및 헌법적 개혁 방해들을 통한 제도적 태만 때문에 두 가지 다 매우 어려웠다. 칠레의 '타협적 이행'은 한편으로는 유혈 대립을 막았지만, 다른 한편으로는 필수적인 청산과 개혁을 방해했다. 칠레 사회는 1990년 이래 라틴아메리카와 비교해 매우 훌륭한 경제 발전을 경험했지만 불평등은 대단히 심화되었다. 사회 변동을 가능케 할 수 없는 정치 체제에 대한 불만은 작년 말 새로운 세대가 공개적인 소요를 일으킬 정도로까지 심화되었다. 체제 이행 이후의 변혁을 가능하게 하기 위해 이런 세대 변화가 필요한가? 구동독 지역에서는 세대 교체가 어떤 역할을 하는가?

제2주제(70쪽 이하)에 대해: 칠레에서도 독재에 대한 평화적 봉기와 선거를 통한 독재 거부를 통해 비로소 가능하게 된 사건들의 압박이 있었다. "모든 시작에는 마술적인 모멘트가 있다." 이것은 1990년 칠레 민주주의의 회생에도 해당된다. 그러나 환호는 정의를 외쳤던 희생자들과 그 가족들, 그리고 1990년대 칠레의 경제 기적에 참여하지 못한 사회적으로나 종족적으로 배제된 사람들의 목소리들로 인해 처음부터 가라앉았다. 이 상황은 오늘날 폭발적인 혼합으로 치닫고 있다.

제3주제(88쪽 이하)에 대해: 칠레 국민 다수에게 1990년대는 해방이었고 민주적 정상성으로의 회귀였다. 하지만 민주주의를 복구하는 데 회의적이었고 전체적으로 독재를 필연적인 것으로 여겼던 강력한 소수 집단이 있었다. 피노체트 장군과 군부는 그 때문에 2000년대로 넘어갈 때까지 높은 신망을 향유했다. 사회 갈등은 계속 고조되었지만 칠레 경제의 성장 수치와 극단적인 빈곤의 실질적인 감소로 인해 가려졌다. 사람들은 신자유주의적인 시장 논리에 순응하고자 했다. 체제 비판적인 목소리는 일단 소수였지만 2000년 이래 증가하고 있다.

제4주제(99쪽 이하)에 대해: 독재에 대한 기억은 1990년 이래 논쟁의 대상이다. 쿠데타의 날인 1973년 9월 11일의 배경 속에서 가두 투쟁이 진행되던 1990년대에는 대단히 큰 충돌을 일으켰다. 이미 대연정 정부들이 1990년대에 첫 번째 기억 정치적인 조치들을 수행했지만 항상 논란거리였다. 2010년 기억박물관의 개관은 어느 정도 상징 정치의 정점이자 종결이었다. 가해자에 대한 사법적 문책 문제는 다소의 진전에도 불구하고 이러한 맥락 속에서 아직 열려 있는 가장 큰 문제이다.

슈테판 링케 교수

2019년 이후 독일-멕시코 대학원학술회 '미래의 시간성'(Temporalities of Future) 대변인

2005년부터 베를린 자유대학 라틴아메리카연구소와 프리드리히-마이네케연구소 역사학과 교수

2003년 아이히스태트(Eichstätt) 가톨릭대학에서 교수 인정 논문 통과

1999~2005년 아이히스태트 가톨릭대학에서 라틴아메리카 역사학 학술 조교

1998~90년 터프트 대학 '아메리카와 유럽 비교사'를 위한 방문 조교수

1990~95년 아이히스태트 가톨릭대학 박사 과정

1985~90년 역사학과 미국학 공부

르네 슐로트(René Schlott), 포츠담

행동하는 개인들로서의 구동독 시민들의 재발견

1989년 사건들의 30주년 기념일에 대한 문헌들은 서독이 하룻밤 사이에 동독으로 침입해 그 모든 주민을 자기 운명을 결코 장악하지 못한 새로운 관계의 희생자로 만들었다는 인상을 불러일으켰다. 1990년 최초의 선거에서조차 동독 시민들은 서독 정당들의 선전과 그들의 급속한 서독 마르크(D-Mark)로의 약속에 속았다는 것이다.

프로젝트 연구 그룹은 불확실한 재산권 문제를 처리하기 위한 법률을 항의를 통해 자신들의 이해관계에 맞도록 개선하고, 미디어를 통해 새로운 다양한 상품들에 대한 정보를 얻었고, 국가안전부를 위한 협력을 의심받는 교사들을 위해 힘을 보태거나 1989년 말부터 학교 건물이나 교실을 자발적 이니셔티브로 바꾸어나간 행동하는 구동독 시민들을 재발견했다. (나는 우리 교실에서 칠판 옆 벽에 당시 서독 방송으로부터 유명해진 연속극 인물인 알프가 그려진 것을 기억한다. 마주 보이는 공간에는 곧 아이히스펠트(Eichsfeld)의 낭만적인 고향 사진이 있었는데, 그곳 남쪽 끝자락에 나의 학교가 있었다.)

하지만 나는 '1990년대를 청산한다'라는 개념이 걸린다는 것을 비판적으로 언급할 수밖에 없다. 그것은 너무 '과거 청산'을 회상케 하기 때문이다. 그것은 매우 수동적인 뉘앙스를 갖고 있으며, '청산'(Bewältigung) 이후에는 그것으로 종결된다는 것을 내포한다. 나는 전혀 그렇게 생각지 않는다. '1990년대를 만들어간다'라는 표현이 내게는 훨씬 더 좋다. 그러면 사람들이 능동적으로 참여할 수 있는 가능성이 있다는 것이 더 분명해지기 때문이다. 연구 프로젝트에 대한 큰 관심이 보여주듯이, '전환의 긴 역사'는 아직 끝나지 않았기 때문이다.

프로젝트 연구 그룹의 연구 성과들을 읽으면서 나는 1989년의 10월

르네 슐로트 박사

2017년 11월부터 아데나워재단의 교수 인정 논문 과정 장학생; 홀
로코스트 역사가인 라울 힐베르크(Raul Hilberg)의 전기 연구

2014년 1월부터 포츠담 라이프니츠 현대사연구소의 차세대 지원 코
디네이터(2017년 11월 종료)

2012년부터 기센(Giessen) 유스투스 리비히 대학 전문저널리즘역사
연구소, 포츠담 대학 역사연구소, 훔볼트 대학, 베를린 자유대학
강사

2011~12년 '문화 테크닉과 그 미디어화: 홀로코스트의 미디어화를
위하여" 프로젝트에서 미디어와상호작용센터 연구원

2011년 박사 학위

2008년부터 『슈피겔』 온라인 프리랜서

2007~11년 '근세 초부터 현재까지의 초국적 미디어 사건들'을 위
한 연구단 장학생

2005~07년 베를린장벽기록센터에서 '베를린 장벽에서 죽은 희생
자들 1961~89' 연구 프로젝트 참여

2006년 석사 학위

2001~05년 베를린 자유대학, 베를린 훔볼트 대학, 제네바 대학에
서 역사학, 정치학, 출판학 공부

1997~2001년 베르텔스만(Bertelsmann) 주식회사에서 직업 교육과
경영학 석사

1977년 뮐하우젠(Mühlhausen, 튀링겐) 출생

혁명(당시 원탁회의의 대변인이었던 마티아스 플라첵의 동시대적 명칭)은 의
식(儀式) 이론(Ritualtheorie)의 도움으로 해석될 수 있다는 생각이 들었다

(그리고 그것은 분명히 권력 관계를 변혁한 혁명이었다). 인류학자인 아놀드 판 제넵(Arnold van Gennep)과 빅토르 터너(Victor Turner)는 20세기 초에 분리 의식, 변화 의식, 재편입 의식으로 나뉠 수 있는 전환 상황들을 위한 모델을 발전시켰다. 터너는 특히 중간 시기에 관심을 가졌는데, 결별과 새로운 시작 사이의 짧은 시기라 할 수 있는 이 시기에는 규칙들이 효력을 상실하고 모든 것이 가능해지는 한계적인 과도기 상태가 된다고 일컬었다. 연구 그룹은 이를 '불확실성의 동시성'이라고 표현한다. 이렇게 1989/90년의 체제 교체는 커다란 이행 의식으로서 해석할 수 있다. 이때 중요한 구동독 정치가들의 퇴진 및 당적 박탈과 함께 분리가 가장 먼저 이루어졌다. 그리고 나서 사람들은 다소 불확실한 상황에서 거리를 점령했고 원탁회의라는 완전히 새로운 기관이 스스로의 권한으로 '제3의 길'이라는 유토피아를 논의했다. 결국 기본법 제23조에 따라 정치적 관점에서 불안정한 과도기 상태는 종식된 것이다.

안야 슈뢰터(Anja Schröter), 베를린
1989년 전과 그해 그리고 그 이후 도시에서의 정치적 참여

나는 '전환의 긴 역사' 프로젝트의 틀 내에서 지방의 정치적 참여에 집중했고, 다양한 도시 발전의 정책적 이니셔티브를 중심으로 이를 조사했다. 그들의 활동은 분명히 1989년 가을 이전에 시작되었다. 점점 더 많은 역사적 지역이 1980년대에 새로운 건설 사업에 자리를 내주어야 했을 때, 구동독 여러 곳에서 시민들이 철거 작업에 항의하기 위해 조직되었다. 그들은 공론장을 만들었으며, 주민들을 동원해 그들의 집단 행동을 정치적 격변과 통일 사회 속으로 끌고 갔다.

이 이니셔티브들 가운데 하나가 브뢱베가 이야기한 것처럼(110쪽) 슈베린에서 있었다. 그 수행 방식은 다른 도시들에서의 이니셔티브와 많은 유사점을 갖고 있었다. 그들은 독일 통일로 인한 새로운 조건들에 따라 처음으로 공동체적으로 활동을 하게 된(예컨대, 앞서 언급된 부동산 소유자 단체처럼) 단체가 아니었다. 이 단체는 체제 교체를 넘어 행동했다. 그것은 슈베린의 원도심 블록인 셸프슈타트(Schelfstadt)에서 낡은 집들이 헐리고 새로운 조립식 아파트들이 들어서기로 계획된 1988년에 만들어졌다. 회원들은 능동적으로 철거 계획에 반대했고 그들 자신의 개발 계획을 홍보하는 전시회를 열어 주민들이 자신들의 계획에 주목하도록 했다. 이 프로젝트는 이를 통해, 그리고 참가자들이 커다란 칠판에 그들의 의견을 표현할 수 있게 해줌으로써 참여적인 성격을 갖고 있었다.

도시 개발 이니셔티브의 지방 정치적 참여라는 관점에서 볼 때, 1989/90년의 변곡점이 그저 부차적인 역할을 수행했을 뿐이라는 것은 흥미로운 일이다. 회원들은 이미 그 이전에 강화된 정치 참여를 요구했고 정치적 격변과 함께 많은 새로운 가능성을 얻었다. 그들은 사회주의 체제에서 많은 노력과 숙고 끝에 말하고 행동할 수 있는 경계를 확장해야 했다면, 그 이후에는 지방의 원탁회의에서 정치적 의사 형성 과정에 적극 참여했다. 그들은 새로운 이익 단체로서 셸프슈타트 협회를 창립함으로써 원래의 목적을 계속 추구했다. 그럼에도 불구하고 1989년의 역사적 변곡점은 이 책에서 이미 언급된 다양한 생활 영역에서의 병행적인 변화들로 인해 영향력이 컸다. 어떻게 새로운 정치 체제에서 의사를 표현하고 관철할 수 있을지에 대한 경험 부족과 극단적인 직업적·개인적 격변들이 맞물렸다. 회원들에게는 재삼재사 정치적 헌신을 위한 시간이나 여가와 동기 부여가 부족했다. 그래서 결국 협회는 1995년에 해체되었다.[10] 어디서나 그랬던 것은 아니다. 예컨대, 데사우(Dessau)에서는 그러한 풀뿌리 운동에서 만들어진 협회가 변형된 형태로 지금까지 존속하고 있다. 데사우에서든 슈베린에서든 간에, 그리고 동독의 지방들에서도

(과거) 창립 회원들과 그들의 참여 활동은 그들이 자유업을 하건 관청에서 일을 하건 상관없이 도시 발전과 관련된 지방 정치에 관여하고 있으며, 이를 통해 통일된 사회로 이끌어왔다.

안야 슈뢰터 박사

2019년 8월 이후 로베르트 하베만(Robert Havemann) 연구소 연구원

2016~19년 포츠담 라이프니츠 현대사연구소, '전환의 긴 역사' 연구 그룹 연구원

2012~16년 포츠담 발터 라테나우 콜렉(Waltther Rathenau Kolleg) 내 프리드르히 나우만 재단의 장학생으로서 ZZF의 연계 박사 과정 수료

2011년 포츠담 대학에서 역사학(전공), 정치학과 법학 석사

2003년 데사우에서 고등학교 졸업

로라 트래디(Laura Tradii), 케임브리지(Cambridge)

민속학(Ethnogrphy)과 공적 참여: 논평

브릭베가 2019년 11월에 이 기획을 내게 소개했을 때, 나는 긍정적 의미에서 놀랐다. 사회인류학 박사 학위 연구의 일부로서 나는 이제 막 브란덴부르크 농촌 지역(Oderbruch, 오더브루흐)에서의 민속학적 현지 조사로부터 돌아온 참이었다. 나는 15개월 동안 그 지역에 살면서 제2차 세계대전 말기인 1945년에 정치 생활과 정체성에서 심각한 변화를 겪었던 경계 지역 연구를 수행했다. 인류학자로서 나는 어떻게 특수한 현상(내 경우에는 계속해 다시 떠오르는 제2차 세계대전의 생존자들과 주민들과의

관계)이 사회 전체와 관계되는지 이해하려고 노력함으로써 연구 주제에 대한 전체론적 접근을 취했다. 나의 현장 연구는 선거에서 유례없는 성공을 낳은 AfD의 선거 캠페인과 같은 시기에 이루어졌다.

매일 지역을 드라이브하고 다니면서 그것이 내 연구 주제와 아무리 연관이 없다고 할지라도 가장 상이한 사건들과 사회적 용건들에 참여함으로써 나는 정체성을 형성하는 경험으로서의 구동독의 지속을 입증하는 다양한 주제들에 대해 대화를 나누게 되었다. 인류학적 지식 생산은 인터뷰 상대자와의 역동적인 관계의 결과이기 때문에 처음에는 독일에서 죽은 자들에 대한 특별한 개념을 다루었던 프로젝트가 예기치 않게 동독인들과 그들의 역사뿐만 아니라 제2차 세계대전과 구동독의 지방적 경험들을 무시하는 것으로 인식되는 통일 독일과의 관계에 대한 프로젝트로 바뀌었다. 비록 내 자료가 오더브루흐와 이 지역의 특별한 사회·경제적 맥락에 국한되어 있기는 하지만, 인터뷰 상대자들은 통일 독일로의 이 어려운 (그리고 때로 실패한) 통합에 대해 놀라울 정도로 상세한 내용을 보고했다. 그러나 사람들이 통일 이후 창조적인 방식으로 스스로를 재발명할 역량을 보여주고 대단히 함축적인 정치적 견해를 갖고 나와 토론을 했다는 점에서 희망과 적응을 위한 여지도 있었다.

자주 동독과 '함께'(with) 이야기하는 것이 아니라 동독에 '대해'(about) 이야기하는 것으로 보이는 (이 같이 '동독적' 정체성이라는 개념을 더욱 고착화하는) 미디어 담론에서 흔히 놓치는 것이 바로 이 뉘앙스이다. 이러한 이유에서 라이프니츠센터 연구원들의 이니셔티브를 특별히 환영한다. 이 그룹은 그들의 연구 결과를 학문 세계 외부의 맥락에서 공유했을 뿐만 아니라 통일의 미시사와 이 획기적인 변혁이 구동독 주민들의 개인적 궤적에 끼친 구체적인 영향들을 포섭하기 위해 '기억'의 넓은 개념으로부터 초점을 이동했다. 내 인터뷰 대상자들 가운데 많은 사람이 정확히 이것, 곧 그들의 관점도 함께 끌어들인 균형 잡힌 통일의 역사를 원했다.

시대적으로 거리가 있는 대상을 연구하는 역사가들과 달리, 현대사 연구자들은 그들이 연구하는 사람들에 대한 다른 윤리적 책임을 갖고 있다. 이것이 현대사와 인류학을 가까이 연결한다. 영국에서는 윤리학이 인류학자로서의 훈련의 중요한 부분이다. 그러나 윤리학은 종종 연구가 수행되는 맥락에 따라 대단히 특수하기 때문에 그것이 무엇을 수반한다고 지적하기는 어려울 것이다. 그럼에도 불구하고 우리는 모두 일부 기본적인 실무를 공유하고 있다. 먼저 모든 프로젝트는 윤리적 검증 과정을 거쳐야 하는데, 이때 현장 조사자들은 작업 현장에서 일어날 가능성이 있는 문제들을 숙고하고 연구 프로젝트를 학과에서 승인함으로써 결정된다. 더욱이 우리는 동의를 일회성의 행위라기보다는 끊임없는 협상과 연구 세팅의 선택으로부터 연구 결과를 출판하는 것이 인터뷰 상대자들에게 어떻게 영향을 끼칠 수 있을지 이해하는 것까지, 우리의 전체 프로젝트를 관통하는 어떤 것으로 인식한다. 동의는 정보를 한 번 기록하는 것에 대한 요청을 수반할 뿐만 아니라 우리가 최선을 다해 구술자들의 정보가 어떻게 이용될 것인지를 이해하도록 보장하는 것도 수반한다. 구술자를 익명으로 하는 것은 그들이 실명으로 인식되기를 분명히 원하지 않는 한 일반적으로 좋은 방식이다. 그들의 동의는 언제든지 철회될 수 있는 것이다. 이러한 실제는 말하기는 쉽지만 실천은 그렇지 않으며, 신뢰성 문제 때문에 출간할 수 있는 정보의 양은 제한될 것이다. 우리의 첫 번째 의무와 책임감은 구술자를 위한 것이라는 점을 항상 새

로라 트래디

2017년부터 케임브리지 대학 사회인류학과 박사 과정

2015~16년 옥스퍼드 대학 과학, 의학 및 기술사 석사 과정

2011~15년 애버딘 대학 사회인류학 전공

겨둔다면, 우리의 연구 전 과정에 걸쳐 떠오르는 많은 윤리적 딜레마를
잘 헤쳐나가는 데 도움이 될 것이다.

코르디아 슐레겔밀히(Cordia Schlegelmilch), 베를린
변화 속 연속성

마침내! 구동독에 대한 체제 이행 연구에서 — 얼마간의 예외들을 제
외하면[11] — '전환'이 생활세계적인 단절과 연결된 지 30년 만에, 이번
출간과 함께 동독인의 일상생활과 그들의 지속되고 있는 심성이 조명
된다. 특히 심성과 전기(傳記), 지방 연구에서 수십 년 전부터 심대한 사
회·정치적 격변에도 불구하고 일상 수준에서는 심성과 행동 양식이 단
지 완만하게 변화한다는 것을 보여주는 연구들이 바로 여기에 있다.[12]
  체제 이행 연구가 갖는 맹점의 배경에는 구동독 체제에 대한 섬세하
지 못한 시각이 있다. 그것은 사람들의 자유로운 발전을 제약하는, 복지
국가적으로 뒷받침된 독재로 간주되었다. 그래서 불법과 국가안전부라
는 기구에 대한 연구가 지배적이었다. (당시 연방 총리인 콜에 의한) '번창
하는 정경'의 약속과 함께 동독인들의 생활 양식, 태도, 심성, 가치관도
서독인들의 지배적 형태들에 접근하리라는 기대가 더불어 생겨났다. 서
독의 정치와 학계에서는 대부분 사회주의가 경제적으로나 정치 체제라
는 측면에서 볼 때도 신뢰를 상당히 잃었기 때문에 동독인들이 이러한
적응을 압도적으로 원한다고 보았다. 일부 사회과학자들은 사회 격변의
근본적인 어려움이 시장 경제 체제를 '편입 지역'에 이식하는 데서 오는
기술적·인적 혹은 재정적 문제들에 있기보다는 그에 속하는 비공식적
이고도 사회·문화적인 구조의 결여에 있다고 보았다.[13]
  1990년대에는 단지 적은 연구들만이 구동독 국가에 대한 정당성과 충

성심을 물어보았거나 혹은 정치적·경제적 변동들 속에서 지지나 저항이 어떻게 발전해 가고 변화했는지를 물었다. 특히 주목할 만한 점은 이 서면 대화의 저자들이 1990년대 초의 설문 조사들을 현재 조사와의 비교를 위해 끌어들이고, 전환 시기와 그 이후 시기를 장기적인 전망 속에서 체제 교체를 넘어 고찰한다는 것이다. 나는 이러한 접근 방식과 그 성과들을 부르첸(Wurzen)에서의 내 도시 연구(1990~96)[14]를 배경으로 분명히 입증하고자 하며, 그것을 위해 세 가지 영역을 간략히 설명하고자 한다.

1) 저자들이 구동독 시민들의 개인적이면서 비공식적인 행동 가능성과 성취에 대한 자부심을 강조하는 것은 옳다. 여기에 다음과 같은 것을 덧붙이고 싶다. 우선 구동독의 지역과 도시에서 나온 경제와 그 생산물은 독일-사회주의통일당(SED)의 중앙적 관점에서 매우 상이하게 평가할 수 있다. 지방적 생산의 중요도에 따라 군(軍)과 시(市)는 상이한 재정 수단과 거주 공간을 받았다. 군이 적게 받으면 받을수록 현지에서는 자구 노력이 요구되었다. "우리는 궁지에 몰린 '삶의 곡예사' (Lebenskünstler)로서 모든 악조건에도 불구하고 그것을 성취했다"라는 의미에서 그것은 당과 기업, 자영업자와 시민 사이에 비공식적인 동맹을 창출했으며 의식하게 만들었다. 많은 공장재 부족이나 공급난 역시 정상적인 경로 밖에서 해결하려고 시도했다. (예컨대, 불법 제작, 자급자족과 야채의 자가 경작, 개인적인 가축 사육 등을 통해) 여기서 전시와 전쟁 이전의 경험들이 도움이 되었다. 재료와 특정 소비재, 예컨대 자기 소유의 집을 위한 건축 자재, 가구나 자동차 등과 같이 마련하기 어려운 것은 구동독 시민으로 하여금 소박한 복지나마 소중하게 생각하도록 이끌었으며, 자신들이 보기에 이루어 놓은 것들에 대한 애착은 그 당시가 오늘날보다 훨씬 더 컸다. 따라서 구동독에서 성과 원칙을 무시한 것을 1980년대 경제적 어려움의 원인으로 보고 구동독 시민을 비판하는 것은 근본적으로

높은 성과를 내려고 하는 태도나 유연성과 서로 상충하지 않는다. 이들은 새로운 사회에서도 통용될 수 있는 개념들이다.

2) 저자들의 설문 조사는 구동독이 전체 독일사의 맥락 속에 위치 지어져야 한다는 것을 보여준다. 유년 시절이나 청소년기를 바이마르 공화국에서 보냈고 제3제국에서 성인이 되었거나 심지어 참전했던 사람들은 1970년대나 1980년대에 태어난 사람들과는 완전히 다르게 구동독의 출발을 체험했다. 사회주의 안에서도 시기에 따라 승자와 패자가 있었다. 이 단계들이 여러 세대를 각인하고 있으며, 따라서 그들은 구동독뿐만 아니라 구동독의 서독으로의 편입도 상이하게 평가한다. 부르첸의 연구 결과에 따르면, 신념이 강한 많은 간부에게서조차 최종적으로 국가가 스스로의 힘으로 위기를 극복할 수 있으리라는 희망은 사라졌다. 특히 노인 세대는 독일의 분단과 그 원인이 구동독 시민의 삶에서 특별히 짐이 되었다는 사실을 더 분명하게 고려해야 한다고 본다. 많은 연로한 구동독 시민은 독일 통일을 서독으로의 편입을 통한 구동독 정치의 실패의 결과로서가 아니라 새로운 헌법에 기초해 두 독일 국가의 의도된 결정으로서 이루어졌더라면 좋았을 걸 하는 아쉬움을 갖고 있다.

3) 국가사회주의는 계급들과 계층들의 생활 관계를 서로 근접시키고자 했고, 이는 사회를 공동체의 질서 원칙들에 따라 형성하려는 시도였다. 조화로운 공동체로서의 사회를 향한 이상을, 이러한 이상을 오용한 나치즘을 겪은 후에 마침내 실현하려는 것이었다. 적어도 이데올로기에서는 그러했지만 현실은 달랐다. 특정 계층이 소유권을 박탈당하거나 통제받았지만 결코 완전히 사라진 것은 아니었다. 회사 소유자 대다수가 구동독을 떠났지만 일부 구기업 소유자들은 인민 소유 기업의 지배인으로서 남을 수 있었으며, 많은 제약을 받기는 했지만 부분적으로는 이미 전전(戰前) 독일에서 획득한 지금까지의 지식을 갖고 기업을 이끌어갈 수 있었다. 교회에 관련된 사람들이나 시민계급도 그들의 발전과 영향력

에서 현저한 제약을 받았지만 완전히 파괴된 것은 아니었다. 사회적 차이들은 서독에서보다 훨씬 적었지만 존재했다. 1989년 이후 구동독에서 정치적으로 덧씌워지고 평정된 사회적 차이가 새롭게 전개될 수 있었다. 마지막으로 기업과 국가의 집합체들과의 관계에서 정치와 이데올로기를 넘어 기능했던 공동체들도 형성되었다. 그것들은 1989년 이후 적어도 몇 가지 분야(이웃사촌, 클럽들)에서는 보존되었다. 하지만 기존 공동체 형태의 상실과 이기주의에 기초한 이익 단체의 대두에 대한 두려움은 오늘날까지도 널리 퍼져 있다. 저자들의 성과는 격변기의 촌락과 소도시의 통합 역량을 입증한다.

국가사회주의와 구동독 시민들이 이데올로기에서도 그렇고 일상을 대처하는 데서도 사회주의 이전 시기로부터 오는 예전의 행동 및 사고 모델을 차용했으며, 심지어 이것을 보존하고 장려했다는 결론에 나는 전

코르디아 슐레겔밀히 박사

1996~2020년 자립적 건축가 겸 건축사진사. 부르첸에서 사회학적
    지방 연구
1990~96년 작센의 소도시 부르첸에서 '전환'의 생애사적 체험에
    대한 사회학적 지방 연구 작업
1989년 할러(Haller)와 호프(Hoff)에서 노동 시간 자문 담당 직원
1987~88년 베를린의 사진 작업장에서 직업 교육. 베를린에서 건축
    사진가 조수
1986년 베를린사회과학센터(WZB) 장학생으로 박사 학위
1979~87년 WZB의 연구원
1972~77년 베를린 자유대학에서 철학과 사회과학 공부
1972년 뮌헨의 인문학 막스밀리안 김나지움에서 고등학교 졸업

체적으로 동의할 수밖에 없다. 그것은 오늘날까지 영향을 끼치고 있다. 그러나 개별적인 사회 구성체가 정치적으로 유발한 장기적인 행동 모델과 심성을 면밀하게 구분하고 그것들이 각각 체제에 순응하는 것을 추적하는 과제가 남아 있다.

자비네 레(Sabine Reh), 베를린
교육사적 관점에서 본 '전환'의 긴 역사

나는 '전환'의 긴 역사에서 추적한 일상과 생활세계에 대한 다양한 양상과 문제 제기 등 프로젝트의 다면성에 매료되었다. 성과들 중에서 핵심적으로 나를 확신케 만드는 것은 과거의 심성들이 여전히 영향을 끼치고 있다는 것이다. 아울러 이것들과 변화하는 구조들 사이에 긴장이 발생했고, 또한 분명히 불확실성이 생겨나 그로부터 어떤 새로운 일상의 실천들이 발전했다는 것이다.

여러 군데에서 내게 분명치 않아 보이는 것은 (여기서 우리는 아직 개별 연구들을 기다려야 한다) 사상과 심성이 실천과 어떤 관계 속에 있느냐, 그리고 구조와의 관계에서는 어떠하냐는 것이다. 내게는 이 문제를 이론적으로나 체계적으로 설명하는 것이 아니라 오직 역사적 과정의 재구성이 중요하다. 내가 여기서 무엇을 이야기하고자 하는지에 대해 보다 명확히 밝히는 것이 유익할 것이다. 아울러 모든 사료를 향해 제기할 수 있는 새로운 질문들을 열 수 있을 것이다. 곧 자신의 설명을 명료하게 하는 것은 스스로 문제를 발견해내는(heuristisch) 기능을 가지게 될 것이다.

일례를 통해 이를 분명히 하기 위해(나는 교육사가이며, 특히 큰 관심과 열정을 갖고 카트린 쾰러의 작업을 추적했다): '전환'과 특정한 변환들을 극복하는 데 있어 커다란 역할을 했으며, 아마도 불확실성이 발생했던 많은 지점에서 안정을 가능케 했던 학교의 '견고한 구조'에 대해 이야기하자는 제안에 전적으로 공감한다. 그러한 '견고한 구조'에 속하는 것들에는 보완적이고 계서적으로 구조화된 역할들, 교사들과 학생들, 학생들의 재학 연도에 따른 그룹 형성, 단계적인 커리큘럼을 가진 학과목 개념, 시험과 점수의 관철 등이 있다. 그 밖에도 (췰러는 이에 대해 언급하지 않았는데) 그것을 세계 커리큘럼(Welt-Curriculum)이라 부르건 그러지 않건 간에, 일종의 기본적인 커리큘럼이 있다. 교육사 서술에서는 '학교 교육의 문법'이라고 말한다. 하지만 **문법**이라는 개념은 구조라는 개념과는 다른 어떤 것을 가리키며, 이를 통해 앞에서 내가 언급했던 스스로 문제를 발견해낼 수 있는 전망을 연다. 문법이라는 개념은 일종의 발생시키는 구조 혹은 (여기서 나는 피에르 부르디외〔Pierre Bourdieus〕의 아이디어를 취한다) 구조화하는 구조를 의미한다. 우리는 다음과 같이 물어야 한다. 그것은 어디에 뿌리를 내렸는가? 그것의 자리는 대체 어디인가? 개인의 아비투스(Habitus)에서? 교사나 학생의 아비투스 혹은 다른 '구조'에서? 법적인 규정이나 행정 규정, 혹은 현지의 행동 규정에서? 아무도 직접 확정하지 않은 암묵적인 규율 혹은 이 모든 것이 함께 작용함으로써? 췰러에 따르면, 관련자들은 넓은 의미에서의 시험이 학교에서 중요하다는 것, 즉 개인별로 점수를 매겨 성적을 표시하는 것이 중요함을 분명히 알고 있다. 나는 췰러에게 기꺼이 묻고 싶다. 성적 개념에 관한 지식이 사회적 경험 및 지방의 규칙과 맺는 관계에 대해 좀 이야기해줄 수 있는가? 이에 대해 우리는 교육사가로서 그것이 항상 도처에서는 아니더라도 구동독의 학교들에서도 있었다는 것을 알고 있다. 어떤 경우에나 '단순히', 혹은 배타적으로 성적이 절대적이지는 않았다는 것을 알고 있다(분명히 말하자면, 서독에서도 항상 단순히 성적이 중요했던 것은 아니다). 정치적 순응이 하나의 역할을 했는데, 이것은 브뢱베가 다른 곳에서 지적하듯이 언제나 예측 가능한 것은 아니었다. 교사들은 학교 관료층에 의해 학생의 성공에 책임을 졌다는 것을 알고 있다. 아마도 그들은 그에 상응해 성적 처리의 방향을 정했다(조심스럽게 이야기한다면 그런 이야기가 퍼져 있었다). '전환'의 시기에 이 모든 것이 학생의 체험에 아무런 흔

자비네 레 교수

2012년부터 베를린 훔볼트 대학에서 역사 교육 연구 담당 교수, 교육 연구와 교육 정보를 위한 라이프치히 연구소(DIPF)의 교육사 연구도서관(BBF) 관장; 교육 연구와 교육 정보를 위한 라이프니츠 연구소에서 2019년 11월부터 사무국 책임 부소장, 그 이전에 프라이부르크 대학, 뮌스터 대학, 베를린 기술대학 교수

2003년 함부르크 대학 교수 인정 논문 출간: Berufsbiographische Texte ostdeutscher Lehrer und Lehrerinnen als "Bekenntnisse". Interpretationen und methodolgische Überlegungen zur erziehungswissenschaftlichen Biographieforschung

1993~2001년 함부르크 대학에서 박사후 과정

1993년 함부르크 대학에서 박사 학위. 출간 1995: "Man gibt uns Unterrricht statt Brot". Arbeitslosenbildung zwischen Arbeitsmarktpolitik und Wohlfahrtspflege in Hamburg 1914~1933.

1990~93년 브란덴부르크주 교사 양성 기관 및 교육, 청소년 및 스포츠부의 연구원

1985~90년 박사 과정 장학생 겸 뤼벡시 재활 교육 학교 교사

1977~85년 독문학, 역사와 교육학 전공, 독일어와 역사 과목 김나지움 교사를 위한 국가고시

1977년 바덴-뷔르템부르크주 필링겐-슈베닝겐(Villingen-Schwenningen)에서 고등학교 졸업

적을 남기지 않았을까? 성적 개념과 구체적인 경험 사이에 있을 수 있는 긴장은 '전환'의 시기에 경험된 것에 아무런 역할을 수행하지 못했는가? 다양한 정치 체제 안에 있는 '견고한 구조'를 가진 현대적인 학교를 통한 사회화 과정 속의 '섬세한 차이의 존재'에 대해 나는 묻는 것이다. 이 것들은 아무런 역할도 하지 못했는가? 구동독의 마지막 수년 동안 학생들이 이미 소홀히 했던 사회 과목과 국방 교육을 넘어 교육 체계에서 아무런 차이를 찾을 수 없을 것인가? 그것은 매우 흥미로운 결과가 될 것이다. 다양한 사료 속에서 그러한 '섬세한 차이'가 끼친 영향을 다시 한번 찾을 수 있는 가능성은 있는가?

헨드리크 베르트(Hendrik Berth), 드레스덴
'전환'의 긴 역사는 얼마나 긴 기간인가

포츠담의 라이프니츠 현대사연구소의 한 연구자 그룹에서 네 명의 역사가가 서면 대화를 통해 독일 통일 이후 30년 동안의 '전환'의 긴 역사를 주제로 토론했다. 저자들 가운데 한 명인 슈뢰터는 구동독에서 태어났지만 사회화 과정의 대부분을 통일된 독일에서 경험했다. 브뢰베와 칠러, 필링어는 구서독 출신이다. 그러나 이 셋 모두 동독에서 오랫동안 살았고, 이 주제에 대해 연구했다. 많은 분야에서 그런 것처럼 여기에서도 어느 정도의 서독 우위를 확인할 수 있다. 그러나 연구 그룹의 동·서 구성은 대략 독일 인구 구성비에 상응한다. 서면 대화뿐만 아니라 연구자 그룹이 출간한 다른 출판물들에서도 복합적인 역사적 내용을 연구하기 위해서는 다소의 개인적 거리가 유익할 수 있다는 것을 인상 깊게 입증하고 있다. 그런 면에서 이 논평의 저자는 구동독에서 태어나 고등학교를 졸업했으며, 작센주에서 대학을 다녔고 오래전부터 드레스덴에서 살고 있다는 것을 밝힌다.

브뤽베가 주거와 주거 재산에 대해 연구하고 토론한 것은 내게 깊은 인상을 갖고 과거를 회상토록 만들었다. a) 두 독일 국가 사이에 1990년까지 이에 관한 경제적 및 법률적 차이가 얼마나 컸는지, b) 통일 이후의 격변이 동독인들에게 얼마나 깊고 본질적이었는지, c) 이러한 경험들이 오늘날까지 어떻게 영향을 끼칠 수 있었는지, 그리고 적어도 기억 문화의 일부에 부정적 영향을 강하게 끼쳤는지.

학교 체제의 변환에 관한 연구를 위해 칠러는 특히 작센의 종단 연구(SLS)[15]를 이용했다. 이것은 1987년부터 수행되었으며, 몇 년 전부터 나도 여기에 참여하고 있다. 연구의 틀 내에서 역사학을 위한 사료로서도 흥미로울 수 있는 다양한 주제에 대한 공개적인 질문들이 계속 제기되었다.[16]

예를 들면 1990년 4차 문항에서의 질문은 다음과 같다. "종합기술고등학교(POS) 졸업 이후에 4분의 3년이 지나갔다. 이 시기를 생각한다면, 당신에게는 학교로부터 현재 당신의 활동으로의 이동이 얼마나 성공했는가?" 연구의 텍스트는 순전히 그 시기에 쓰여진 사실성 있는 것으로 "그때 어떠했을까"에 대한 회고적 기억이 아니다. 따라서 기억이 회고적으로 왜곡되는 것은 배제되어 있다. 아마도 당시에 주제를 너무 좁게 설정한 탓에 질문 내용이 제한적으로만 영향을 끼칠 수 있다.

SLS의 참가자들(모두 1973년생)은 이중의 현장 증인으로서 특히 학교 체제의 개조라는 주제에 귀한 정보를 제공해줄 수 있다. 그들은 졸업반으로서 10년 동안 종합기술고등학교를 구동독에서 완전히 통과했지만 직업 교육이나 대학 과정 등은 이미 통일된 조건 아래 졸업했고, 그 사이에 대다수 그들 자신의 아이들과 함께 '새로운' 학교 체제에서의 경험을 수집했기 때문이다.[17] 오늘날의 학교 체제를 '전환 전'과 비교하라는 질문에 여러 해 전부터 단지 소수만이 현재의 학교 체제를 구동독 학교 체제와 비교해 더 낫다고 평가한다. 약 70퍼센트의 참가자가 구동독의 학교 교육이 더 좋았다고 말했다.[18] 1990년 이래의 통일 과정에 대한 많은 학문적 분석에서처럼 내 생각에는 서면 대화에서의 기본 시각은 비판적이면서도 문제의식에 초점을 맞추고 있다. 하지만 우리는 그런 모든 정당한 비판에도 불구하고, 통일이라는 사건 자체가 얼마나 큰 행운이었는지에 대해 진술해왔으며, 현재도 그처럼 진술하고 있다는 것을 잊어서는 안 된다.

제목에서 제기했던 질문에 답하기 위해: 앞으로 30년 뒤에, 즉 통일

헨드리크 베르트 의학 교수

2016년부터 드레스덴 공대 의학부 심리사회적 의학과 발전신경학 분야에서 응용 의학심리학과 의학사회학 연구 그룹의 책임자

2010~16년 드레스덴 공대 의학부 의학심리학과 의학사회학 책임 지도자

2000~10년 드레스덴 공대 의학부 의학심리학과 의학사회학 공동 연구원

2000년 라이프치히 대학 의학부 의학심리학과 의학사회학 연구원

1996~2000년 드레스덴 공대 교육심리학과 개발심리학 연구소 연구원

2015년 조교수 임명과 대학 교수로서의 권한 허용

2009년 드레스덴 공대에서 교수 인정 논문

2003년 드레스덴 공대에서 박사 학위

1991~96년 드레스덴 공대에서 심리학 공부

1989년 포그틀란트(Vogtland)의 라이헨바하(Reichenbach)에서 고등학교 졸업

60년인 2050년에도 '전환'의 긴 역사는 여전히 끝나지 않을 것이다. 어떻든지 SLS 참가자들은 경제적 통일과 내적 통일의 실현에는 여전히 긴 기간이 걸릴 것이라 추측하고 있다.[19]

볼프강 둥켈(Wolfgang Dunkel), 뮌헨
사회학자의 관점에서 본 "'전환'의 긴 역사"

'전환'의 긴 역사 연구팀은 우리로 하여금 그들의 서면 대화를 갖고 '전환'을 포함해 그 전후의 한 시기에 대한 현대사 연구에 참여토록 해준다. 저자들은 참가자들의 토론을 발화된 텍스트로서 여길 것인지, 아니면 기록된 텍스트로 여길 것인지를 우리에게 열어놓는 특이한 포맷을 선택했다. 일반적인 학술서와 달리, 그것은 연구팀 내에서의 토론을 받아 적게 하면서 제1부(51쪽 이하)에서는 참여한 연구자들의 생애사적으로 각인된 관점으로 안내하는 동시에 현대사가들이 어떻게 작업하는지를 알 수 있게 해준다. 제2부(70쪽부터)에서는 연구팀의 중점 주제들로부터 나온 성과가 서면 대화라는 대화 형식을 통해 소개된다.

나는 사회학자이며, 내 자료들은 일반적으로 현재로부터 획득한다. 그런데 최근 내가 속한 노동사회학 및 산업사회학 분야도 과거 연구의 2차 분석을 연구 방법으로서 발견했다. 우리는 그것을 갖고 자신의 연구 문제를 역사적으로 비교하면서 다룰 수 있는 것이다.[20] 거기서 사회학은 역사학의 방법론들로부터 많은 것을, 예를 들면 자신의 연구 문제를 밝히기 위해 다양한 사료의 이용을 배울 수 있다. 사회학에서는 훨씬 더 강하게 양적이거나 질적인 방법론에, 그리고 그로 인해 숫자나 텍스트에 집중하고 있다.

더 나아가 연구팀의 작업은 내용적인 이유에서도 대단히 흥미롭다.

왜냐하면 나는 1980년대 말의 생활세계 연구의 틀 속에서(서독에서),[21] 그리고 1990년대 초에 (동독에서) 인터뷰에 참여했는데, 이것을 필링어가 "사회과학을 위한 문서고연구소, '일상적 생활 영위' 프로젝트 그룹, 라이프치히 연구 1991~1994"(Archiv Institut für Sozialwissenschaften, Projektgruppe 'Alltägliche Lebensführung', Leipzig-Studie 1991~1994)라는 이름으로 자기 연구에 이용했기 때문이다. 이것은 한편으로 1991~93년까지의 인상 깊었던 연구 체류를 개인적으로 회상하게 한다. 당시 대화는 대부분 대화 상대의 개인 집에서 이루어졌는데, 이러한 방식으로 '전환' 동안의 삶을 대담을 통해서만 받아 적은 게 아니라 주거 및 생활 형편 속에서도 실감할 수 있었다. 다른 한편으로 이것은 현대사와 사회학적 생활세계 연구 사이에 대화의 가능성을 열어주었다. 장기간 지속된

볼프강 둥켈 박사

2019년부터 질적·노동사회학적 연구 데이터를 위한 학제적 센터의 이사회 의장 대리(FDZ eLabour e.V.)

2003년부터 뮌헨 사회과학연구소(ISF) 이사

2001년부터 뮌헨 사회과학연구소 학자

1998~2001년 오버바이에른(Oberbayern) 지역 노동자복지 지역연합의 질적 경영(QM) 담당관

1994~96년 뮌헨 공중보건 연구연합의 프로젝트 기획 담당

1993년 카를 마틴 볼테에서 철학 박사

1987~99년 뮌헨 루드비히 막스밀리안 대학(LMU)의 특별 연구 영역 333의 연구원('노동의 발전 전망', '일상적 생활 영위' 프로젝트)

1980~86년 LMU에서 사회학 공부

1978년 뮌헨에서 고등학교 졸업

심성에 대한 현대사 연구의 성과들은 동독에서의 '전환'에서처럼 포괄적인 사회적 격변기에서조차 생활 영위의 (인간이 어떻게 자신의 삶을 살았는가의 방식이라는 의미에서) 놀라운 안정성에 대한 사회학적 연구 성과들과 어떤 관련이 있는가?[22] 만일 어떤 인물 자신의 관점에서 개인적 삶의 관계들이 보고되는 질적 인터뷰라는 동일한 자료로 분석한다면, 역사학적·사회학적 접근과 인식론적 관심 사이에 구분이 얼마나 분명할 수 있겠는가?

연구팀의 이후의 작업에서도 큰 흥미를 느끼지 않을 수 없다. 나는 서면 대화를 차후의 출간을 위한 훌륭한 서막이라 느꼈다.

1   오늘날의 역사철학은 이러한 종류의 사실에 반대되는 가상을 잘 인식했다. Black, Jeremy: Other Pasts, Different Presents, Alternative Futures, Boomington 2015, p. 7. 역사의 회귀 불가능성에 대해서는 Lorenz, Chris: Blurred Lines. History, Memory and the Experience of Time, in: International Journal for History, Culture and Modernity 2 (2014) 1, pp. 43~63 참조.

2   폴란드의 체제 이행에 대한 독일어로 된 낙관적 설명의 좋은 예로는 Buras, Piotr/ Tewes, Henning: Polens Weg. Von der Wende bis zum EU-Beitritt, Stuttgart/Leipzig 2005 참조.

3   지난 수십 년 동안 폴란드에서 수행된 양적인 사회학적 연구들 중에서 특히 1988년 이래 폴란드 과학아카데미 철학과사회연구소에서 사회 구조의 변동에 대해 연구한 표본 집단 연구를 언급할 필요가 있다. 이 연구는 주제상의 다양성뿐만 아니라 이론적 및 방법론적 독창성을 통해서도 돋보인다. 인터뷰어는 표준화된 설문지를 갖고 5년마다 첫 번째 연구에서 대표적인 표본 조사를 통해 선정된 사람들의 생애사를 파악한다. 매번 조사 시기마다 새로운 연령층이 추가된다. 프로젝트 웹사이트 http://polpan.org/en/about-polpan/는 프로젝트에서 나온 광범위한 문헌을 수록하고 있다.

4   다양한 지방적 양상들 속에서 폴란드의 체제 이행을 아마도 민속학적으로 가장 탁월하게 연구한 것으로는 Rakowski, Tomasz: Hunters, Gatherers, and Practitioners of Powerlessness. An Ethnography of the Degraded in Postsocialist Poland, Oxford/New York 2016.

5   예컨대, Mrozowicki, Adam: Coping with Social Change. Life Strategies of Workers

in Poland's New Capitalism, Leuven 2011; Urbańska, Sylwia: Polka na odległść. Z doświadczeń migracyjnych robotnic 1989-2010(Mutter Polin auf Distanz. Aus den Migrationserfahrungen von Arbeitnehmerinnen 1989-2010), Toruń 2015.

6 폴란드에서 10년 이상 역동적으로 발전해온 구술사 연구는 오랫동안 전쟁 경험에 집중해왔다. 하지만 그것은 점점 변하고 있다. 체제 이행은 여기서도 중요한 대상이 되고 있다. 최근의 주목할 만한 사례로는 Wawrzyniak, Johanna/Leyk, Aleksandra: Cięcia. Mówiona historia transformacji(Kürzungen. Die gesprochene Geschichte der Transformation), Warszawa 2020 참조.

7 특히 Drenda, Olga: Duchologia polska, Rezeczy i ludzie w latach transformacji (Polnische Geisterologie. Dinge und Menschen in Übergangsjahren), Kraków 2016 참조.

8 널리 퍼진 개념의 폴란드어 번역을 의미한다. Tischner, Józef: Etyka Solidarności i Homo Sovieticus, Kraków 1992.

9 종합적인 서술을 위해서는 Leyk, Aleksandra: Between rejected socialism and desired capitalism: social sciences' discourse on the transformation in Poland, in: European Review of History: Revue européene d'histoire 23 (2016) 4, pp. 643~63 참조.

10 Oral-History-Interview von Anja Schröter mit Detlef Junker, Schwerin, 2019, 6. 20, Fragebogen Schelfstadt e.V., 1991, Robert-Havemann-Gesellschaft, IBIS 24, o.P. 참조.

11 Alheit, Peter/Bast-Haider, Kerstin/Drauschke, Petra: Die zögernde Ankunft im Westen. Biographien und Mentalitäten in Ostdeutschland, Frankfurt am Main 2004; Vester, Michael/Hofmann, Michael/Zierke, Irene (ed.): Soziale Milieus in Ostdeutschland. Gesellschaftliche Strukturen zwischen Zerfall und Neubildung, Köln 1995; Gebhardt, Winfried/Kamphausen, Georg: Zwei Dörfer in Deutschland. Mentalitätsunterschiede nach der Wiedervereinigung, Opladen 1994.

12 예컨대, 종전 이후 프랑크푸르트 사회연구소의 유명한 다름슈타트 연구와 1970년대 베니타 루크만(Benita Luckmann)이나 1980년대 울페르트 헤얼린(Ulfert Herlyn)의 연구서들을 보라.

13 Lepenies, Wolf: Folgen einer unerhörten Begebenheit. Die Deutschen nach der Vereinigung, Berlin 1992; Offe, Claus: Die deutsche Vereinigung als natürliches Experiment, in: Giesen, Bernd/Leggewie, Claus (ed.): Experiment Vereinigung. Ein sozialer Großversuch, Berlin 1991, pp. 77~86.

14 Schlegelmilch, Cordia: »Wurzen beginnt mit W, das ist schon immer so gewesen«. Zusammenleben in einer sächsischen Kreisstadt vor und nach 1989, Teil 1: Methodische und theoretische Vorarbeiten einer empirischen Gemeindestudie, in: BIOS 17 (2004) 1, pp. 35~68; Schlegelmilch, Cordia: »Wurzen beginnt mit W, das ist schon immer so gewesen«. Zusammenleben in einer sächsischen Kleinstadt vor und nach 1989, Teil 2: Empirische Ergebnisse einer ostdeutschen Gemeindestudie, in: BIOS 18 (2005) 1, pp. 48~94; Schlegelmilch, Cordia: Eine Stadt erzählt die Wende:

Wurzen/Sachsen 1989-1990, Beucha/Markkleeberg 2019.

15 Sächsische Längsschnittstudie: http://www.wiedervereinigung.de/sls(Zugriff am 2020. 3. 23.); Berth, Hendrik/Brähler, Elmar/Zenger, Markus/Stöbel-Richter, Yve (ed.): 30 Jahre ostdeutsche Transformation. Sozialwissenschaftliche Ergebnisse und Perspektiven der Sächsischen Längsschnittstudie, Gießen 2020.

16 Zöller, Kathrin: Daten, Quellen, offene Fragen. Die Sächsische Längsschnittstudie aus zeithistorischer Perspektive, in: Berth/Brähler/Zenger/Stöbel-Richter (ed.): 30 Jahre ostdeutsche Transformation, pp. 197~210.

17 사례들은 다음의 참가자 보고서들에서 찾을 수 있다. Bert/Brähler/Zenger/Stöbel-Richter (ed.): Gesichter der ostdeutschen Transformation. Die Teilnehmerinnen und Teilnehmer der Sächsischen Längsschnittstudie im Porträt, Gießen 2015.

18 Förster, Peter: Von der Enttäuschung vom Sozialismus der DDR zur Zukunftsangst in Ostdeutschland, in: Berth, Hendrik/Brähler, Elmar/Zenger, Markus/Stöbel-Richter, Yve (ed.): Einheitslust und Einheitsfrust. Junge Ostdeutsche auf dem Weg vom DDR- zum Bundesbürger. Eine sozialwissenschaftliche Langzeitstudie von 1987-2006, Gießen 2007, pp. 25~106, 특히 p. 69.

19 Förster, Peter: Über eine Studie, die schon mehrmals sterben sollte, noch immer lebt und weiterleben muss, in: Berth/Brähler/Zenger/Stöbel-Richter (ed.): 30 Jahre ostdeutsche Transformation, pp. 33~142, 특히 p. 34.

20 Dunkel, Wolfgang/Hanekop, Heidemarie/Mayer-Ahuja, Nicole (ed.): Blick zurück nach vorn. Sekundäranalysen zum Wandel von Arbeit nach dem Fordismus, Frankfurt am Main/New York 2019 참조.

21 Projektgruppe »Alltägliche Lebensführung« (ed.): Alltägliche Lebensführung. Arrangments zwischen Traditionalität und Modernisierung, Opladen 1995 참조.

22 Weihrich, Margit: Kursbestimmungen. Eine qualitative Paneluntersuchung der alltäglichen Lebensführung im ostdeutschen Transformationsprozeß, Pfaffenweiler 1998 참조.

카타리나 하클(Katharina Hackl)

"1989년과 그 전후의 시간을
당신은 어떻게 경험했나요?"

A5 용지에 적은 기억들

2020년 1월 '전환'의 긴 역사 연구 프로젝트팀은 거의 4년에 걸친 학문적 작업 끝에 그 결과를 놓고 동독 주민들과 함께 대화를 나누는 작업에 들어가게 되었다. 4일에 걸쳐 우리는 튀링겐주의 마이닝겐시, 브란덴부르크주의 작은 마을 가레이, 베를린 교외의 클라인마흐노프 지역, 작센주의 대도시 라이프치히 등을 방문했다. 옷가지와 예전 동독에서 쓰던 빨래집게, 많은 양의 A5 용지 등을 배낭에 집어넣었다. 우리가 방문하는 사람들에게 줄 1989/90년 이전과 당시, 그 이후의 기억들을 묻기 위한 세 가지 다른 버전의 대화 카드(Dialogkarte)가 준비되었다. 그 밖에도 성별과 나이, 직업에 따라 답변할 수 있었다. 그렇기는 하지만, 만일 기억이 거의 모든 삶을 포괄한다면 사람들은 주어진 불과 몇 줄에 무엇을 적을 수 있겠는가? 1989년 11월 9일에 아직 어린아이였다면? 만일 1990년대에 '구'서독에서 동독으로 이주했다면? 농촌 지역에서의 삶에 대한 기억을 각인시킨 것은 무엇이고, 도시에서의 삶에 대한 기억을 각인시킨 것은 무엇인가?

네 차례에 걸친 저녁 행사에는 총 250명이 참석했다. 그들 가운데 47명이 100장 넘는 대화 카드를 작성했다. 이들 47명을 통해 그들이 대화 카드를 작성하던 당시의 평균 나이가 59세(가장 젊은이는 19세, 가장 나이 많은 노인은 92세)였음을 확인할 수 있었다. 남성보다는 여성이 조금 더 많이 자신들의 기억을 작성했다. 학자층 사람들은 대부분(그 가운데에는 엔지니어가 많이 있었는데) 단순히 연금 수급자로 기재한 이들이 많아 그들 모두를 하나의 직업 집단으로 분류할 수는 없었다.

당연히 100여 개의 진술들이 동독에 살던 사람들의 기억이 갖는 다층적 '전환'의 총체를 반영하는 것은 아니다. 그럼에도 대화 카드의 분석을 통해 드러나는 것은, 비교적 작은 집단 안에서도 동독인들의 '전환'에 대한 이야기의 반복되는 모티프들이 있다는 것이다. 역사가 라인하르트 코젤렉(Reinhart Koselleck)은 기억의 집단성에 대한 논의에서 중요한 지적을 제시한 적이 있다. 즉 집단적 기억이라는 것 자체는 없지만, '기억이 만들어질 수도 있게끔 하는 집단적 조건들'[1]은 있다는 것이다. 이는 1989/90년의 정치적 변혁에 대한 기억에서도 또한 적용된다. 기억과 진술의 형성에 절대적으로 영향을 끼친 것은 정치적·사회적 구조들이다.

'전환'과 그 전후 시기에 대한 동독인들의 기억

대화 카드에 서술된 기억의 내용을 정독하면서 곧 분명해지는 것은, 그 서술자가 도시에 거주하는지 농촌에 거주하는지, 젊었는지 나이가 들었는지 혹은 동독에 살았었는지 서독에 살았었는지가 1989/90년경 가졌던 기억과 서술에 결정적인 영향을 끼친다는 것이었다. 세 종류의 카드를 모두 작성했던 사람들은 대부분 동독 내 도시(주로 마이닝겐, 베를린, 라이프치히)에 살았던 노년층(오늘날 60세가 넘은)에 속하는 사람들이었다. 이들 그룹이 여기에서 가장 상세하게 자신들의 기억을 기술하고 있다. 그러나 예를 들어 농촌 주민과 같이 다른 생활 배경을 갖고 있는 사람들의 카드에서도 내용 있는 진술이 있었다.

과거 동독 시민들의 기억 안에서 가장 공통성이 없는 것 가운데 하나는 행복한 어린 시절에 대한 기술이었다. 이에 따르면, 무엇보다 도시 환경에서 살던 사람들은 1980년대 말경이면 점차 체제 비판적이 되어 갔으며, 곧 변화가 닥칠지도 모른다는 것을 감지했다. 과거 교사였던 한 여성(73세, 마이닝겐)은 다음과 같이 전한다. "1987~89년은 대단히 감정을 자극하는 시기여서 모든 것이 변하고 있었으며, '역사'에 뭔가 문제가 있다는 것을 느낄 수 있었다." 어떤 이들은 점차 동독의 국가 체제를 의심하기 시작했다. ─ "칭송되는 것들과 실제 현실 사이의 간극은 인민 공유 기업에서 진행된 교육에 의심이 가도록 만들었다"(주부, 46세, 라이프치히). 또 다른 이들은 1989년 5월 7일 지방의회 선거에서의 선거 부정이나 시위에 참여한 사람들에 대한 국가의 폭력적 대응 같은 부정적 경험들을 통해 정치적으로 변하게 되었다. "1989년 10월 7일 국가 폭력을 내가 몸소 겪은 것은 아니었다. 나는 교회에 몸을 피한 사람들이 두들겨 맞는 것을 보았다"(간호사, 49세, 클라인마흐노프). '전환'기와 그 이전 시기의 비판적 의식이 정치 참여로 발전하게 되는 것을 여러 번 확인할 수 있다. 특히 라이프치히 사람들은 1989/90년을 항의와 저항의 시기로 기술하고 있다. "라이프치히에서는 선거 부정에 항의해 시위를 벌이고 공동 토론회를 열었으며, 대규모 집회를 개최했다"라고 82세의 한 목사는 기술하고 있다. 이 시기가 얼마나 감정에 휩쓸리고 흥분되었던가가 종종 강조된다. "내가 거리로 나섰을 때가 16세였다. 그것은 내 삶에서 지금까지도 가장 강력한 감정으로 남아 있다. 무언가 큰 것을 움직일 수 있다는 감정이었으며, 공동체와 힘, 변화를 위한 감정이었다"(주부, 46세, 라이프치히). 많은 대화 카드가 저항과 반정부적 행태로 각인된 1989년 가을

의 라이프치히라는 긍정적 자기 이미지로 분명하게 분류된다. 이에 이의
를 제기하는 기억들은 없다.

"당신은 어떻게 1989/90년을 경험했나요?"라는 질문에 대한 답변들
은 대부분 기술하는 사람의 나이에 따라 차이가 생긴다. 당시 이미 분명
한 직업 생활로 들어선 세대는 '전환'을 특히 새로운 구조화, 실직 혹은
대대적 변화 등 자신들의 직업적 환경과 연결해 회고하는 데 비해, 당시
15~25세 사이의 젊은 세대는 갑작스럽게 수많은 가능성을 갖게 되었다
는 감정이 지배적이었다. "변화와 전환은 좋은 것이다"라고 한 여성 교
육자(55세, 크라인마흐노프)는 적는다. 어느 57세의 여성 교육자는 가레
이에서의 행사에 참석해 다음과 같은 단어들로 당시의 느낌을 표현했다.
"감정이 북받쳐 오르는, 긴장된, 변화가 가득 찬, 이를 경험한다는 것이
그저 기뻤던."

단지 소수의 사람들이 독일 통일에 대해 의견을 표명한 것은 놀랄 만
한 일이다. 이를 언급한 이들의 생각도 통일적이지 않다. 앞에서 이미 인
용했던 목사는 "통일이 기뻤다"라고 이야기하지만, 다른 사람은 민영화
과정에 대해 비난한다. "1989년 11월 4일부터가 가장 추운 시절이었다.
모든 것이 가능했으며 …… 유감스럽게도 1990년 10월 3일에는 모든 것
이 다 끝나버렸다. '새로운' 동독이란 전혀 없었고 이미 있어왔던 서독
만 있었다"(지도 제작자, 52세, 가레이). 전직 교사(71세)였던 마이닝겐 출
신의 또 다른 사람은, 예를 들면 정보의 자유는 긍정적으로, 관료주의는
부정적으로 평가하면서, 통일된 독일에서 생의 장점과 단점을 동시에 본
다. 가레이 같은 농촌 지역 사람들은 비록 동독의 과거에 대해 양가적 관
계를 갖고 있기는 했지만, "미래가 없음"(여성 교육자, 57세)에 질렸다는
이들부터 "사실 나는 불만이 없었다"(여성 연금생활자, 62세)라는 사람까
지, '전환'의 시기 동안, 그리고 그 이후를 부정적 전개로 생각한다는 면
에서는 동일했다. "말하자면 모든 것이 뒤집어졌으며 갑작스레 모든 것

202

이 변했다. 실직과 하르츠 4(Hartz IV, 실직자가 받을 수 있는 실업 수당 —
옮긴이). 농촌의 공장들은 사라졌고 일자리도 없었다. 어려운 시기였다"
(여성 연금 생활자, 62세, 가레이). 가레이의 주민 수가 235명에서 86명으
로 줄었다고 70세의 공업경제학자는 기술하고 있는데, 많은 사람이 서
독이나 동독의 도시로 이주했다는 것이다. 농촌에서의 정치적 변혁을 경
험한 사람은 '전환'을 오히려 부정적인 쪽으로 기억하고 있는데, 그것은
이들의 생활세계가 이주나 실직, 산업 인프라 구조의 붕괴 같은 상태로
빠지게 되었기 때문이었다. 특히 나이 든 농촌 주민들은 이러한 통일의
결과가 동부 독일에서 오늘날까지도 그 영향을 끼치고 있음을 강조한다.
"사람들이 그런대로 어느 정도 다시 일어서기까지는 오래 걸렸다"라고
이미 앞에서 인용했던 여성 연금 생활자는 전하면서 남은 것은 적은 연
금, 실업, 부족한 산업 인프라, 그리고 "많은 고립된 삶, 부족한 공동체 정
신"이라고 쓰고 있다.

　　다른 시각을 제공하는 젊은이들(당시 10대이거나 청년이었던)이나 도시
민들의 기억도 있다. 그들에게서 1989/90년 이후의 시기는 긍정적 의미
에서건 부정적 의미에서건 간에, 변혁과 새로운 출발의 시기를 의미했
다. "추구와 새로운 시작의 시기: 존재의 불안, 그러나 또한 새로운 시간
속으로의 각성"이라고 40세의 가레이 영화 제작자는 기술한다. "비판과
현 사회에 대한 관찰을 동반하면서도, 종종 '전환'기 직후의 기억은 역
동적·성공적·긍적적이고 숨가쁘며, 강렬하고 연결적이며, (모든 시작은
새롭다) 놀라우면서 창조적이다"(교사, 52세, 마이닝겐). 문제는 "잘난척
하는 서독 것들"(Besserwessis)과 "2류 독일인"(Deutsche 2. Klasse)(기술자,
40세, 라이프치히), 그리고 "일상 속 인종주의 현상 및 우파적 사고와의 각
축"(건축가, 58세, 라이프치히)이며, 또한 오늘날 "돈이 모든 것을 지배하
고 있다"(직업 미상, 67세, 라이프치히)라는 것이다.

동독인과 서독인에 대해: 클라인마흐노프의 경우

대화 여행 중에 클라인마흐노프에서는 서독에서 성장한 행사 방문자들이 지금까지 가장 많이 참가해 대화 카드를 작성했다. 카드의 3분의 1이 이들에 의해 작성되었다. 비록 이 지역이 브란덴부르크주에 속해 있기는 하지만 베를린 시 외곽에 위치하고 포츠담에 근접해 있으며, 1930년대부터 자연 속에 묻힌 외곽 도시라는 지역사(地域史)가 1990년대에 구서독과 서베를린으로부터 많은 사람이 이주해 오는 것을 설명해 주고 있다. 여기에 모인 이들의 1989년과 그 전후에 대한 기억이라 해서 다를 수는 없다.

대부분의 동독인들이 자신들의 삶을 독재 체제와 엮이며 사는 동안에 서독인들은 오늘날까지도 긍정적인 기억을, 동독에 대해서는 양가적 관계를 갖고 있다. "회색, 우울함, 제한적 미래, 어린아이 취급. 하지만 다른 한편으로는 사회적 보장에 대한 안정감과 높은 가치가 부여된 개인적 관계들"(엔지니어, 63세). 서독에서 성장한 이들은 동독을 이국적이며 흥미 있다거나 혹은 끔찍한 이미지로 그리고 있다. "중·고등학교 시절 동독으로의 여행은 권위적이고 괴상하며 낯선 전후 세계로의 시간 여행과 같았다"라고 직업을 밝히지 않은 한 50대는 쓰고 있다. 59세의 생물학자는 다음과 같이 기술한다. "환승 구역을 거쳐 가는 여행은 왠지 겁이 났다. 동독은 낯선 나라였다."

1989/90년 사건이 터진 것이 많은 서독인에게는 "흥분되는 시간"(언론인, 55세)의 시작이었다. 특히 사람들은 1989년 11월 9일을 어디서 어떻게 겪었는지에 대해 대화 카드에 기술했다. 사람들은 호기심이 일었고 독일의 동쪽뿐만 아니라 유럽에 대해서도 알고자 했다. 한 50세 남자는 "동독과 동유럽으로의 호기심에 찬 여행"이었다면서 "장벽은 동독인들을 공간적으로 제약했을 뿐만 아니라 이동의 자유도 제한했으며, 서독인

에게 장벽 붕괴는 그들의 지평을 넓혔다"라고 적고 있다. 그 밖에도 당시의 동독인들뿐만 아니라 서독인들은 마침내 서로를 알게 되었다는 것을 공통적 경험으로 꼽는다. "내게서 개인적으로 가장 좋았던 것은 내 교육 기간이 끝나고 나서 동독에서 온 동료들과 바로 경험을 교환할 수 있었던 것이다"(교육자, 55세).

통일 이후에도 서독인들에게 직업적 일상은 대부분 익숙한 틀을 계속 반복하는 것이었음에 비해 동독인들은 "미래에 대한 큰 불안"(엔지니어, 73세)이 있었으며, "일터에서는 시간적 압박 아래 새로운 방향 모색"(보건학 학자, 47세)이 있었다고 쓰고 있다. 새로운 방향 모색이란 직업뿐만 아니라 소비 행태에도 적용된다. 특히 클라인마흐노프 주민들은 자주 서독 첫 방문과 새로운 물품에 대한 발견에 대해 서술하고 있다. 49세(직업 미기재)의 어느 여성은 예를 들어 "우리는 한 작은 가게에서 첫 아이스크림을 샀다. 그것은 버터 우유-레몬 맛이었으며 대~단히 맛있었다. 그 이후에는 다시는 그런 맛을 경험할 수 없었다. 우리는 이 시기에 광고를 통해 알고 있던 엄청나게 많은 완제품을 맛보았다. 그것들은 우리 취향에는 별로였다"라고 쓰고 있다.

'전환' 이후 클라인마흐노프로 이사 온 많은 사람에게 1989/90년 이후의 시기는 일종의 이제 막 알아가기 시작하는 시간인 동시에 오해로 잔뜩 점철된 시간이기도 했다. 한 엔지니어(62세)는 다음과 같이 분명히 적고 있다. "서독에서 동독으로 직업상 이주했다. 동독의 동료들은 서독에서 온 동료에게 유보적 태도를 통해 강력한 거부를 보여 주었다. 서독에서 이주해 온 이들이 동독 동료들로부터 강한 역동성과 탐구적이고 변화하고자 하는 모습을 경험했다면, 반대로 동독인들은 그들의 서독 동료들로부터 타성과 변화에 대한 준비 부족을 경험했다. 동·서독 동료들 사이의 문화적 긴장은 여전히 있었지만, 사적 영역에서는 줄어들었고 점차 협력적으로 되어 갔다." 63세의 미술사가이면서 지역 정치가인 한 여성은 1991년 동독으로 이주했는데, 첫 3년은 힘들었다고 쓰고 있다. "나는 내 이웃들의 행동 방식에 대해 해석할 수가 없었다." 이 당시 동독의 이웃들은 근본적인 어려움에 처해 있었다. 많은 사람이 자신의 주거 공간을 옛 소유주에게 빼앗기지는 않을까, 새로운 일자리를 못 구하는 것은 아닐까 두려워했었다"라는 것이다. 그러나 그녀는 거의 30년이 지난 지금 "우리는 지금 아주 잘 되고 있다! 가족 연금(2×45년 동안의 노동 시간)이 우리의 삶을 아주 잘 보장해주고 있다"(연금 생활자, 88세)라고 쓰고 있다.

"사람들은 완전히 새롭게 방향 설정을 해야만 했다"
(연금생활자, 69세, 클라인마흐노프): 결론

진술된 경험들과 문자화된 기억들의 잡동사니로부터 우리는 어떤 결론을 끌어낼 수 있을까? '전환'의 시기에 사람들의 나이가 얼마나 되었으며, 농촌에 살았든 도시에 살았든, 남성이든 여성이든, 그들이 어떤 직업을 가졌었든 간에, 이 모든 것과 무관하게 ― 대화 카드를 작성했던 모든 사람은 1989/90년을 하나의 전환점으로 경험했거나, 아니면 적어도 그렇게 오늘날은 기억한다. 또한 여기서 보여주는 것은 서면 대화를 통해 드러나듯이(70쪽 이하 참조), '불확실성의 동시성'이 동독인들의 많은 삶의 영역을 각인했다는 것이다. 그들이 어디에서 그것을 작성했든 간에, 직장, 직업의 재구조화, 새로운 방향 모색, 실업 등이 많은 대화 카드의 중심 주제였다. 변화를 수많은 기회가 동반된 새로운 시작으로 받아들일 것인가, 아니면 거대한 부담으로 받아들일 것인가는 많은 경우 나이가 좌우했다. 그로부터 '전환' 담론에서의 속도 문제가 시작되었다. 1989/90년을 많은 사람은 사건들과 새로움들에 의해 내동댕이쳐진 시기로 기억한다. "느닷없이", "졸지에", "갑자기".

자전적 기억들은 (종종 무의식적으로) "우리에게 정체성(개인적 일관성이라는 의미에서)과 성장이라는 감정을 줄"[2] 일관성 있는 생애사를 유지하는 것을 목표로서 추구한다. 거기에 덧붙여 개인적 기억들은 사회적으로 조건 지워지며, '사회적 틀'[3]에 의해 각인된다. 결국 한 인간의 현재의 삶의 상황에 따라 그 사람이 어떻게 '전환'의 시간을 기억하는가가 결정되기도 한다. 1990년대 이후 지속적으로 실업 상태인 사람은 오늘날 얼마 되지 않는 연금으로 살고 있다. 자기 마을의 지속적인 인프라 구조의 쇠퇴와 인구 이탈을 지켜본 사람은 정치적 변혁에서 긍정적인 것을 거의 발견할 수 없다. 적어도 이런 경우에는 대화 카드에서 긍정적인 것들을 확인할 수 없었다. 하지만 그 당시 적극적으로 평화 혁명에 참여했던 사람은 "지금까지의 삶 가운데 가장 흥분되는 시간"(엔지니어, 62세, 클라인마흐노프)을 경험했으며, 비록 직업상으로 어려운 시기를 거쳤다 하더라도 돌이켜보면서 긍정적으로 평가한다. 특히 라이프치히와 클라인마흐노프의 대화 카드들이 작성자들의 만족스러운 자기 이미지를 전하고 있다. 그들로서는 동독에 대한 자신들의 비판적 태도와 정치 참여를 분명히 드러내는 일이 중요했던 것으로 보이며, '전환' 직후에는 개혁과 그것을 일상에서 일관되게 실행하는 것이 어려웠지만 이러한 도전을 잘 극복했다는 점을 강조한다. 성공의 역사라는 의미에서 개입과 참여에 대해 진술하는 것은 적극적인 '전환'의 경험을 의미한다. 그에 반해 가레이의 주민들은 수동적-체념적 역사를 서술한다. 그렇기는 하지만 그 어디에서도 콕 집어 '전환'의 패자 혹은 '전환'의 승자라는 서사를 만들어내고 있지는 않다. 또한 '투덜거리기만 하는 동독 것들'(Jammerossi)이라는 표현도 여기서는 그저 하나의 스테레오타입으로만 머물고 있다.

끝으로 한 가지 놀랄 만한 것: 어째서 카드를 작성한 사람들 가운데 오직 한 사람만이 '전환'과 관련해 민주주의라는 단어를 언급했을까? 비록 많은 사람이 통일 이후의 자유와 민주적 권리에 대해 전하고 있지만, 그 누구도 민주화의 진행에 대해서는 작성하지 않았다. 어디에 그 원인이 있을까? 분명 이 문제는 다른 자리에서 좀더 자세하게 다루는 것이 나을 것이며, 그에 대해서는 분명히 여러 답변이 있을 것이다.

1   Koselleck, Reinhart: Gebrochene Erinnerung? Deutsche und polnische Vergangenheit, in: Deutsche Akademie für Sprache und Dichtung. Jahrbuch 2000, Göttingen 2001, pp. 19~32, 특히 p. 20.

2   Pohl, Rüdiger: Das autobiographische Gedächtnis, in: Gudehus, Christian/ Eichenberg, Ariane/Welzer, Harald (ed.): Gedächtnis und Erinnerung. Ein interdisziplinäres Handbuch, Stuttgart/Weimar 2010, pp. 75~84, 특히 p. 80.

3   Halbwachs, Maurice: Das Gedächtnis und seine sozialen Bedingungen, Frankfurt am Main 1985, p. 21 참조.

크리스티안 방엘(Christian Bangel)

제로의 시간, 통일 30년차
어느 저널리스트의 논평

자동차를 타고 마이닝겐으로 가려면 일메나우(Ilmenau)를 지나 산등성이 아래 수 킬로미터의 아주 현대적인 터널을 지나야 한다. 터널을 지나 다시 햇빛을 보게 되면 바이에른이 아직 15킬로미터 남아 있기는 하지만, 여전히 동독 경계 안에 있다고 믿을 수 있다. 갑자기 영하의 날씨가 지배하고 침엽수 위에는 눈이 덮여 있다.

마이닝겐이 갑자기 나타나고 커브를 돌아서면 계곡 아래 교회 첨탑들과 뾰족한 전통 가옥의 합각머리들, 그리고 산으로 뻗어 있는 오렌지색 램프들을 가진 작은 겨울 도시를 보게 된다.

독일을위한대안당(AfD)이 뵈른 회케(Björn Höcke, 독일의 가장 대표적인 극우 정치가 — 옮긴이)와 함께 주의회 선거에서 거의 4분의 1의 표를 획득한 지 몇 달 안 되었고, 며칠 뒤면 그들이 에르푸르트 주의회에서 주총리를 함께 선출할 2020년 1월의 튀링겐이었다. 그러나 내가 여기 온 것은 그 때문은 아니다.

나는 2019년 여름에 브뤽베로부터 편지를 받았다. 포츠담의 라이프니츠 현대사연구소의 역사학자이자 에르푸르트 대학의 막스 베버 콜렉의 펠로우인 그녀는 2016년 시작한 연구 프로젝트에 대해 내게 설명해주었다. 그녀의 출발점은 전환이라는 개념에 대해 인용 부호를 붙여 사용하자는 것이었다. 아울러 전환을 평화 혁명과 함께 시작하지도 않았고 그것과 함께 끝나지도 않은 어떤 것으로 보면서, 동독에서 일어난 변화의 그 많은 뿌리를 1989년 훨씬 이전부터 있었고 지금까지도 영향을 끼치고 있는 것으로 보자는 것이었다. 사회의 모든 부분에 영향을 끼쳤던 이러한 충격들을 연구자들은 '불확실성의 동시성'이라고 불렀다.

내게는 그것이 흥미로웠다. 브뢱베의 프로젝트는 현재의 동독을 쇠락 지역 혹은 아무 생각 없는 사람들이 사는 골짜기나 우파들의 집결지로 보지 않으려는, 즉 편견 없는 비이데올로기적 시도로 보였다. 이는 누구나 무조건 지지해야 했던 생각이다. 미디어와 정치에서 동독에 대해 기술하는 것은 동독과 별로 관계없는 독단들을 설명하는 데 이용되고 있다. 브뢱베의 메일을 받은 이후에 나는 사샤 스타니치(Saša Stanišić)의 위대한 소설 『축제 전』(Vor dem Fest)을 생각했다. 가명으로 처리된 브란덴부르크의 농촌 퓌어스텐펠데(Fürstenfelde)의 커다란 마을 축제 하루 전의 모습을 그리는 작품이다. 이곳에서 구동독의 흔적들을 분명히 느낄 수 있지만, 그 신화는 훨씬 더 오래전으로 거슬러 올라간다.

프로젝트 참가팀의 역사가들은 현장 증인들을 인터뷰했고 추가적으로 1990년대에 민속학자들과 사회과학자들이 수행한 인터뷰들을 다시 평가했다. 그밖에도 구동독과 전환기 이후의 아카이브 자료들을 조사했다. 그들은 주제 영역으로 주거, 소비, 학교와 정치 문화를 선택했는데, 거의 모든 동독인이 체험한 것이기 때문이었다. 그들은 이렇게 격변기의 지도, 즉 동독인들의 체험과 격변을 전후한 시기에 대한 기억의 지도를 만들었다.

그리고 그들은 공론장으로 나가고자 했다. 그러나 역사학 대회가 아니라 현장 증인들을 인터뷰했던 장소에서 그들과 함께 연구 성과에 대해 토론하고자 했다. 학교, 시골 레스토랑, 시청 홀, 곧 사람들이 사회의 중심이라고 기대할 수 있는 곳에서 말이다. 연구자들의 구상에 따르면, 나는 이 여행에서 그들과 동행하고 이 대화가 성공할지, 그리고 어떻게 성공할지 관찰해야 했다. 여러 해 전부터 동독을 이해하고자 시도해온 이에게 이보다 흥미로운 것이 있을까? 나는 제안을 수락했다. 우리는 내가 아무런 내용상의 구속도 받지 않는다는 데 합의했고 계약서에도 그렇게 기입했다.

마이닝겐: 성과

학교 앞 주차장에 차를 세우고 내리자 나이 든 남성 한 사람이 나를 주의 깊게 살펴본다.

"마이닝겐에 온 적 있으세요?" 그는 내가 빌린 폴로 차량의 도르트문트 번호판을 보고 묻는다.

"아니오. 하지만 예쁜 도시네요." 내가 미처 말을 끝내기도 전에 그는 계속해서 말한다. "그런데 당신이 놓친 게 있어요."

"그게 뭔데요?"

"나 말이요"라고 말하면서 그는 내 얼굴 표정을 살펴본다.

동독에서 기자로 활동했던 경험으로부터 나는 낯선 동독인을 솔직한 대화로 이끄는 것이 얼마나 어려운지를 알고 있다. 그것은 앙겔라 메르켈이나 이른바 함구령(Sprechverboten)과 별 관계가 없다. 그보다 더 깊은 원인이 있다. 서독, 이 고도로 정치화되고 주목할 만한 사회에서는 누구에게서나 연금 상승 혹은 속도 제한 등의 문제에 대해 어떤 느낌을 갖게 되는지 들을 수 있다. 누구나 일찍부터 자기 생각을 표현하는 법을 배운다. 그러나 동독에서는 다르다. 자신의 욕구는 많은 사람에게서 아직도 공동체의 욕구 뒤로 물러나야 한다. 자기 집 앞의 공간들에 관계되는 문제들에서 많은 사람은 그들의 진술이 어떤 결과를 가져올 것인지 반드시 검토해본다. 1990년대에 할머니는 내게 정치에 끼어들지 말라고 경고한 적이 있다. 그녀는 "언젠가 너는 궁지에 몰리게 될거야"라고 말했다.

마이닝겐은 어딘가를 지향하는 도시인가? 아니면 불신이 지배적인 도시인가? 관광객들이 몰려오는 세계적으로 알려진 스키 도시 오버호프(Oberhof)가 가까이 있으며, 네오(neo)나치가 주민 대다수의 의사에 맞서 극우 축제를 정착시키고자 시도하는 소도시 테마르(Themar)도 근처에 있다. 또한 마이닝겐은 그 사이에 유명해진 행정재판소가 2019년 뵈른 회케를 파시스트라고 불러도 좋다고 결정한 곳이기도 하다.

학교에는 현대식 실용 건물의 잘 닦인 통로 위에 아마도 20명이 좀 넘는 나이 든 사람들과 기분 좋은 표정의 교장, 전도양양한 두 명의 여성 역사가와 한 명의 남성 역사가가 있다. 브뤽베, 그리고 그녀와 함께 이 프로젝트를 수행한 필링어와 쵤러가 그들이다. 두 명의 역사가는 젊고 열성적이고 호감을 준다. 이들은 브뤽베처럼 서독에서 성장했다. 그들이 이제 다가온 행사를 위한 어떤 원고도 갖고 있지 않다는 것을 볼 수 있다. 그들은 아주 밝은 표정이다.

행사가 시작된다. 역사가들이 무대 위에 앉아 있으며, 그 밖에 중부독일방송국(MDR)의 여성 사회자와 붉은색 스웨터를 입은 수학 교사, 그리고 그녀의 말에 따르면 당시 '다소 조역'이었고 현재는 드레스덴에서 성인 교육에 종사하고 있는 과거 김나지움 학생이 있다.

두 명의 현장 증인은 노르만넨 슈트라세와 니콜라이 교회 너머, 그리고 배르벨 볼라이(Bärbel Bohley)와 귄터 샤보프스키(Günter Schabowski)로부터 멀리 떨어진 곳에 자리한 평화 혁명의 이미지를 그린다. 혁명은 뒤뜰을 갖고 있으며, 그것의 현실은 혁명의 목표를 흔히 과장하고 전도

하기도 하는 대중심부 너머에 존재한다.

1994년 인문고등학교를 졸업한 한 여성은 학생들 사이에서 서독의 경제와 노동 시장에 대해 가능한 한 많이 배우려는 필요성이 얼마나 강했는지를 기억한다. 경력과 성과, 승진이 많은 학생에게 중요했다는 것이다. 여기서 그녀는 회고해보건대, 민주주의에 대해 배우는 것은 소홀했다고 말한다. 내가 이해한 바로는 어떻게 선거가 기능하느냐라는 것뿐만 아니라 민주주의가 얼마나 상처받기 쉬운 것인지라는 문제에서도 그렇다는 것이다. 민주주의는 누구를 특히 보호해야 하는가?

붉은색 스웨터를 입은 교사는 겸손하고 조용한 성격인데, 장벽이 열린 직후 학교의 민주적인 개화기를 기억한다. 학부모 회의를 뽑는 선거에서 경쟁적인 투표가 있었고 벽보에는 열정적인 논평들이 있었다고 한다. 매일 새로운 아이디어가 대두한 시기였다. 그의 설명에 따르면, 사람들은 거기에 참여하고 싶어 했다. "언제 그것이 끝났죠?"라고 사회자가 묻는다. "통일 후이지요"라고 그 교사는 서슴없이 답한다.

급히 멈추어버린 혁명, 그것이 칠러가 보고하는 배경이다. 그것은 잘 들어맞는다. 모든 충격에도 불구하고 학교라는 제도는 일찍이 양 독일 지역에서 연속성을 보였던 영역들 가운데 하나였다고 그녀는 말한다. 구 동독 시절과 그 훨씬 오래전부터도 학교라는 개념은 학생들이 닫힌 공간에 조용히 앉아 있고 가르치는 누군가의 이야기를 듣는다는 생각에 근거하고 있다. 이 전체는 성과 및 통제 체계의 지배를 받고 있었다. 필요에 따라 발도로프(Waldorf)나 몬테소리(Montessori)의 교육 원칙이 적용되기도 했다. 이것은 서독에서 학교에 대해 갖고 있는 생각이기도 했다. 이렇게 동독에서 학교는 가장 안정적인 제도들에 속했다. 1992년 브란덴부르크주에서는 동독 교사의 90퍼센트가 여전히 교사로 근무했다.

학교라는 주제 뒤에서 동·서독 사이에 깊이 숨겨져 있던 공통점이 드러난다. 연구자들은 앞으로 며칠 동안 다음의 것을 반복해 강조할 것이다. 바로 성과 원칙. 개인의 복지는 우선 개인적 업적을 기반으로 이루어져야 한다는 동독인들의 생각을 구동독은 40년 동안 별로 바꿀 수 없었다. 국가안전부의 보고서조차도 경제에서 성과 원칙의 부재를 비난했다고 연구자들은 말한다.

다시 성과는 보상받아야 한다는 것이 평화 혁명 이후 구동독 시민의 주요 기대였다. 동독인들은 서독인들의 편견과 달리, 그들의 노동 성과에 따라 대우받을 준비가 되어 있었다. 그들의 실망은 반짝이는 신소비상품들을 만들 기회가 그들에게는 주어지지 않는다는 사실에서 왔던 것이다. 동독인의 4분의 1은 그런 기회를 찾아 동독을 떠났다.

그것은 중요하다. 많은 동독인의 성난 반발 의식을 부분적으로 설명해주기 때문이다. 상처를 준 것은 사회복지의 제공이 너무 적어서가 아니라 자본주의적 경쟁에 뛰어들 가능성이 없었기 때문이다. 그리고 많은 서독인이 그것을 알지 못하고 게으른 동독인이라는 편견을 수십 년 동안 견지했기 때문이다.

주로 노·장년층으로 이루어진 30~40명의 청중은 이것을 부정하지 않는다. 그러나 그것은 어떤 강력한 감정도 일으키지 않는다. 아마도 마이닝겐은 브란덴부르크나 작센의 대부분 장소들에서와는 달리, 실제로 이미 보다 서독화되었을 것이다. 아마도 서독에 가까운 이곳에서는 잊혀졌다는 감정이 에르츠(Erz) 산맥이나 폴란드 국경 지역에서처럼 정체성을 각인하고 있지는 않는 것으로 보인다.

폴로 자동차는 냉각수를 필요로 한다. 계산대에서 젊은 기계공이 두 명의 손님을 동시에 상대한다. 그리고 이제 내 순서이다. 그는 잠깐 기다리라고 부탁한다. 나는 얼마나 걸리냐고 묻는다. 가서 커피를 가져와도 되는가라고 말이다. 그러자 그는 나를 쳐다보며 친절하게, 그러나 난감한 표정으로 말을 한다. "저는 지금 머릿속에서 네 가지 일을 동시에 생각하고 있어요. 우선 이것을 처리하게 해주시겠어요? 그 뒤에 올게요."

가레이: 서독것들(Wessis)

나는 어두워져서야 가레이에 도착한다. 브란덴부르크주 남서쪽의 이 작은 마을에서 연구자들은 프로젝트 기간에 현장 증인 인터뷰를 여섯 차례 수행했다. 이곳이 여행의 두 번째 기착지다.

구동독의 거친 회칠 벽을 가진 집들과 막돌 건축물들이 전형적으로 혼재된 브란덴부르크의 작은 마을이다. 111명의 주민이 사는데 핸드폰은 거의 사용하지 않으며, 음식점 딸린 숙박 업소가 두 곳 있다. 그 가운데 하나에 내 숙소가 잡혀 있을 것이다. 그러나 내가 정확히 모르기 때문에 턱수염을 기른 키 크고 건장한 체구의 업소 주인은 일단 와이파이 비밀번호를 알려주지 않으려 한다.

다른 숙소에서는 연구자들이 이미 기다리고 있다. 내부가 삐걱거리는 마루청과 흑갈색 목재로 된 매력적인 오래된 초록색 집이다. 커다란 응접실은 사랑스러운 난장판이다. 크리스마스 트리는 아직 치워지지 않았고 별 모양 화환이 벽에 걸려 있으며, 누군지 모르는 구동독 시절의 흉상 하나가 서 있다.

T자형의 탁자에는 사람들이 앉아 있는데, 주로 다른 학자들과 기자들이다. 그들은 여주인이 따라주는 커피를 마신다. 아직 가레이 사람은 아무도 안 왔다고 브뤽베가 흥분된 어조로 말한다. 그녀의 동료인 췰러가 오늘 저녁 행사에 오느냐고 물었더니, 한 여성 주민이 매우 퉁명스럽게 거절했다고 설명한다. 가레이 주민은, 아무튼 이 프로젝트에 회의적인 것으로 보인다. 상대가 없는 대화가 될 것인가?

사람들이 오기는 하겠지만 거의 모두가 이웃 동네에서 오는 것이라고 여주인이 확인해준다. 7시에 행사가 시작되기 직전, 초현실적인 분위기가 감돈다. 포츠담과 베를린에서 온 힙한 젊은이들 옆에는 장발의 나이 든 외지인들, 그리고 아주 동독적인 인상의 사람들이 있는데 그들의 얼굴 표정은 과거 노총 대회에서나 필수적이었을 엄한 경직성을 보여주고 있었다.

나는 인근 마을에서 온 여성 노인 한 명과 테이블을 두고 맞은편에 앉았다. 우리는 매우 친근하게 구동독에 대해 이야기를 나눈다. 하지만 그녀가 이야기하기 시작하면 곧바로 그녀의 머리 위에 나타나는 커다란 마이크가 대화를 방해한다. 그것은 동독인으로 보이는 모든 사람에게 나타나는 것 같다. 브란덴부르크-베를린 방송국(RBB)은 취재팀을 하나 보냈고, 일간지 『타게스슈피겔』(*Tagesspiegel*)에서도 기자를 파견했다.

그것은 같은 시기에 SNS 상에서 열띠게 벌어지고 있는 농촌 아이들 관련 논쟁과 관계가 있다. 농업부 장관인 율리아 클뢰크너(Julia Klöckner)는 사회적 미디어 캠페인을 시작했다. 이에 대해 일련의 악의적인 논평들이 올라왔다. 이제 수도의 미디어들은 기자를 농촌으로 보내 그곳 현실을 취재하게 한다. 열정적으로 쓴 기사들이 나타난다. 1주일이 지나면 비스마르크의 개처럼 논쟁은 죽어버릴 것이다.

나와 이야기를 나누는 여성에게는 마이크가 방해되지 않는다. 그녀는 전환기에 대해 솔직히 이야기하면서 한 텔레비전 팀에게 전환 이후의 전체적인 양면성을 프란츠 뮌터페링(Franz Münterfering)처럼 아주 정확한 언어로 다음과 같이 지적한다. "실업 부부 모두 실업이고, 부분적으로 하르츠 4 ― 그것이 바로 사람들이 부분적으로는 정말 그렇게 말했던 어려운 시기였습니다.""맙소사, 그러나 우리는 그러한 방식으로 그것을 원했던 건 아니었어요."

그녀는 62세인데, 1989년의 사건에 의해 직업 생활 한가운데에서 충격을 받은 동독인들이 갖는 전형적인 다양한 직업 경력을 갖고 있다. 구동독에서 소 사육자로서의 직업 교육을 받았고, 이후 산림 노동자, IT-체계 판매인, 수위, 숙식업을 거쳤으며 그 사이에 여전히 이웃 마을을 위한 소식지를 쓴다. 평화 혁명이 전체적으로 좋았었느냐는 질문에 그녀는

"Jain"("예"이기도 하고, "아니오"이기도 하다 — 옮긴이)라고 답한다. 구동독이 압제국가였다는 데는 의심의 여지가 없다. 하지만 오늘날 모든 것이 다 좋은 것은 아니라고 한다. "우리 가족이 어느 정도 안정적인 기반 위에 서기까지 25년이 걸렸어요." 그녀는 그것을 원한 없이 다정하게 이야기한다.

앞쪽 테이블의 머리 쪽에서 연구자들이 두 번째로 그들의 인식에 대해 보고한다. 그들은 오늘 좀더 각을 세워 말한다. 모순에 부딪히기도 하고 거부에 직면하기도 했다는 사실을 숨기지 않는다. 그 이유가 불친절한 대접 때문인지, 아니면 어제 마이닝겐에서 별로 논쟁이 벌어지지 않았기 때문이었는지 불분명하다.

아무튼 쵤러는 구동독의 학교 체제가, 작센의 종단 연구에 따르면, 동독인들에 의해 매년 더 긍정적으로 평가되고 있다는 것을 파악한다. 필링어는 결핍 상황에 대한 당시의 불만과 관련된 분명한 기록들과 구동독의 상황을 오늘날 미화하는 것 사이에 분명한 모순이 있다는 것을 보충한다. 심지어 그는 "동독인들이 자본주의의 문제점들에 대해 잘 계몽되어 있었다면, 그들은 왜 재삼재사 그것을 선택했는가?"라고 묻는다.

행사장은 매우 작아 개별 모임들을 갖기는 힘들다. 그것은 어느 정도 영향을 끼친다. 그래서 여기서는 커다란 회의에서 한 번에 토론이 이루어진다. 휴식 이후에 의미 있는 질문이 나온다. 당신네 연구자들이 지금 서독의 역사학을 수행하고 있다는 것을 분명히 알고 있느냐는 것이다.

학자들은 처음에는 과도한 질문을 받은 듯한 모습이지만, 자신들은 방법론과 분명한 기준들에 결속되어 있고 무엇에 대해 연구할지는 스스로 결정한다고 설명한다. 이는 그곳에 있는 사람들에게 역사학이 얼마나 독립적인 것인지 추측해보도록 만든다. 한 사람이 말한다. "동독에 대한 객관적 역사학이 나올 때까지는 시간이 필요할 것이다." 또 다른 사람은 "우리는 서독인이 우리에 대해 아는 것보다 서독에 대해 훨씬 더 많이 알고 있다". 브뢱베가 거꾸로 동독에서도 '서독인'에 대한 고정된 이미지가 있다고 반격한다. 어찌해야 할지 모르는 상황이다. 저널리스트로서 나는 동독인들과의 대화에서 그러한 일방통행을 자주 보아왔다.

이때 팀의 한 동료가 발언을 한다. 그녀는 박사 학위를 가진 여성 역사가이고 포츠담의 라이프니츠 현대사연구소의 홍보 업무를 맡고 있다. 그녀는 대강 이렇게 이야기한다. 과거 구동독에서는 역사가의 당파성이 조건이자 이상이었다. 우리는 비당파적인 사람은 없다는 것을 안다. 그러나 오늘날 당파성은 더는 이상적인 어떤 것이 아닌, 우리가 밝히고 그것과 씨름해야 하는 어떤 것이다. 그러자 갑자기 마치 그녀가 마법의 언어라도 이야기한 것처럼 많은 사람이 고개를 끄덕인다.

9시경에 행사는 끝났다. 많은 방문객이 저녁 행사에 대해 기뻐한 것으로 보인다. 그러나 누가 그것을 벌써 알겠는가? 대부분의 사람들이 자동차에 앉아 엔진 소리와 함께 집으로 돌아간다. 안에서는 연구자들이 이제 막 일어난 일에 대해 이야기한다. 가레이 사람들은 몇 명 참석하지 않았다. 마을 대표도 오지 않았다. 브뢱베는 행사 계획의 서두에 그를 집어넣지 않은 실수 때문이라고 믿는다. 그가 가레이 사람들을 오지 말라고 했을까? 그렇다면 왜 연구자들에게 인터뷰를 허락한 사람들을 포함해 많은 사람이 그의 말에 따랐을까?

다음날 아침, 가레이 주민인 한 남자가 내게 말을 건다. 그는 어제 무슨 이야기가 오갔는지 알고 싶은 것이 분명했다. 내가 동독인들이 전환기를 어떻게 체험했는지가 주제였다고 말하자 그도 일화를 이야기한다. 그는 거기에 없었던 것을 좀 유감스럽게 생각하는 듯했다. 시간이 없었다고 그는 투덜거렸다.

우리는 정치에 대해 이야기했다. 그는 우파 극단주의를 걱정했다. 최근에 그는 연속극 「바빌론 베를린」(Babylon Berlin)을 시청했다며, 우리가 다시 1933년(히틀러가 집권한 해 — 옮긴이)만큼 왔는가라고 그는 묻는다.

분명히 많은 사람이 연구자들과 이견을 보인 문제들에 대해 막 말문을 열어놓기 시작했다. 그는 서독것들(Wessis)에 대해 이야기한다.

자신은 서독것들을 곧바로 알아본다고 말한다. 그도 역시 친절한 서독인을 알게 되었지만, 대부분의 사람들이 동독에 대해 무지한 것은 그들의 무식의 결과라는 것이다. 그러고 나서 그는 뼈아픈 말을 한다. "서독것들의 무지는 어떤 때는 거만스러운 모습으로 나타나지요."

클라인마흐노프 : 연설들

내가 기억하는, 특히 서독에서 온 사람들은 우리 동·서독인들이 함께 성장하고자 하려 해도 늘 반복적으로 서로 분리되어 있는 것들만 강조되기 때문에 그 과정이 방해받는다고 말한다. 그러나 나 또한 가레이의 숙박 업소 주인처럼 서독에 대해 싸잡아 폄하해 말하는 동독 출신 사람들을 오랫동안 알고 있다. 그들은 서독인들이 동독인들에 대해 관심이 없고, 자기들의 담론을 강요하고, 그들을 이용한다고 비난한다. 10년 동안 서독에서 살았던 동독인인 나는 이러한 사람들을 수십 년 전부터 알고 있다. 비록 일부 동독인의 비난이 근거 없는 것은 아니라는 것을 알고 있음에도 나는 항상 그런 비난에 반대한다.

하지만 나는 많은 동독인이 이러한 비난적 태도 안에 스스로를 가두었다는 것을 안다. 그들이 다음과 같은 비판적인 문제들 — 너희는 인종주의와 우익극단주의에 맞서 무엇을 하는가? 왜 너희는 그렇게 적은 이주자만 받아들이려고 하는가? — 을 수용하지 않는다는 것, 그리고 이러한 대립으로부터 AfD의 형태로 동독과 서독을 더욱 분열시키는 정치적 에너지가 발생했다는 사실을 나는 안다.

재접근이 필요하지만 벌어진 틈에 대해 침묵한다면 성공하지 못할 것이다. AfD가 동독인의 감정을 재삼재사 부추기는 지금, 그렇게 하기에는 너무 늦었다. 침묵으로부터 탈출해야 한다. 숨김없이 모든 것을 탁자 위에 다 드러내야 한다. 하지만 어떻게?

여행의 세 번째 기착지인 클라인마흐노프는 베를린과 아주 가까이에 있어 직접 베를린의 일부로 들어갈 수 있는 곳이다. 우리는 A115번 고속도로에서 SUV-Trail을 타고 반제(Wannsee)와 첼렌도르프(Zellendorf) 방향으로 몇 킬로미터를 달린다. 우리는 뉴스에서 프랑크-발터 슈타인마이어(Frank-Walter Steinmeier) 대통령이 야드-바셈(Yad-Vashem)에서 의미 있는 연설을 했다는 것과 연방의회 의원인 카람바 디아비(Karamba Diaby)의 사무실을 향한 총격과 함께 살해 위협을 받았다는 것을 듣는다. 벌써 고속도로에서 빠져나가는 길이다.

클라인마흐노프는 구동독 시절 서베를린 경계에 있는 외진 장소였다. 크리스타 볼프가 여기서 10년 이상 살았다. 그 사이에 부시도(Bushido, 독일의 유명 래퍼—옮긴이)나 족장인 아라파트 아부-샤커(Arafat Abou-Chaker, 아부-샤커족은 팔레스타인 출신으로 베를린과 레바논, 코펜하겐에 주로 거주하며 일부는 조직 범죄에 연루되어 있다—옮긴이) 같은 유명 인사들의 주거 및 삶의 공간이 되었고, 다른 한편으로는 베를린 미테 지역을 옮겨놓은 듯하다. 래퍼들과 정부 관료들이 동경하는 녹색의 숲 지대 말이다.

클라인마흐노프가 동독과 서독 사이의 불신을 보여준 가장 유명한 장소 가운데 하나였다는 것은 여기서 쉽게 잊혀질 것이다. 클라인마흐노프를 둘러싸고 동독인과 서독인들 사이에 법률적 투쟁이 전개되었다. 하필이면 연방 수도의 고층 빌딩들 앞에서 다른 곳에서는 좀처럼 그렇게 분명하게 관찰하기가 어려운 문명의 충돌이 일어났다. 우리는 일간지『타츠』(Taz), 주간지『차이트』(Zeit)와『슈피겔』(Spiegel)의 기사를 통해 오래전부터 살았던 사람들과 새로 유입해 온 사람들이 얼마나 심한 경멸감으로 서로를 대했는지를 알 수 있다. 심지어 당시에는 클라인마흐노프의 동독인을 대변하는 정당이 만들어졌다. 그것도 성공적으로.

다툼의 핵심은 통일 조약에 명기된 '선반환 후보상'이라는 원칙과 누가 보호를 받아야 하는가, 그리고 서독의 옛 주인이냐 아니면 동독의 소유자냐라는 문제였다. 포츠담과 베를린 사이의 진주(Perle)이자 첼렌도르프 옆에 놓여 있는 클라인마흐노프에서 이미 1991년에 3,200채의 주택이라는, 많은 수의 집에 대해 서독인들이 소유권을 주장했다.

그러는 사이에 더 이상 반환의 법 규정이 아니라 젠트리피케이션이 가난한 사람들을 쫓아내고 있다. 최근 이 지자체의 시장은 주민의 80퍼센트가 전환 이후 유입된 사람들이라고 했다. 싸움은 끝이 났다. 커다란 공적 충돌은 지나갔다. 몰아냄을 통한 평화가 모토였다고 말할 수 있을 것이다. 통일의 많은 다른 영역, 예를 들면 의회, 정당, 경제, 대학과 관공서들에서도 이 원칙이 적용되었다. 그렇게 딱지가 진 상처를 다시 뜯어낼 필요가 있나? 반환 논쟁을 연구한 역사가들은 바로 여기서 공개적 논쟁을 허용해야 하는가? 단지 이러한 사회적 간극과 그 결과를 보여주기 위해서만?

큰 시청 홀은 시작 반 시간 전에 이미 거의 채워져 있다. 처음으로 여기서는 누가 동독 출신이고 서독 출신인지 맞추기가 어렵다. 행사가 열리는 새 시청 청사 앞에서는 나이가 지긋한 여성이 라디오 방송 기자의 인터뷰에 응하고 있다. 그녀는 아주 기쁜 모습으로 말을 한다. 클라인마흐노프는 아주 특별한 곳이라는 것이다. 그녀는 새로 이주해 들어온 사람들과 잘 지내고 있다고, 젊은 세대도 전환 이후에 어떤 일이 있었는지 알게 되기를 바란다고 했다.

브뤽베와 필링어, 그리고 퀼러는 이 행사를 위해 두 명의 손님을 연단에 초청했다. 과거 반체제 인사들이 아니라 전환 당시 20세였던 안드레아 바인리히(Andrea Weinrich)와 전환 이후 슈베린의 건축위원회에서 완전히 쇠락해버린 구시가지를 재개발하는 데 옛 소유자들과 손을 맞잡고 도왔던 구동독 건축가인 고트라이히 알브레히트(Gottreich Albrecht)를 초대했다. 브뤽베는 클라인마흐노프에서처럼 서로 충돌했던 곳은 없었다고 재삼재사 강조한다.

구동독에서는 주거 재산에 관해 의도적인 혼돈과 의도하지 않은 혼돈이 동시에 지배했다. 토지 대장은 극도로 불분명하게 기록되었다. 이것은 계속해서 새로운 행정 구조 개편이 있었던 탓이기도 하고 법률의 불확실성이 국가를 위한 권력 도구였던 탓이기도 하다. 사람들에게는 그러한 상황에 맞추어 대응하는 것 외에 다른 선택지가 없었다. 많은 사람이 재산권이 없더라도 살고 있는 아파트나 집을 자기 재산이라고 생각했다. 그들은 그것을 짓고, 확장하고, 가꾸고, 개조하고, 수선하고 개수 공사를 했다. 1990년에 토지 대장 기입이 다시 중요해질 때까지 그러했다.

'선반환 후보상'이라는 원칙은 새로운 시대에 대한 많은 동독인의 신뢰를 흔들어놓았다. 그러나 지금까지 이야기된 것과는 달랐다. 신청이 들어온 반환 요청 중 단지 22퍼센트만 관청에 의해 실제로 허용되었다. 거의 절반의 신청이 거부되었고 철회된 신청들도 많았다. 클라인마흐노프에서도 많은 재판을 통해 고통스러운 법률 소송이 수년 동안 끊임없이 지속되었으며, 법률 개정이 계속 있은 뒤에야 끝났다. 이 기간 동안에 집의 소유자는 그가 살고 있는 집을 계속 소유하게 될지 알 수가 없었다.

브뤽베는 이 기간에 법치국가에 대한 믿음을 상실한 분쟁 관련자들과의 인터뷰를 소개한다. 이것은 다시금 동독인의 서사나 서독인의 서사가 실제에 상응하지 않는다는 것을 보여주는 지점이다. 반환 요구의 절반 이상이 기각되어 집을 돌려주지 않아도 되었다. 동독인들에게 재산과 법치국가가 무엇을 의미하는지 불분명했다고 이야기할 수도 없다. 단지 그들은 그것을 성과주의처럼 서독인들이 설명하는 것과는 다른 방식으로 체험했던 것이다.

민주주의적인 연방공화국의 설명들에서 무엇이 맞지 않는가? 그것은 때로 거짓말을 하는가? 아마도 구동독 시민에서 연방 시민이 된 누구나 서독의 역사에는 그 스스로 매우 빛나는 국면들도 있었고 모두가 행복한 결말을 맺는 일도 있으리라는 생각을 한 번쯤은 해보았을 것이다. 그러나 후손들의 나라에서는 성과주의적 원칙이 매우 선택적이다. 그리고 계몽된 좌파 자유주의적인 연방공화국을 구성하는 것은 특히 계몽된 좌파 자유주의자들의 미화된 기억이다. 프란츠 요제프 슈트라우스(Franz Josef Strauß)에게 한때 연설문을 써주었던 신우파 아르민 몰러(Armin Mohler)나, 혹은 1970년대와 1980년대에 극우파의 득세와 씨름했던 사람은 그것을 안다.

동독에만 집중하지 않고 서독에도 초점을 맞추는 동서 토론, 그것은 이 사회적 대립이 필요로 하는 산소 역할을 할 것이다. 그것은 이주 배경을 가진 많은 사람에게도 발언할 기회를 줄 수 있을 것이다.

라이프치히: 분화

동독에서 뭔가를 찾고자 한다면 거기에 더 이상 있지 않는 사람들도 찾아야 한다. 전환 이후 동독은 매년 희망에 찬 많은 청년층을 서독에 잃는다. 1991년 이래 거의 400만 명의 청년층이 서독으로 갔으며, 남은 사람들은 평균 연령 이상의 남성들, 즉 노·장년층과 전환 실패자들이다. 이주는 동독의 경제적 낙후성을 계속 공고하게 만들었고 인구적으로나 정치적으로 불균형을 심화시켰다. 이것은 우파 급진주의 및 극우 정당의 득세를 서독에서보다 더 쉽게 만든다. 밖으로 분명하게 드러나는 인종주의는 이 지역이 그렇게 절실하게 필요로 하는 사람들의 유입을 더 실현하기 어렵게 만든다. 그것은 간단히 말해 동독 몰락의 연쇄 고리다. 이주상의 절대적 감소가 2018년에 멈추기는 했지만, 특히 농촌 지역은 주민을 계속 상실하고 있다.

그러나 동독인들의 이주 목표는 더 이상 서독이 아닌, 점점 더 동독의 대학 도시들과 대도시들이 되고 있다. 라이프치히, 예나, 포츠담, 로스톡, 드레스덴 같은 도시들은 서독의 대학생들에게도 매력적이기 때문에 동독 한가운데서 인구적으로나 문화적으로 새로운 성장 잠재력이 발전되었다. 그 도시들의 중심가는 서독의 그것과 비교해도 손색이 없다. 마찬가지로 소비 가능성과 국제성, 문화와 하위 문화에서도 많은 것이 제공되고 있다.

새로운 중심 도시들에서의 그들의 생활세계는 동독에 남아 있는 많은 전환기 증인의 것과는 매우 달랐다. 이 장면들에 속한 사람들 가운데 많은 사람은 동독에서 삭발한 머리와 야구방망이의 시기에 대한 생생한 기억을 갖고 있기 때문에 대부분 열정적인 반파시스트들이다. 그럼에도 불구하고 그들은 전환을 상실로서 체험하지는 않았다. 비록 그들의 부모 가운데 많은 사람이 당시 일어났던 고통스러운 역사를 알고 있더라도 말이다.

이 변화들은 정치적으로도 연관이 있다. 동독의 선거 결과를 보면 많은 도시 지역과 농촌 지역, 그리고 승자 지역과 패자 지역 사이에 점점 더 커지는 정치적 간극이 나타난다. 이 간극은 다음 여러 해 동안 더 심화될 수 있을 것이다. 동독 세대들의 대립이 여기서 전개될 것인가? 라이프치히는 연구 여행의 마지막 기착지다. 이곳에서는 아마도 프로젝트를 갖고 흔히 '다른 동독'이라 불리는 어떤 것을 만날 기회를 기대할 수도 있을 것이다.

니콜라이 교회 근처 도심에 있는 현대사 포럼에 약 100명의 사람들이 온다. 연구자들은 원래 다른 장소, 곧 조립식 건물 지역의 문화 센터를 선호했었다고 말한다. 몇 명의 대학생들이 참가하기는 했지만, 청중은 어느 정도 선택되었다고 볼 수 있다. 그럼에도 불구하고 저녁 행사는 여전히 의미 있는 모임이 될 것이다.

행사 자체도 나흘째에서야 겨우 틀이 잡혔다. 흥미를 가진 바이에른 방송의 전문 사회자인 닐스 바인트커(Niels Beintker)가 다시 한 번 연구자들로부터 그들의 가장 중요한 성과들을 이야기하게 했다. 초대 손님으로는 구(舊)녹색당 주의회 의원인 기젤라 칼렌바흐(Gisela Kalenbach)와 젊은 여자 부목사인 샤를로테 보르네만(Charlotte Bornemann)이 무대 위에 앉아 있다.

두 사람은 의심할 바 없이, 말하자면 동독에 대한 다른 시각을 갖고 자신들의 주장을 피력한다. 예컨대, 칼렌바흐는 동독에 대한 향수를 비난하고 동독인들을 고찰할 때 세심한 구분을 해야 한다고 강하게 주장한다. 보르네만이 학교에서의 민주주의에 대해 이야기할 때도 다음과 같이 도발적으로 주장한다. "학교에서의 민주주의는 동독에서도 서독에서도 항상 뜨거운 감자였고, 지금도 그렇다." 어떤 명확한 설명 방향도 취하지 않는 흥미로운 대화의 밤이 지나간다. 여기서 브뢱베는 어느 시점에서 동독적 서사에 관한 질문에 현명한 말들로 답한다. "우리는 동독에 관한 아무런 새로운 마스터 내러티브를 제공할 수 없다. 섬세하게 고찰하는 것이 새로운 마스터 내러티브다."

행사 뒤에 연구자들은 언제나처럼 로비에 서서 대화를 나눈다. 많은 현장 증인이 그들을 꼼짝 못하게 만든다. 주거 재산의 세세한 문제들 때문이다. 로비에서는 동·서독 관계사에 대한 사진전도 볼 수 있다. 여러 장의 사진을 지나 한 젊은 네오나치의 스냅 사진 앞에 선다. 그것은 "나는 독일인이라는 것이 자랑스럽다"라는 설명을 달고 있다. 나는 이 사진, 그의 얼굴 표정 속에 가라앉는다.

그때 한 늙수그레한 남자가 와서 사진 아래 있는 설명(「우측으로의 진격, 1991」)을 지적하며 말한다. "이 사진 설명은 정확하지 않습니다. 혹은

'우측'과 '독일적'이라는 말이 같은 것인가요?"

그 남자는 사진 속의 네오나치를 단순히 우파라고 지칭할 수 없다고 본다. 나는 우파라는 말이 맞다, 그는 **극단적** 우파(극우)라고 답한다. 그러고 나서 그에게 극우 폭력의 시기(Baseballschlägerjahre)에 대해 설명해준다. 전환 이후 독일에서 거의 200명이 극우파들에 의해 살해당했다는 것과 내가 당시 프랑크푸르트(오데르)에서 얼마나 자주 죽음의 공포를 느꼈는지 말해주었다.

그러나 아무런 소용이 없었다. 그는 훨씬 더 나쁜 시기를 경험했으며, 기본법에 따라, 누구도 배제해서는 안 된다고 한다. 마지막으로 그는 자신이 말한 것을 한 번 생각해보라고 내게 말한다. 당신도 그러세요라고 나는 응답한다.

그리고 연구자들의 여행은 끝이 난다.

에필로그

이 여행 내내 나를 사로잡은 감정이 있다. 보고서를 쓰는 이 순간에도 그것은 사라지기는커녕 더욱 강해진다. 연구자들이 연출했던 조용하고 사색적인 순간들이 끝나고 이제 드디어 전환기에 대한 성찰이 시작되면서 비로소 현재의 무너져내리는 소음을 점점 더 크게 들을 수 있다는 감정이 그것이다. 반성하고 심지어는 제정신을 차리는 동독인들이 있을 뿐만 아니라 파괴적이고 분노에 가득 찬, 무엇보다 현재적인 사람들도 있다는 점이 30년이 지난 뒤 전환 이후 시기의 대차대조를 그렇게 어렵게 만든다.

나는 동독과 서독 사이뿐만 아니라 동독 내부에 얽힌 갈등들을 오래전부터 관찰했다. 그것이 수년 전부터 점점 더 심화되는 것으로 보임에도 불구하고 내게는 이야기하는 것 외에는 다른 해결책이 떠오르지 않는다. 다른 쪽의 관점과 이해관계를 잘 파악하는 것, 그것은 항상 급속한 통일과 그 후에 일어난 모든 것에 대해 이야기하는 것을 포함한다. 대화 — 그 밖의 어떤 것이 그렇게 불안정한 지역으로 동독을 만든 마찰들을 해소할 수 있겠는가?

그러나 나는 요즈음 처음으로 다음과 같은 생각을 해본다. 어쩌면 우리는 너무 늦게 대화에 나서고 있는 것이 아닌가?

우리가 동독을 여행하고 있을 때, 튀링겐에서 일어난 위기는 주정부의 위기로 심화되었다. 한 정치인이 저격 당했고, 얼마 지나지 않아 다른 정치인이 노력도 없이 동독의 의회 제도를 이끌게 되었다. 그 후 일어난 일들은 동독의 민주주의가 그리 견고하지 못하다는 인상을 부정하지 못하게 한다. 여기에서는 서독의 많은 규범이 적용되지 않으며, 특히 적용되도록 외부에서 만들 수도 없다. 기민당의 (서독인) 당 대표가 문제의 에르푸르트의 밤에 튀링겐 동료들을 설득하는 데 실패하고 곧 사퇴해야 했을 때, 아마도 분노한 현재의 동독인을 더 이상 밀쳐버리고 나아갈 수 없고 비상시에도 그것이 안 통한다는 것이 누구에게나 분명해졌다. 이러한 인상은 요 며칠 동안에도 남아 있다.

현재가 과거를 가공하는 데 그렇게 깊이 개입한다는 것은 역사가들이 처음부터 의식했던 딜레마였다. 저널리스트들은 현재적인 것들이 아직 일어나고 있을 때 그것에 대해 서술한다. 반면에 역사가들은 연구 신청서를 제출하고 결과를 기다리고 나서야 지루한 작업을 시작한다.

역사가들이 그들의 연구 프로젝트를 결정하고 신청했던 2015년에 동독은 아직 다른 정치적 세기에 있었다. 전환 세대와 함께 전환 이후 시기의 연속성에 대해 이야기하는 것은 역사학적으로 매우 의미 있는 일이었다. 그것은 오늘도 여전히 의미가 있다. 연구 성과의 일부는 동독에 대한 논의들을 전적으로 새로운 기반 위에 두는 데 적합하다. 궁극적으로 동독과 서독 사이의 분열은 신화와 이야기들을 따라 발생했으며, 연구자들은 그들의 연구 성과 일부를 갖고 그것들을 해체하는 데 도움을 줄 수 있었다.

그러나 지난 수년 동안, 오늘날 동독에 대한 고찰에서 빼놓을 수 없는 주제들이 압박을 가해왔다. 그것은 동유럽에서만큼 강하게 동독에서 작용하지는 않지만, 비슷한 규범에 기반하고 비슷한 집단에 호소하는 권위주의적 유혹이다. 인종주의, 성찰된 적이 없는 홀로코스트, 전환 전후의 폭력의 역사, 조직화되고 궁극적으로 변형된 극우주의. 현대 역사가들은 이 모든 것에 오늘 아마도 더 강하게 흔적을 찾을 것이다.

'전환'의 긴 역사 연구 프로젝트의 역사가들도 이것을 뒤늦게 보완했다. 그들은 인종주의라는 주제의 내면적 측면을 조사했다. 그럼에도 불구하고 연구 디자인의 틀은 원래 기획된 그대로였다. 그것은 다소 아쉬운 일이다. 왜냐하면 마이닝겐, 가레이, 클라인마흐노프, 라이프치히에서 폭력과 인종주의 경험에 대해 이야기를 했더라면 더욱 흥미로웠을 것이기 때문이다.

다른 한편으로 브뤽베와 필링어, 췰러는 바로 그 문을, 그리고 동시에 그 뒤의 넓은 공간을 열었다.

현재의 연결된 논쟁들에서 역사가 더 이상 급진적인 정치가들에 의해 도구화되지 않고 학문에 의해 대변되고 발표된다면 어찌 될 것인가? 역사 정책으로부터 역사 토론으로, 혹은 브뤽베가 말했듯이 거대 담론으로부터 섬세한 구분으로. 우리는 그녀와 그 동료들에게 이 실험에 대해 아무리 감사해도 지나치지 않다.

케르스틴 브뤽베, 클레멘스 필링어, 헨리케 포이크트랜더, 카트린 췰러

긴 '전환'의 역사 속 인종주의, 반유대주의, 민족주의의 일상성

서면 대화의 확장

　　브뤽베 5년 전에 우리는 포츠담에서 "'전환'의 긴 역사" 프로젝트 신청서를 작성했고, 전형적 형식을 넘어 '전환'기와 연결된 일상세계에서의 변혁들을 연구하고자 했습니다.[1] 나는 책임자로서 프로젝트의 구상에서 동독 사회 내의 권위주의적 사고방식이나 인종주의라는 노골적인 주제를 탐색하고자 하지는 않았습니다. 만일 그렇게 되면 시각을 달리 설정해야 한다고 생각했기 때문이며, (예를 들면 어떤 특정 집단이나 공간들, 사료들로) 또한 무언가를 찾고자 한다면 사람들은 그것을 찾기 마련이기 때문입니다. 그보다는 다양한 일상생활의 주제들에서 시작하고자 했고, 그것들을 도시나 외곽 소도시, 마을 같은 구체적인 지리적 공간들 안에서 연구하고자 했습니다. 목표는 우선 변환(Transformation)의 전체 사회사(Gesellschaftsgeschichte)였습니다. 예를 들면 소비, 주거, 교육, 정치문화[2] 등을 중심에 두고자 했습니다. 권위주의적이거나 인종주의적 또는 민족주의적이거나 반유대주의적 사고, 그리고 이런 것이 동기가 되어 나타나는 행위들도 우리의 주제나 연구 기획 속에 분명히 드러날 것

입니다. 그래서 그런 것들의 일상성에 대해서도 이야기할 수 있을 것으로 생각했습니다. 이런 열린 접근 방식으로 그런 사고와 행동 양식들, 그리고 일상 속에서 행해지는 것들을 측정하고 드러내는 것이 가능하다고 생각했습니다. 내게는 그러한 것들을 1989년의 변혁에 대한 전체 사회사적 시각에서 드러내는 것이 흥미 있고 적절하게 보였던 것입니다.

필링어 소비를 주제로 한 내 연구의 경우, 동독 사회에서의 인종주의와 권위주의적 사고는 분석의 전면에 드러나지는 않았습니다. 그렇기는 하지만 이에 대한 분명한 흔적들은 인식할 수 있었고, 그래서 그런 현상의 일상성에 대한 진술들과 만나기 위해 보다 정밀하게 사료를 살펴보는 것은 유용했습니다.

최러 내 연구들에는 나치즘을 찬양하거나 외국인으로 분류되는 사람들에 대해 부정적으로 언급하는 표현들도 있었고, 나아가 그런 표현들이 중심이 되는 언급들도 있었습니다. 이런 문제들을, 예를 들면 독일어권의 갈등과 폭력 연구에서는 '집단을 대상으로 하는 인간 혐오' (Gruppenbezogener Menschenfeindlichkeit)라고 이야기합니다.[3] 이 용어는 집단이 갖고 있는 이른바 공통의 특성이라고 주장되는 것들로 축약해, 이를 바탕으로 다양한 형태로 인간의 가치를 절하하는 것을 의미합니다. 이들 집단에 대한 거부와 가치 절하는 대부분 어느 집단의 사회적 지위를 다른 집단을 희생 삼아 안전하게 확보하고 강화하도록 기능하지요. 이런 가치 절하가 보여주는 형태와 방식은 시대적 변화에 따라 달라집니다.[4]

브릭베 주거 공간의 반환 과정에서 나도 필링어와 유사한 경험을 했습니다. 지금 논의하고 있는 주제가 결코 주된 역할을 한 것은 아닙니다. 하지만 내 사료들을 바탕으로 반유대주의가 있었다고 말할 수 있습니다. 왜냐하면 나치 시대에 몰수되었던 유대인 재산을 1990년 이후 돌려줘야 하는 문제가 있었기 때문입니다.

필링어 어떻든지 간에 우리는 이 연구를 통해 대단히 현재적인 사회적 논란의 한가운데 서 있는 것입니다. '독일대안당'(AfD)마저도 2019년 브란덴부르크주 선거에서 우리 연구팀의 타이틀, 즉 '전환을 끝내자!' 혹은 '전환 2.0'을 선거 구호로 사용함으로써 역사 정책적 중심 개념을 자신들의 것으로 만들었습니다. 늦어도 2018년 여름 켐니츠(Chemnitz)에서의 소요와 2020년 2월 하나우(Hanau)에서의 살인 사건 이후에 미디어에서는 독일대안당의 상승과 증가하는 민족주의와 인종주의의 가시적 확산 사이의 연관성에 대해 더욱 자주 보도하고 있습니다.[5] 동독 내 독일대안당의 상승에 대해 외부에서뿐만 아니라 독일대안당 자신들도 동독 역사와 상호 연관해 해석하고자 합니다.[6]

브뢰베 이런 이유에서 우리는 이 책에 '인종주의, 반유대주의, 민족주의의 일상성'이라는 묶음의 주제를 포함시키기는 했지만 가장 끝에, 즉 결론 바로 앞에 배치했습니다. 이를 통해 우리는 이 주제가 우리 연구가 진행되는 동안 점점 더 커다란 위치를 차지하게 되었으며, 중요한 측면으로 발전했음을 분명히 드러내고자 합니다. 즉 지금 우리는 현 시대의 문제들로부터 출발하고 있으며, 이 문제는 동시에 당면한 논의들 안에서 '전환'과 연결되어 있습니다. 하지만 우리의 사료는 동독 시대에서도 변혁기, 특히 1990년대의 전반부 시기까지만(주택 소유 문제라는 내 연구 주제에서는 2000년대 초반까지) 연결되어 있습니다. 여기에 나의 사료적 기반만으로는 채우지 못하는 어떤 시간적 공백이 있습니다. 이를 위해서는 다른 연구 설정들을 끌어들여야만 합니다. 그렇기는 하지만 우리의 사료를 기반으로 인종주의의 일상성이나 나치즘 숭배, 그리고 그와 유사한 것들에 대한 문제들에 답을 찾을 수 있습니다. 우리는 이전에 이 분야를 연구하지 않았기 때문에 이 분야의 연구자인 헨리케 포이크트랜더(Henrike Voigtländer)를 초대해 우리의 대화 여행에 동행하면서 지원받을 수 있었습니다. 그녀는 인종주의와 민족주의, 1980년대 동독에서의 네오나치 현장들에 대해 연구했으며, 현재는 동독 내 공장에서의 남녀 관계, 성, 권력 사이의 관계들을 연구하고 있습니다. 그 밖에도 이 대화의 사회를 맡고 있으며, 최근 연구를 기반으로 그녀의 시각들을 통해 부족한 것들을 채우고 있습니다.

포이크트랜더 우선 여러분의 결과들을 구체적으로 살피고, 이를 내 연구와 연결해보겠습니다. 여러분이 서면 대화 안에서 서술한 과정들은 내 시각에서 판단할 때 사회적 정의의 성사를 위한 지속적인 타협이라고 표현할 수 있을 것 같습니다. 이른바 자기 집이라고 주장하는 주택에서의 거주나 임대 주택의 문제이든, 일상적 소비의 문제 혹은 학생들 자신의 미래에 대한 계획과 관련된 것이든 모두 마찬가지입니다. 여러분의 연구들은 1990년대의 많은 행위가 서독의 생활 양식, 소비 행태, 미래에 대한 전망 등과 관련해 사회적 정의를 추구하고자 했다는 여러 단서를 제공합니다. 내 연구를 바탕으로 관심을 갖게 되는 것은 사람들의 윤리적 혹은 종교적 소속에 대한 선입견이 어떤 역할을 수행했느냐 하는 것입니다. 이 요소들 또한 타협의 과정 속에 함께 포함되어 있는가, 아니면 외부인으로 간주되는 사람들은 사회적 정의와 관련된 타협에서 제외되었는가?

먼저 학계에서는 이미 수십 년 전부터 집중적으로 논의해왔던 인종주의라는 개념의 문제부터 시작하고 싶습니다.[7] 이 맥락 안에서 나와 비르기트 로멜스파허(Birgit Rommelspacher)는 인종주의란 동질적인 집단을 기존의 혹은 인위적인 생물학적·종교적 혹은 문화적 차이로 세분하면서 사회 내에서의 자신들의 지위를 계서화하는 사회적 관계로 이해합니다. 이를 통해 그들은 차별적인, 나아가 폭력적인 행위들까지도 정당화하는 것이지요.[8] 인간 혐오의 다른 형태들에서도 마찬가지이지만, '집단을 대상으로 하는 인간 혐오'도 그 집단 자체의 문제 때문이 아니라 그들이 한 사회 내에서 부여받은 기능이 중요한 것입니다.

필링어, 당신의 사료에서는 인종주의에 대한 어떤 실마리들을 찾을 수 있었나요?

필링어 내 사료에서는 1989년 이전에 준비된 서류뿐만 아니라 소비와 노동이라는 주제와 밀접하게 관련 있는 그 이후 수집한 인터뷰에서도 인종주의적 사고를 발견할 수 있었습니다.[9] 예를 들어 국가안전부(MfS) 서류들 안에서 나는 1988년 작성된 인종주의적 시(詩)를 발견했습니다. 그 안에는 동독에 살고 있는 폴란드인들뿐만 아니라 쿠바나 베트남 등에서 온 다른 국적 사람들까지 자주 등장해 이들에게 상품 부족의 책임을 떠넘깁니다. 특히 다음과 같은 문장들이 나옵니다.

> "상점에서 나오면서 나는 너희들에게 소리쳐야 한다, 판매대는 비어 있다!
> 계단과 모서리마다 폴란드인과 그들의 가족들이 없는 곳이 없구나.
> ......
> 끓어오르는 분노를 갖고 나는 다음 가게로 가 치즈를 사네. 거기에도 한 베트남인이 서 있구나.
> 문전에서 발을 헛디디며, 아! 불쌍한 나는 어느 쿠바인과 부딪혔구나."[10]

어떤 맥락에서 생겨난 일인지에 대해 이 국가안전부 서류가 달리 주는 정보는 없지만, 이 시가 공장에서 복사되어 사람들에게 퍼졌다는 추론은 가능합니다. 인종주의적 예들에 대한 그 밖의 다른 증거들은 역사가 다니엘 로게만(Daniel Logemann)이 발견한 바 있습니다. 그는 1980년대 라이프치히의 공공연한 길거리에서 폴란드 상인들이 경찰과 국가안전부에 의해 박해받은 사례에 대해 연구한 바 있습니다.[11] 그의 연구는 방금 인용한 시에서 드러난 것과 같은 인종주의적 표현들이 전혀 예외적인 경우가 아님을 암시합니다. 그 시가 포함하고 있는 것과 유사한 표현들은 내가 연구했던 작센의 두 도시에서도 발견할 수 있었습니다. 그곳에도 다른 사회주의 국가들에서 이주해 와 살고 일하면서 물건을 사던 사람들이 있었습니다. 역사가 요나탄 차틀린(Jonathan Zatlin)의 설명에 따르면, 특히 라이프치히 상점들에서 생겨났던 상품의 부족한 제공을 둘러싸고 폴란드에서 온 사람들을 경쟁자로 받아들이는 사고는 카이저 제국 시대부터 전해 내려오는 반폴란드적 반감과 연결되어 있다는 것입니다.[12] 이렇게 뒤집어씌움으로써 소비재 부족의 원인을 다른 데로 돌리는 것입니다. 어떤 라이프치히 시민은 품귀 상황에 대한 책임을 국가의 소비 정책뿐만 아니라 폴란드인의 상품 구매 행태에 돌렸습니다.[13] 그런 사고들이 어떤 문화적·민족적 스테레오타입에서 시작되는지, 그리고 이런 것들이 가족과 세대 안에서 변혁의 시대를 넘어 어떻게 계속 전달되는지 등과 같은 것은 중요한 미해결 과제입니다.

포이크트랜더 1970년대와 1980년대 동독 내 공장에서의 일상생활에 대한 내 연구에서는 대단히 다양한 형태의 인종주의와 마주했는데, 그 원인은 지속적인 경쟁적 사고 때문이었습니다. 특히 나는 이른바 계약직 외국인 노동자, 즉 동독과 일정 기간만 노동 계약을 맺고 거주하는 앙골라와 베트남 같은 나라에서 온 노동자나 교육생과의 접촉에 대해 연구했습니다. 내 연구에서 드러나는 경쟁의 동인은 주로 성(性)이나 연애를 둘러싼 것들이었습니다. 만일 계약 노동자가 독일 여성 동료와 연애 관계에 들어가게 되면 여기에서 종종 충돌이 일어나는데, 어떤 때는 폭력 행위로까지 발전할 수 있습니다. 특히 이른바 검은 피부의 인종이 성적으로 더 공격적이고 적극적이라는 사고가 몇몇 독일 노동자들의 사고 뒤에 숨겨져 있습니다.[14] 이런 성적 대상화는 식민지 시대 인종주의에서부터 시작된, 이른바 동물적 야생성과 성적 능력에 대한 이미지와 사고에 바탕을 두고 있습니다.[15] 인종주의적 사고를 드러내는 사람들을 보면,

대부분 공개적으로 인종 차별적 표현을 드러내지는 않습니다. 그보다는 자신들의 사고를 동독의 공식적 프로파간다 언어, 예를 들면 여성 해방이라는 이상과 연결하는 형태로 사고를 우회해 표현하는 경향이 있습니다. 인민 공유 기업인 베를린-트렙토우(Berlin-Treptow) 전기 기구 공장의 어느 외국인 노동자 감독관은 1989년 12월 한 대학생과의 인터뷰에서 쿠바의 남성 노동자에 대해 다음과 같이 이야기합니다.

"대체로 그들은 아무런 문제 없이 일이 끝나면 마음 편히 생각하는 우리보다 훨씬 열정적입니다. 그래서 서로 충돌도 일어나지요. 그들은 또한 마초 체제를 갖고 있습니다. 남성이 모든 것을 결정하고 여성은 별로 요구가 없지요. …… 우리의 여성 해방은 여러 다른 국가들보다 훨씬 더 진척되어 있고 독일 여성은 훨씬 독립적이기 때문에 쿠바 사람들은 우리 여성을 대할 때 종종 어려움을 겪습니다."[16]

이 관리자는 많은 쿠바 동료의 '어려움'을 문화적 차이로 설명합니다. 그는 동독과 친한 라틴아메리카 국가들로부터 온 노동자들은 동독 주민들과 비교할 때 다르다고 설명합니다. 즉 그들의 이른바 열정이라는 것을 이국적이라고 표현하는 것이지요. 겉으로 보기에는 긍정적 평가처럼 들리기도 하지만, 인종주의와 이국적 정서라는 표현 사이의 차이는 크지 않습니다. 낯선 이들은 매력적으로 받아들여질 수도 있지만, 다른 한편으로 위협적으로 받아들여질 수도 있습니다. 그래서 다르다고 받아들여지는 집단들에 대한 이런 사고에서 조금만 더 나가면 평가 절하까지 이어지게 되는 것입니다.[17] 이국적 정서 속에는 대부분의 원조(元祖, Authentizität)에 대한 퇴행적 사고가 존재합니다. 식민국가들이 공업화와 기술적 진보를 통해 더 높은 발전 단계에 이르렀던 반면에 다른, 즉 외관상 미발달된 문화는 서구 문화와 달리 이른바 자연성을 소지하고 있다는 것이지요.[18] 앞에서 인용했던 관리자는, 말하자면 의식적으로든 무의식적으로든 유럽 국가들의 우월성이라는 식민-인종주의적 사고를 넘겨받았던 것입니다. 동독에서의 여성에 대한 이른바 진보적이면서 협력적인 접촉에 대해 그는 사회주의에 그 근거를 두지 않습니다. 그것은 쿠바 또한 사회주의 국가이기 때문입니다.

필링어, 당신이 한편으로는 우회적으로, 즉 드러내지 않고 종종 무의식적으로만 표현했지만, 다른 한편으로는 공개적으로 드러내기도 했던, 예를 들어 지역 주민들이 행했던 계약직 노동자들에 대한 인종주의적 모욕을 나는 당신의 연구에서 확인할 수 있습니다. 당신도 역시 사료들에서 말로 이루어진 것이든 아니면 행동으로 나타난 것이든 인종주의적 차별이 겉으로 드러나는 것을 발견했나요?

필링어 인종주의를 경험한 사람들과 그들의 시각에 대해서는 사료를 통해 만나지 못했습니다. 그것은 내가 부수적 자료라고 생각해 누락시켰던 사회과학자들이 행한 인터뷰들이 인종주의를 경험하지 못했던 사람들을 대상으로 인터뷰를 진행했거나, 아니면 이와 관련된 경험이 있기는 하지만 진술하지 않았기 때문일 것입니다.[19] 다른 공산주의 국가들로부터 온 사람들이 동독에서의 제품 공급 사정을 자신들의 모국과 비교해 어떻게 받아들였는지, 이런 것들이 동독의 정치 체제를 판단하는 데 어떻게 작용했는지는 흥미로운 질문입니다. 동시에 1990년대 중반까지 동독 주민들 내에서 '외국인'에 대한 사고에 변화가 있었는지, 만약 있었다면 어떤 변화였는지를 물어야 합니다.

포이크트랜더 나 또한 반복해 외국에서 온 계약직 노동자나 기술 실습생의 시각을 대부분의 문자화된 사료들 속에서 거의 발견할 수 없다는 어려움을 갖고 있습니다. 거기에는 여러 이유가 있겠는데요, 특히 언어적 장벽이 다양한 방향으로 영향을 끼칩니다. 외국에서 온 많은 계약직 노동자나 기술 실습생은 동독에서 일자리를 얻고 나서야 비로소 독일어를 배웁니다. 그래서 그들은 공장 내 특정 작업 과정에서는 어느 정도 제외되며, 그렇기 때문에 사료에 거의 흔적을 남기지 않습니다. 그 결과 문자화된 정식 서류에는, 예를 들면 베트남어나 스페인어로 된 자료들이 거의 없습니다. 결론적으로 이 언어적 장벽은 인터뷰어나 그 대상자들이 서로 상대방의 모국어를 잘 알지 못하는 한, 부분적으로는 오늘날까지도 영향을 끼치고 있다고 봅니다. 그 밖에도 외국인 노동자들은 당원이거나 어떤 조직의 일원인 경우가 드뭅니다. 그랬다면 공장 조직내에 많은 사료를 남겼겠지요. 국가안전부도 공장 내에서 특히 지도자급지위의 사람에 대해서는 관심을 갖지만, 계약직 노동자에 대해서는 거의관심을 갖지 않았습니다. 왜 이런 시각들이 사료 안에서는 그저 부차적으로만 확인되는지의 근거를 이 모든 것이 설명해줍니다. 필링어, 그런데 어떻게 이런 인종주의적 사고와 스테레오타입들이 시간이 흐르면서바뀌게 되나요?

필링어 내 관찰에 따르면, 1990년대에 진행했던 인터뷰에서는 소비와 인종주의 사이에는 어떤 관계도 없었습니다. 다만 동일한 메커니즘안에서의 영역의 이동(Verschiebung)을 확인할 수 있었습니다. 즉 타지인으로 분류되던 사람들이 1989/90년 이후에는 더 이상 상품을 둘러싼 경쟁자가 아닌 노동 시장에서의 경쟁자로 인식됩니다. 왜냐하면 이론적으로는 상품을 무한하게 취득할 수 있게 되었기 때문입니다. 그런 한에서변혁의 결과 인종주의적 사고는 소비 영역에서 노동 영역으로 이동하게됩니다. 거기에 더해 나는 두 번째 이동을 발견할 수 있었습니다. 라이프치히 연구 인터뷰[20]에 따르면, 그리스와 베트남 혹은 쿠바에서 온 사람들은 '좋은' 외국인들이라고 표현되는 반면에, 신티(Sinti)와 로마(Roma)에대해서는 종종 인종주의적 언급과 함께 그들을 루마니아인 혹은 불가리아인이라고 표현하지 않고 '집시'(Zigeuner)라고 지칭하더군요. 그 대표적 예로는 1992년 라이프치히의 한 소상인의 다음과 같은 표현을 들 수있습니다. "내게서 외국인이란 전혀 …… 일반적으로 내게는 전혀 주제가 아니에요. 예를 들어 내 고용주는 그리스인이지요. 대단히 잘 지내고 있습니다. 그들은 대단히 훌륭한 사람들입니다. 저는 그들을 정말로 좋은 사람이라고 생각하고 있고 그것이 저의 첫 경험입니다. 서독 사람들과의 첫 경험에서 그들은 내게 정말로 잘해주었어요. 하지만 제가 보건대, …… 내가 아는 한에서 한 번은 어느 가게에 5명의 집시가 들어와서는 그 여주인을 칼로 위협을 했던가 …… 그리고 그들은 매일같이 이런 일련의 짓들을 벌였고, 그래서 저는 스스로 자문을 했지요. 도대체 왜 그에 대해 어떤 대책도 세우지 못하는 것인지? 사람들이 이들 집시를 미워하는 것은 분명하지 않은가, 그건 국가의 책임이다."21

수백 년 넘게 내려오는 반(反)집시적 사고(Antiziganismus)의 스테레오타입이 여기서도 직접적으로 지속되고 있는 것입니다. 적어도 이 사례는 반집시적 사고의 긴 역사가 1989/90년의 변혁의 결과 일종의 르네상스를 경험하고 있으며, 일정 정도 동의를 얻고 있음을 말해줍니다. 이미 1989/90년 이전에 동독 사회 내에서 이른바 '집시'에 대한 인종주의적 또는 반집시적 사고가 어떤 역할을 했었는지, 그리고 여기에 어떤 연속성이 있는 것인지는 더 많은 체계적인 연구가 물론 필요합니다.

포이크트랜더 반집시적 사고라는 개념은 학문적 논의에서는 일반적으로 집단을 대상으로 하는 인간 혐오의 특정 형태라고 받아들여지는데요, 이를 통해 '집시'라고 표현되는 인간에 대해 범죄적 행태 혹은 게으름 같은 부정적 특성들이 덧씌워집니다.22 그러니까 반집시적 사고가 새롭게 강세를 보이는 시기는, 필링어의 연구에 따르면 점차 실업자가 늘어나면서 임금 노동의 관계가 흔들릴 때였고 많은 동독 시민이 '게으른 동독인'이라는 선입관과 맞부닥쳤을 때로 확정할 수 있다는 것이지요?23 아마도 그 배경에는 '게으른 동독인'이라는 스테레오타입으로부터 '집시'라는 반감을 갖는 이미지로의 이동이 있었던 것이겠네요. 결국 실업과 남들에 의해 규정된 게으름이 자기 책임이 된 사람들이 가난 등과 거리를 두고자 시도한 것이지요. 내 생각에는 여러 가지로 해석할 수 있을 것 같습니다. 우선 일부 동독인들은 서독인들과 비교해 2류의 인간으로 이해되고 싶지 않았던 것입니다. 부정적 피사체(Projektion)로서의 '집시'라는 형상은 여기서 이런 사고를 도울 수 있는 가능성을 약속합니다. 어느 집단을 이른바 본질적으로 노동 의욕이 없고 일할 준비가 안 되어 있다고 정의함으로써, 통일된 국가에서 실업을 맞닥뜨린 사람들이야말로 자신이 일할 준비와 능력이 있음을 강조할 가능성이 생겨나게 됩니다. 다른 한편 동독에서의 반집시 사고는 동독 정부의 이른바 반사회성(Asozialität)을 다루는 방식과 관련 있다고 설명할 수 있습니다. 반사회성이란 개념은 구조적으로 반집시 사고와 밀접하게 연관되어 있어 나치 시대에 신티와 로마는 '노동을 싫어한다'라는 명목을 씌워 이른바 반사회적 인간으로 반복해 탄압했습니다.[24] 동독에서도 국가가 이른바 반사회성 조항(동독 형법 제249조)을 동원해 '일 안 하고 어슬렁거림' (Arbeitsbummelei), 과음, 여성의 지나친 자유 연애 등을 처벌했을 뿐만 아니라 사회적으로도 '반사회적 생활 태도'로 낙인을 찍어 비난의 대상이 되었습니다.[25] 토마스 린덴베르거(Thomas Lindenberger)에 따르면, 반사회적 생활 양식이란 한편으로는 동독에는 '없다'라고 정의되지만, 다른 한편으로는 '훌륭한 사회주의적 동독 시민'을 구성하는 요소이기도 합니다.[26] 즉 새롭게 강세를 보이는 반집시 사고 안에는 한편으로는 새로운 체제 안에서의 인정을 요구하는 시도가 잠재되어 있으며, 다른 한편으로는 이를 통해 동독에서 그렇게 반사회적이라 일컬어지던 사람들로부터 거리를 두려 했고 그 결과 광범위하게 행해지고 확산되었습니다. 아울러 국가적으로 지원을 받고, 그래서 정당성을 부여받았던 동독 시절의 계서화라는 특징(Hierarchisierungsmerkmal)을 지속시켜나간 것입니다. 무엇이 반집시적 사고를 강화시켰다고 생각하나요, 필링어?

필링어 이런 적개심(Ressentiment)의 부활의 표지(標識)가 바로 1992년 8월 로스토크-리히텐하겐(Rostock-Lichtenhagen)에서 일어난 대학살

(Pogrome)이었습니다.[27] 그 사이에 조사를 통해 확인된 사실은, 공격자들의 폭력이 원래 '존넨블루멘하우스'(Sonnenblumenhaus) 주택 블록에 살던 베트남인들을 거부하면서 시작된 것이 아니라 사람들이 들끓는 망명신청소에 있던 신티와 로마, 그리고 그 주변인들에 대한 혐오에서 시작되었다는 것입니다.[28] 라이프치히-연구센터의 몇몇 인터뷰를 통해 드러난 것도 241쪽(바로 앞쪽)에 이미 인용했던 것처럼 이와 유사한 방향입니다. 인터뷰 대상자들은 '집시'와 '외국인 범죄자'라는 경직된 상(Topos)에 사로잡혀 이 일에 대해 궁극적으로 국가가 갖고 있는 독점적 폭력 행사권을 일관되게 행사할 것을 요구합니다. 대표적인 예로 라이프치히의 한 식당 운영자가 1992년 자신의 식당 앞에서 '외국인'에 대해 다음과 같은 불평을 털어놓은 진술이 있습니다.

"하지만 우리는 또 다른 문제를 갖고 있어요. 저기 40명의 알바니아 사람이나 유고슬라비아 사람, 아니면 그런 부류의 다른 미친 놈들이 하루 종일 앉아 있어요. 그에 대해 솔직히 말하자면, 지난 2년 동안 나는 천천히 인종차별주의자로 변해가는 것 같습니다. 예전에 저는 전혀 그런 사람이 아니었어요. 하지만 그들이 이 도시에서 얼마나 버릇없이 굴고 사업을 망치고 있는지 …… 거기다 시 당국은 얼마나 거만스럽게 질서 지키는 의무를 방기하는지 말이에요."[29]

인터뷰를 계속 진행하면서 그 음식점 주인은 결론적으로 바로 이 '외국인' 문제가 동독의 과거를 칭송하도록 만드는 데 기여했다고 이야기합니다. 그 사람의 시각에서는 무질서한 상황과 '외국인'에 대한 경찰의 관용적 대처에 대해 "그 모든 거지 같은 일에도 불구하고 1989/90년 이전은 그래도 어느 정도는 '질서와 존중'[30]이 지배했다"라고 자신의 감정을 드러내고 있습니다.

포이크트랜더 이 자리에서 나는 신티와 로마가 이미 동독 시대부터 낙인찍혔고 차별 대우를 받았으며, 나치 시대의 다른 희생자 집단과 달리 계속 무시되어왔다는 것을 강조하고 싶습니다.[31] 우리는 반집시적 사고라는 중요한 주제에 대해 제대로 다루지 못했습니다. 저는 방금 필링어가 지적했듯이, 이른바 외국인이 인기 있는 상품을 먼저 낚아채간다는 인종차별적 스테레오타입이 노동 시장에서 경쟁자로 이동되어가는 논리에 대해 다시 지적하고 싶습니다. 이런 사고의 이동을 당신은 어떻게 설명하나요?

필링어 한편으로 당시 노동 시장에서의 긴장된 상황으로 설명할 수 있습니다. 동독에서는 모든 사람이 일을 해야만 했고 생필품 공급이 원활하지 않았습니다. 그래서 주민들은 상품을 놓고 경쟁을 벌였지요. 1990년 이후 상황이 바뀌었는데, 좀 단순하게 표현하자면 그 반대가 된 것입니다. 살 수 있는 모든 것이 늘 있었지만 일자리는 그저 제한된 숫자만 있었습니다. 돈을 벌기 위한 경제 활동이 물건을 구매하기 위한 전제가 된 것입니다. 그런 한에서 소비는 비록 부차적이기는 하지만, 계속해서 일정 역할을 한 것입니다. 또 다른 한편으로는, 앞에서 우리가 보았던 인용문은 일부 인터뷰를 했던 사람들이 1989/90년의 정치적 변혁 이전뿐만 아니라 그 이후에도 인종주의에 침윤된 논리를 자신들의 일상적 어려움을 설명하는 데 이용했음을 보여주고 있습니다.

포이크트랜더 당신이 설명한 메커니즘은 기본적으로 다양한 주변부 집단들에도 적용할 수 있습니다. 반유대주의에 대해 좀더 들어가 보지요. 반유대주의적 사고에서는 종종 유대인과 유대인 기관, 유대인이라고 받아들여지는 사람 등이 나머지 사회에 비해 압도적인 권력을 갖고 있다고 판정하고 있습니다. 비난의 대상을 찾는 과정에서 종종 복잡한 사회 발전은 음모론을 통해 단순화됩니다.[32] 브뤽베, 당신은 우리 대화의 시작에서 반유대주의가 당신의 사료 속에서 일정 역할을 했다고 언급했지요? 좀 자세히 설명해 주겠습니까?

브뤽베 내 주제인 주택 소유권에서는 좀 상황이 다릅니다. 반유대주의적 적개심은 두 가지 잠재력을 제공하는데요, 이것은 거의 공개적이지 않은 사적인 틀 안에서 표현되고 있습니다. 그것은 1990년대라는 맥락 안에서, 그것도 구체적인 실례를 통해 논구해봐야만 합니다. 주택 소유권의 회복이라는 문제는 1990년 이후 나치 시대에 몰수되었던 유대인 재산의 보상이라는 문제를 제기했습니다. 이에 대해 동독에서는 그 어떤 규정도 없었습니다. 1992년 말까지 '대독유대인재산청구협의회'(Conference on Jewish Material Claims Against Germay, 이하 '청구협의회'Claims Conference)[33]는 과거 유대인 재산에 대한 전 지구적 청구(Globalantrag)를 제기했고, 계속해서 이를 구체화했습니다. 일반인들이 구체적인 부동산에 대한 개별적 청구를 1992년 말까지 마쳐야만 했음에 비해, 청구협의회는 여기에서 특별 지위를 부여받았습니다. 전 지구적 청구를 통해 다수의 가옥들에 대한 총체적 요구의 권리를 인정받았으며, 그것은 1992년이라는 기한이 종료되고 난 다음에야 비로소 어떤 집들이 상세하게 그 대상인지 구체적으로 나타날 수밖에 없었습니다. 내가 연구했던 브란덴부르크 마을에서는 몰수되었던 유대인 재산이 전혀 없었지만, 슈베린과 클라인마흐노프 이 두 연구 대상 도시에서는 있었습니다. 특히 클라인마흐노프에서는 이른바 좀머펠트-거주 단지라는 것이 있었습니다. 아돌프 좀머펠트(Adolf Zommerfeld)라는 바이마르 시대 독일의 대규모 건설회사 사주이자 건축가였던 사람이 있었는데, 유대인인 그는 1933년 4월에 독일을 강제로 떠나야만 했습니다.[34] 그는 클라인마흐노프에 단독 주택 단지 건설 계획안을 남겨놓았습니다. 이미 1932년에 1,000채가 넘는 주택의 건설과 판매가 시작되었고, 그 이후 유대인의 사업 지휘권에 대한 몰수(Arisierung)가 밖으로 드러나지 않은 채 1937년까지 지속되었습니다.[35] 정부의 담당 부서는 여기에 '보통 사람들'이 거주하도록 했는데, 그것은 좀머펠트의 사회 정책적 의도였고, 나치 아래에서도 그 의도가 계속 실현되었던 것입니다.[36] 재미있는 것은 크리스티안 마이어(Christian Meyer)라는 부동산업자이면서 동시에 변호사인 사람의 역할을 스테레오타입에 입각해 보는 시각인데요, 1990년대에 그는 사업 수완이 탁월한 서독인의 대명사가 되었습니다.

포이크트랜더 브뢰베, 당신은 '오시/베시'라는 당시 클라인마흐노프를 넘어 지역이나 국가, 나아가 국제적으로도 언론에 널리 확산되었던 담론을 끌어들여 언급했습니다. 그래서 당신은 사업 수완이 탁월한 변호사의 이미지 속에 반유대주의적 음모론, 즉 금융에 밝은 유대인이라는 선입견이 함께하고 있다는 것을 말하고자 하는 것인가요? 중세에 생겨난, 이른바 특별히 사업에 밝은 유대인이라는 스테레오타입은 사실 유대인이 많은 경제 활동 분야에서 제외되어 그들의 생활비를 돈놀이로 벌 것을 강요당하면서 생겨난 것이잖아요.[37]

브뢰베 사료를 해석하면서 눈에 띄는 것은 크리스티안 마이어가 비록 많은 점에서 반유대주의적 음모론과 연결되어 있기는 하지만, 이것을 클라인마흐노프 사람들은 적어도 재산 배상 요구에 대한 공식적 발언에서는 문제 삼지 않았다는 것입니다. 1996년 말 이후, 브란덴부르크주에서 청구협의회의 재산 문제에 대한 공식적 청구를 일단 거부하고 나자, 마이어가 좀머펠트의 유산에 대한 법정 대리인으로 등장했고 청구협의회가 클라인마흐노프에 등장해 이곳 주민들을 압박하기 시작했지요.[38] 1997년 정부 기관의 결정은 자산법을 준거로 삼았지만 논란이 있었습니다. 좀머펠트의 회사 재산 가운데 나치 시대에 건축된 가옥을 산 사람들이 만일 자신의 집을 정상 가격을 주고 샀다면 그 소유권을 인정하는 것이었습니다.[39] 마이어는 이에 항소했습니다. 1998년 1월 좀머펠트-거주 단지의 수많은 소유주가 마이어로부터 편지 한 통을 받았는데, 거기에서 마이어는 자신을 유가족과 청구협의회의 단독 대리인으로 소개했습니다. 자신들의 요구를 거부했던 정부 기관의 결정과 관련해 이의를 제기했고, 이 문제를 연방 헌법재판소까지 가져갈 준비가 되어 있음을 내

비쳤지요. 마이어는 이 승강이가 "소송 기간이 엄청 길게" 걸릴 수 있다고 했습니다. 즉 그는 어차피 주거 공간에 대한 배상이 이미 분명해진 상황에서 긴 불안의 시간이 될 것이라고 겁박한 것이지요.[40] 그리고 이를 근거로 마이어는 법원 외 합의를 제안합니다. 그가 오직 금전적 이득에만 관심을 가졌다는 것은 판매 이윤을 높이고자 하는 그의 제안에서 분명히 나타납니다. "경험에 따르면, 이 문제는 오직 경제적 해결만이 있습니다. 순전히 법적으로는 거의 할 것이 없습니다."[41] 그러면서 그는 집수리와 그에 따른 임대료 상승으로 현재의 거주자들은 이사를 갈 수밖에 없을 가능성을 언급합니다. 일부 사람들이 법정 바깥에서의 타협을 거부했던 것과 달리, 여러 사람들이 이에 동의했습니다. 마이어에 따르면, 적어도 수만 유로가 커미션으로 흘러 들어갔고, 나머지는 좀머펠트의 유산 상속자들에게 돌아갔습니다.

포이크트랜더 지금까지 당신은 반유대주의가 아니라 단지 그것이 갖고 있는 잠재력에 대해 설명했습니다.

브뤽베 네, 마이어의 행태는 대단히 비판적으로 평가되었고, 나아가 자신에게는 무엇보다 금전적 이득이 중요하다는 것을 확인해주었습니다. 클라인마흐노프 사람들에게 이 점은 예민한 문제였는데, 왜냐하면 주택 소유권의 반환은 언제나 지난 시대의 불의에 대한 배상이라는 윤리-도덕적 차원과 조응하는 것이었기 때문입니다. 특히 홀로코스트 희생자들에게는 1990년의 자산법 내지는 그 후속 법규들이 고려되어야 합니다.[42] 마이어는 이런 윤리-도덕적 차원을 대폭적으로 거부했습니다. 예를 들어 2005년 그는 일간지 『디 벨트』(Die Welt)를 통해 "그렇다고 돈을 버는 것이 금지된 일은 아니지 않은가"라는 말을 합니다.[43] 마이어의 제안을 법정 바깥에서의 타협을 통해 해결하고자 하지 않았던 클라인마흐노프의 건축주와 거주민들은 2016년 유럽인권재판소(Europäische Gerichtshof für Menschenrecht)가 그 집들을 좀머펠트의 유산 상속자에게 되돌려줄 필요가 없다는 결정을 내릴 때까지 기다려야만 했습니다.[44] 우선 확실하게 해둘 수 있는 것은 클라인마흐노프에 마이어라는 서베를린 변호사가 등장했고, 그가 이른바 '서독 것들'이라는 스테레오타입의 모든 특징을 드러냈다는 것입니다. 특히 그는 사업 수완이 탁월했는데, 그것을 넘어 그가 구체적인 사건을 수임하면서 '유대인'이라는 그의 주변 인물들과 연결되었고, 그에게서 스테레오타입과 겹쳐지는 이미지를 확인하게 된다는 겁니다. 좀머펠트 건설회사와 그들이 사들인 주택 건설용 토지와 관련된 모든 것이 얼마나 복잡한지는 그 이후, 즉 좀머펠트가 독일에서 추방되고 그의 가족 재산이 '몰수'된 후인 나치 시대에도 1,000채가 넘는 가옥이 지어졌거나 팔렸다는 것을 보면 알 수 있습니다. 하지만 1990년대 미결정 재산 문제에 대한 규정을 담당하는 관청에서 내린 결정은 그 소유주가 좀머펠트인지, 아니면 나치 시대에 이를 구매한 사람인지가 전혀 명확하지 않습니다. 그랬기 때문에 결정이 그처럼 길게 지연되었던 것입니다. 더더욱 어려웠던 것은 사적인 개개인의 이해가 서로 충돌하는 것이 아니라 청구위원회라는 기관이 사인(私人)들 사이에 끼어들었기 때문입니다. 그럼에도 저의 사료에서 청구위원회를 향한 공개적인 반유대주의적 표현이 전혀 없던 것은 클라인마인호프에서 일어났던 역사적 행위들이 동독에서건 서독에서건 간에 인정되어 받아들여졌다는 것을 의미하며, 청구위원회가 홀로코스트에서 죽임을 당한 사람들을 대표하는 정당한 요구권자임을 인정하는 것으로 해석할 수 있습니다.

포이크트랜더 당신의 해석에 따르면, 이런 조심스러움이 역사의식과 홀로코스트에 대한 독일의 책임을 드러내는 것일까요?

브뤽베 적어도 클라인마흐노프와 베를린의 플렌츠라우어 베르크 구역에 대한 내 사료를 통해 확인할 수 있는 것은 나치 시대 유대인 희생자의 후손들에 대한 언급들이 조심스럽게 표현되었다는 것입니다. 하지만 이것을 반유대주의가 없다라고 해석하는 것은 망설여집니다. 그보다는 사료가 양가적 특징을 갖고 있다고 생각됩니다. 즉 반유대주의적 언급들을 찾는 것은 어렵지 않지만, 우리 시대의 사회적 관례가 — 1990년대의 홀로코스트의 책임에 대한 공개적 인정과 반파시스트 국가로서 동독의 자기 이미지 — 공식 석상에서는 대단히 영향력이 큰 것이지요. 한 가지 예를 들겠습니다. 2000년 어느 전문가 토론회[45]에서 금전적 이득을 보고자 하는 요구에 기반한 자산법의 인정은 줄어들었지만 — 좀머펠트-거주단지에 대한 마이어의 행동에서 보듯이 — 반유대주의적 표현은 거의 들을 수 없었습니다. 하지만 내 사료 안에서 '부자 유대인들'이 21세기 들어 토지와 집들을 사들였다와 같은 증언들은 보입니다.[46] 대화 중에 그런 언급들은 흔했지만, 동시에 다음 사람에 의해 바로 부정됩니다. 예를 들어 베를린-플렌츠라우어 베르크에 사는 어느 사람은 자신의 인상을 다음과 같이 표현합니다. "동독인들 가운데 유대인들에 대한 보상에 동의하는 사람들이 처음에는 상당히 많았어요."[47] 또한 당시 재산 문제에 대한 공식적 법규를 담당했던 관청의 책임자는, 만일 청구자가 유대인일 경우에는 동독의 소유주들이 쉽게 부동산을 포기했다고 확인해주었습니다. 그에 반해 이 담당자의 후임은 자신의 인상을 말하기를, 유대인의 옛 소유권과 관련된 청구나 부동산 관련 양도 문제에서는 그것을 인정함에 있어 또 다른 문제가 발생했었다고 이야기합니다. 그렇게 되면 "그 재산을 몰수당한 가족은 부동산을 정의롭지 못한 기반 위에 습득했다"[48]라는 것이 되기 때문이고, 그런 요구들이 도덕적 비난으로 받아들여졌기 때문이라는 것입니다.

포이크트랜더 그걸 당신은 어떻게 설명합니까?

브뤽베 동독에서 자신들의 역사와 충돌하는 것만큼이나 나치 시대 가족사와의 충돌 또한 참으로 어려운 일입니다. 그렇기는 하지만 동독인뿐만 아니라 서독의 옛 주택 소유주들도 1999년과 2000년에 도시사회학자들이 진행했던 인터뷰에서 나치 시대의 '유대인 재산 몰수'에 자신의 선조들이 참여했을 가능성, 그리고 그런 집들을 자신들의 선조들이 입수했을 가능성에 대해서는 이야기하지 않았습니다. 그것은 클라인마흐노프에서의 사료들에서도 발견할 수 있습니다.[49] 그 밖에도 인터뷰의 틀에 대해서도 고려해야 합니다. 그에 대해서는 우리가 이미 106쪽의 서면 대화에서 언급한 바 있습니다. 1990년대에 공공 장소에서(거기에는 내가 방금 인용했던 전문가들과의 대화도 포함됩니다) 반유대주의적 발언을 하는 것은 받아들여지지 않았습니다. 하지만 그와 달리 자기 이야기를 서술하는 인터뷰에서는 대부분 그저 한 명의 연구자가 한 명의 현장 증인과 만나는 경우인데, 반유대주의적 진술들을 발견하게 됩니다. 이런 형식에서는 인터뷰 대상자들이 사회적 관습에서 풀려나 자신들의 적개심을 자유롭게 이야기할 수 있는 감정을 갖게 되는 것 같습니다.

포이크트랜더 그로부터 어떤 일반적인 결론을 이끌어낼 수 있을까요?

브뢱베 일반적인 경향을 말하자면, 당사자들이 공식적인 자리에서는 전혀 자신들의 안건, 즉 공식적 소유권자로 인정받는 문제를 관철하기 위해 공개적으로 반유대주의적 선입관을 드러내거나 하지는 않습니다. 만일 그런 논리를 제시했다가는 오히려 역효과를 볼 수도 있을 텐데요. 왜냐하면 그런 것은 당시의 공동 합의와 충돌되는 것이기 때문입니다. 그런 일이 있다 하더라도 그들은 단지 비공식적 대화라는 틀 안에서만 반유대주의적으로 이야기합니다. 2000년도의 대화 자리에서 앞에 두 관청 책임자가 서로 의견이 달랐던 것은 아마도 그런 점에 기인했을 거라는 생각이 듭니다. 한 사람은 이 시기에 개별적으로 진행된 대화들로부터 의견을 끌어낸 것이었다면, 다른 한 사람은 그보다는 사회적 혹은 도덕-윤리적 관습을 바탕으로 이야기했습니다. 그리고 이런 유대인 소유권에 대한 배상이 도덕적으로 옳다는 인정은 1990년대에 하나의 사회적

합의로서 받아들여졌던 것으로 보입니다. 예를 들어 1990년대에 클라인마흐노프에서 진행되었던, 나치 시대 보쉬(Bosch) 공장에서 일했던 강제노동자에 대한 과거 청산 작업과도 일맥상통하는 일입니다.[50]

포이크트랜더 여기에서 동독 시대의 반파시즘과 연결점이 만들어진다는 것이 내게는 흥미로워 보입니다. 반파시즘이란 나치 시대에 탄압받았으며, 모든 수단을 동원해 나치의 (새로운) 부활을 막고자 시도했던 공산주의자들의 정치적 추구로 이해할 수 있지요.[51] 그러니까 반파시즘은 동독에서 자기 서사(Selbsterzählung)의 역할을 한 것이지요. 동독의 당과 국가 지도부는 반파시즘을 신조로 삼아 이를 설득하고, 제2차 세계대전 이후에는 '제국주의적'이고 '파시스트적' 과거를 극복하고자 했습니다. 홀로코스트, 즉 나치 시대에 최소 600만 명의 유대인 학살에 대한 죄와 책임을 '파시스트적' 서독에 전가했지요.[52] 이런 서사를 바탕으로 '유대인'이라는 적대적 이미지(Feindbild)를 이야기한다는 것은 하나의 터부로 남았지만, 다른 곳에서 무너지고 말았습니다. 즉 이스라엘 역시 이른바 제국주의적이었고, 아랍인에 대한 이스라엘의 인종 차별적 행동을 빌미로 적대적 관계에 들어가게 됩니다.[53] 이런 형태의 반유대주의를 연구자들은 반시온주의라고 표현합니다.[54] 긴 설명, 짧은 질문: 당신은 동독에서 반파시즘이 무슨 역할을 했다고 생각하나요, 브뤽베?

브뤽베 나는 그에 대해 체계적으로 연구하지는 않았습니다. 하지만 내게 떠오르는 것은, 거기에는 맹점이 있다는 것입니다. 1990년대 이후 클라인마흐노프에서 반유대주의적 폭력의 희생자에 대해 이야기한다면, 그것은 대부분 나치 시대와 관련된 것입니다. 나는 동독에서 발생했던 반유대주의적 사례들에서 그와 유사한 방식의 언급이 있었다는 것은 알지 못합니다. 여기서 내가 근거로 이야기하는 것은 역사학적 연구가 아니라 현지 주민들에 의한 청산 작업입니다. 그 한 예로 들 수 있는 것이 동독의 유대인 공동체 대표였던 율리우스 마이어(Julius Meyer)의 도

피입니다. 그는 클라인마흐노프에서 살았는데, 1953년 반유대주의적 적대로 인해 마을을 떠났습니다.[55] 이는 무엇보다 클라인마흐노프와 관련된 것이라기보다는 다른 동유럽 국가들에서 벌어졌던 스탈린주의적 보여주기 재판이라는 더 커다란 맥락과 연결되어 있습니다.[56] 나는 나치 테러를 벗어나 일상에서의 반유대주의적 사고는 1990년대에는 그리 크지 않았다고 생각합니다. 여기서 1990년대를 이야기하는 것은 또한 우리가 서면 대화를 통해 서술했던 그 결과들에도 적용되는 것인데요, 즉 변혁의 핵심기 동안에, 그리고 그 이후에 엄청난 속도와 동시성을 갖고 사건들이 일어났다는 것입니다. 즉 1990년대에 제2차 세계대전의 희생자들을 추모한다면, 그것은 동독에서의 반유대주의 희생자를 의미하는 것이 아닙니다. 즉 그것은 하나의 시간적 순서의 문제가 됩니다. 바로 이런 관점에서 클라인마흐노프는 자신들의 역사에 대해 많은 청산 작업을 수행했던 대단히 활동적인 공동체입니다. 이 자리에서 나는 너무 빨리 판단하지 않는 대신에 열린 과정이라고 말하고 싶습니다.

포이크트랜더 작가 막스 촐레크(Max Czollek)는 2018년 자신의 책 『여러분을 해체하시오!』(*Desintegriert euch!*)에서 반유대주의는 동독의 종말과 함께 그 중요성을 상실했다고 쓰고 있습니다.[57] 과거 나치 저항 운동 세대와 그들의 기억은 그 의미를 상실했고, 독일 통일과 함께 더이상 동독의 자기 서사가 필요하지 않게 되었다는 것입니다. 촐레크가 드러내는 자신의 테제는, 반파시즘이라는 동독-서사는 이제 '새롭지만 동시에 오래된 독일 민족주의'에 의해 대체되었으며, 그 결과 이민자와 난민은 엄청나게 고통을 겪게 되었다는 것입니다.[58] 그가 서술한 민족주의의 재강화 혹은 나치즘을 찬양하는 그런 사고들을 1990년대 초의 여러분 사료에서 발견할 수 있었나요?

촐러 내 생각에는 민족주의적인 사고가 얼마나 앞으로 등장할 현상을 설명할런지는 열려 있는 문제인 것 같습니다. 적어도 내 사료가 증거

하는 바는, 일상적 생활세계 차원에서는 민족주의적 사고가 긴 연속성을 갖고 계속 유지될 것이라는 것을 보여줍니다. 예를 들어 2018년 나와 인터뷰했던 어느 현장 증인은 자신의 가족 내에서의 민족주의적이고 인종주의적 태도의 연속성에 대해 이야기합니다. 우파적 성향을 갖는 전통이 있었고 이미 할아버지가 '악당 같은 나치'였으며, 이런 사고가 그다음 세대까지 계속 이어져왔다고 합니다. "우리 아버지는 그 후 독일민족민주당(National-Demokratische Partei Deutschlands, NDPD)이라는 소규모 들러리 정당(Blockpartei)에 들어갔고 …… 그리고 이미 아버지 친구들 사이에서 그가 나치였다는 것은 소문이 나 있었습니다."[59] 그런 말들은 비록 "농담조로, 술 마시며" 이야기된 것이지만, 바로 그런 일상적 농담들 속에서 인터뷰 대상자는 반유대주의와 인종주의의 지속을 본 것입니다. 그는 특정한 농담이나 개념에 포함된 반유대주의적이고 인종주의적인 사고를 알아채가면서 스스로가 자각하게 되었다고 설명합니다.

"강제수용소(KZ)나 유대인을 주제로 농담하는 것이 전혀 웃기는 것이 아니며, 사람들이 전혀 재미있어 하지도 않는다는 것을 저는 나중에야 깨닫게 됩니다. 그것은 농담 중에서도 대단히 나쁜 형태였지요. 체제에 대한 반대를 겨냥한 것뿐만 아니라 이런 인종주의적이고, 특히 반유대주의적인 형식의 농담들이 언제나 있었습니다."[60]

이 인터뷰 대상자는 시간적으로 '전환' 이후에야 비로소 이 문제에 예민하게 되었다고 이야기합니다. 이 시기는 또한 역사학에서 언어와 담론에 대해 더 강력하게 관심을 가졌던 때이기도 합니다. 역사학계에서는 1980년대에 등장한 이 사조를 신문화사로 부르면서 논의를 했었습니다.

포이크트랜더 구술사 인터뷰에서 현장 증인들은 연속성, 즉 민족주의적이고 인종주의적 태도의 긴 연결성을 증언합니다. 이미 1987년부터 시작된 작센 종단 연구 프로젝트에서는 이것을 어떻게 보며, 그 연구에서 질문의 대상이 된 사람들은 주어진 설문을 어떻게 채워 넣었나요?

칠러 나는 작센 종단 연구 프로젝트에서 인종주의뿐만 아니라 수사적이거나 정체성을 만들어내는 개념들을 민족적 사고로 구분해 넣었습니다. 다만 작센 종단 연구 프로젝트에서는 이를 1990년부터 기록으로 남겼습니다. 그 이전에는 설문 안에 이에 대해 표현할 칸이 없었습니다.[61] 그래요, 설문들이 사실 늘 답을 함께 규정하고, 어떤 경우에는 비로소 문제로서 의식하게 만들기도 합니다.[62] 몇몇 진술들에서는 민족적 자부심의 의미를 강조하기도 하며, 인종주의적 진술과 위협의 시나리오에 대한 밑그림이 '외국인'을 통해 서로 연결되기도 합니다.

"특히 제게는 양 국가의 통일이 감동스럽습니다! 언제 마침내 그 모든 것을 우리가 해낼 시간이 오게 될지, 저는 그것을 생각하면 벌써 기쁩니다! 왜냐하면 전 독일에 대해 자부심을 갖고 있거든요. 독일은 서독이나 동독보다 더 크죠. 양 국가가 동일한 민족성을 갖고 있기 때문에 이 둘은 한데 속합니다! 우리의 국적은 독일이며, 우리는 이것에 자부심을 갖습니다! 전혀 제 마음에 들지 않는 것은 여기 있는 수많은 외국인입니다! 이들은 지속적으로 늘어나고 있어요! 현재 독일에는 많은 문제가 있는데, 거기에 외국인은 우리에게 짐이 되고 있어요! 저는 곧 우리들에게도 많은 실업자가 생길 것이고, 그때는 외국인이 갖고 있는 많은 일자리를 빼앗아야 한다고 확신합니다. 우리는 그들이 필요하지 않아요. 마치 우리 자신이 외국인이 된 듯한 느낌이에요! 외국인에 대한 적대 의식은 분명 더 강화될 것입니다! 두고 보세요!"[63]

그 밖에도 이 인용문에서는 인간이 변화의 시간 한가운데 있다고 하는 **불확실성의 동시성**을 아주 구체적으로 일자리의 지속에 대한 불안 등을 예로 지목하고 있습니다. 어떤 이들은 그 희생양을, 예를 들어 외국인 가운데서 찾고 있음을 확인할 수 있습니다. 하지만 다른 소수자에 대한 적개심도 되살아나고 있습니다. 거의 모든 사회 내 생활 영역에서의 불안에 대한 경험을 겪으면서 어떤 사람들은 민족적 정체성을 끌어들이고,

이에 속하지 않는다고 정의된 사람들을 경시합니다. 이것이 내가 시도하는 해석입니다. 그렇다고 이것이 정당화로 받아들여져서는 안 된다는 것을 나는 분명히 덧붙입니다.

포이크트랜더 당신의 인터뷰에서도 역시 부모 세대에 대해 언급을 했었지요. 예를 들어 앞에 인용된 2018년 인터뷰를 보면, 여기서 아들이 자신의 아버지의 인종주의적이고 나치를 찬양하는 표현들에 대해 비판했습니다. 아들 세대가 중요한 역할을 했던 것 같이 보이네요. 칠러, 이를 설명해주겠어요?

칠러 네, 내가 진행했던 구술사 인터뷰를 통해 분명히 드러난 것은, 부모들이 역사와 현재에 대해 취하는 정치적 입장이 인터뷰 대상자들로 하여금 나치의 역사를 어떻게 파악하는지, 또 현재의 정치 상황에 대해 어떤 입장을 취하는지에 대한 실마리를 제공한다는 것입니다. 그래서 한 현장 증인은 아버지가 독일민족민주당 당원이었던 사실에 대한 자신의 혼란스러움을 호소합니다. 한편으로는 동독 시절 들러리 정당이었던 독일민족민주당을 민족사회주의독일노동자당(NSDAP)과 같은 선상에 놓고 비교하고, 동시에 아버지가 1989년 가을의 월요 데모에 참가한 것을 언급하면서 그는 부모 세대의 정치적 과거와 정면 대결합니다.[64] 그 밖에도 아버지가 월요 데모에 참석했지만 동시에 정치적으로 극우에 위치한다는 것은 평화적 혁명 기간 동안에 민족주의적인 차원이 있었음을 나타냅니다. "우리가 국민이다"(Wir sind das Volk)라는 구호에서 "우리는 한 민족이다"(Wir sind ein Volk)로 데모 참가자들의 정치적 구호가 변한 것은 민주주의와 인권에 대한 요구뿐만 아니라 민족주의적인 것을 지향하는 정체성과의 연결 가능성을 보여주었습니다. 역사와의 대결은 이를 넘어 교실 공간 안으로도 들어옵니다. 예를 들어 동독에서의 반파시즘적 자기 이해와 관련해 도발(Provokation)하는 방식 등으로 말입니다. 그래서 어느 인터뷰 대상자는 언제나 성공적이었던 도발, 즉 '특별히 엄격한' 동독 선생님들에게 '하일 히틀러'(heil-Hitler)라고 인사해 그들을 놀렸고 그런 식으로 한계를 테스트해보았던 것에 대해 진술합니다. 동시에 작센 종단 연구가 보여주는 것은 청년 문화 안에서 인종주의와 폭력이 큰 역할을 수행했다는 것인데, 그것도 무해한 도발을 훨씬 넘어서는 수준이었습니다.

포이크트랜더 당신도 민족주의와 인종주의에 대해 대립하는 입장들을 발견했습니까?

칠러 네, 발견했습니다. 특히 1990년대 작센 종단 연구들에서 눈에 띄었던 것은 청소년들의 다수가 반인종주의적 태도를 형성했고 사회적 발전에 대한 우려를 드러내는 것이었습니다. 여기 1990년 작성된 질문지를 통해 그 예를 볼 수 있습니다.

"문제점: **네오나치적 경향들.** 내 연배의 많은 청소년이 이를 경청하거나 그들과 대화를 나누는 것은 심각한 문제이다. 그들의 진술은 자신들의 수준을 완전히 드러낸다. 몇 가지 예를 든다면, **자랑스러운 독일인이 된다. 펑크족**과 우리와 모두 다른 생각을 갖고 있는 사람들 및 "외국인은 나가라". 이것이 정상적으로 자란 청소년들의 행태인가? **아니다. 그건 내가 보기엔 어리석음이다.**"[65]

포이크트랜더 시간이 흐르면서 인종주의와 민족주의라는 주제와 관련해 인터뷰 대상자들의 언어가 바뀌던가요?

칠러 진술상의 변화를 특히 1990년에서 1992년 사이에 확인할 수 있었습니다. 이미 1990년 사회 내 소수자에 대한 청소년 폭력과 관련된 연구들에서 이를 전하고 있으며, 다음과 같이 비판합니다.

"여기 츠비카우(Zwickau)에서는 외국인에 대한 적대감이 정말 악화된 상태입니다. 매일 흑인과 베트남인을 두들겨 패며 야단법석이 일어납니다. 이들도 두려움 없이 낯선 땅에서 머무를 수 있는 권리가 있지 않나요? 만일 이들이 없다면 우리 경제는 황폐해질 것입니다."[66]

1990년의 대부분 진술은 발흥하고 있는 극우적 사고에 대해 언급하면서 이를 비판하고 있습니다. 1992년이 되면 진술들이 완전히 바뀝니다. 이제는 인종 차별적 입장이 대단히 분명하게 대두되며 더 많아집니다. 이는 또한 연구에서 질문의 제시와도 분명 관계가 있습니다. 즉 1992년의 연구자들은 1990년의 연구자들과 달리 명시적으로 '외국인'에 대한 입장을 물으며, 이 참가자가 "심정적으로 분명하게 외국인에 반대하는지", 아니면 "외국인에 대해 분명하게 찬성하는지"를 밝혀줄 것을 요구합니다. 그 밖에도 정확하게 무엇에 반대하거나 찬성하는지, 그리고 어떻게 이런 입장에 다다르게 되었는지에 대해 설명해줄 것을 요구했습니다.[67] 이 질문에 대한 답변들은 부분적으로 인종 차별적인 것으로 분류됩니다.

　　"여기 츠비카우에 산다는 것은, 이미 공동으로 몇몇 일들을 같이 해나간다는 것을 의미합니다! 저는 제가 독일연방공화국에 사는 것이지 독일 다양성-공화국에 산다고 생각하지는 않아요! 비록 저의 장인도 외국인이기는 하지만, 적어도 그는 스스로 인간답게 처신합니다. 독일의 전통은 모두 어디 갔으며, 독일인의 기본권은 어디 있나요? 저는 비록 외국인에 반대하지만, 그들을 모두 한통속으로 취급하지는 않습니다! 그러나 난민에 대해서는 반대합니다! 왜냐하면 저도 계산할 줄 아는 사람이기 때문이지요! 츠비카우에는 약 1,800명 정도의 난민이 있어요! 난민 1명이 하루에 8.50마르크를 받고, 1,800명이 365일을 받으니까 1년에 총 558만 4,500마르크가 되는 거지요. 이 금액이면 새로운 집을 짓는 데 사용하거나 저처럼 사회 복지 환경이 좋지 않게 사는 사람들에게 쓰일 수도 있을 겁니다."[68]

　　분명히 해야 할 것은 사회과학자들의 질문이 전적으로 외국인이라고 받아들여지는 사람들을 하나의 사회 집단으로 묶어 제기했다는 것입니다. 그래서 1990년대에 폭력과 차별 대우를 경험했던 다른 집단들, 예를 들면 무주택자와 동성애자, 아니면 장애인 같은 이들에 대해서는 이 사료에서 처음부터 고려되지 않았다는 것입니다.

포이크트랜더 비록 1990년 초에 지속적으로 인종주의적이고 반유대주의적이며 민족주의적인 사고가 밖으로 드러나기는 했지만, 당시 중·고등학생들의 과반수 이상이 이를 비판합니다. 불과 몇 년 후인 1992년에는 그처럼 질문에 대답했던 이들조차도 그런 사고를 갖게 됩니다. 비록 작센 종단 연구에서 직접적으로 질문했던 것은 아니지만, 우리는 전(全) 독일적(gesamtdeutsch)-민족주의 사고가 이미 동독 시대부터 있었다는 것을 알고 있습니다. 단지 지금은 그것을 공개적인 방식으로 터놓고 말할 수 있게 되었을 뿐이지요. 사실 동독의 반파시스트적 자기상에 따르면 일어나서는 안 될 일이었지만 말입니다.[69]

췰러, 당신이 정리한 연구에서 드러난 그 모든 문제를 통해, 작센 종단 연구가 주제로 삼았고 그래서 확인하게 된 1992년에 일어난 분명한 변화를 담론상의 위치 이동이라고 표현할 수 있을까요? 궁극적으로 1980년대 중반부터 서독에서도—1990년대 초에 그 정점에 달했던—누구에게 망명권을 주느냐라는 문제를 둘러싸고 다양한 진영 사이의 충돌이 있지 않았습니까?[70] 브뤽베가 보여준 예와는 달리, 여기에서는 그어떤 합의도 없이 토론만 있었습니다. 췰러, 당신이 마지막에 인용했던 예에서는 '외국인'이라는 다양한 집단 속에서 각기 그들을 어떻게 부르느냐에 따라 서열화되는 것을 확인할 수 있습니다. 이는 특히 1970년대 후반과 1980년대 초반의 이민에 대한 서독 내 언론 보도에서 드러났던 현상입니다. 동유럽에서 피난 온 사람들에 대해서는 계속 '난민'(Flüchtlinge)이라고 표현했던 반면, 이른바 발전 도상국에서 온 사람들에 대해서는 '망명 신청자'(Asylanten)라고 칭했습니다. 전자가 정당한 권리를 갖고 있는 것으로 받아들여졌던 반면에, 후자는 이른바 망명권을 '악용한' 이들로 취급되었지요. '망명 신청자'라는 개념은, 말하자면 독일의 복지 체제를 이기적으로 이용하려는 '경제 난민'(Wirtschaftsflüchtlings)에 비교되었습니다.[71]

칠러 그런 식의 서열화는 실제로 1992년 답변들에서 대단히 자주 보입니다. 예를 들어 어떤 사람은 "당신은 무엇에 찬성하고 무엇에 반대합니까라는 질문에 "우리나라 안에서 모든 사람이 인간답게 살 수 있기"에 찬성한다고 답합니다. 또한 그녀는 도움이 필요한 사람들, 즉 '정치적으로 탄압받는 사람'과 '외국인'이 도움받게 되기를 원한다고 답했습니다.[72] 그 밖에도 그녀는 난민 피난처에 대한 공격에 대해 국가가 강력하게 개입할 것을 원한다고 했습니다. 동시에 그녀는 '외국인'에게 폭력이 가해지는 것에 대해 어느 한도 내에서는 그들 스스로에게 책임이 있다는 생각을 암시적으로 드러냅니다. 그녀는 "외국인들이 컨테이너를 다 뜯어내거나 적십자에서 기부한 물품을 도처에 버린다거나 구걸하는 행위"에는 반대한다고 썼습니다. "그들은 국가로부터 충분히 지원을 받고 있으며", "야바위꾼들, 이들은 어디에나 있다"[73]라고 씁니다.

포이크트랜더 당신의 눈에 띈 또 다른 측면들이 있습니까?

칠러 작센 종단 연구의 사료에서 분명히 드러나는 것은, 1992년이 되면 '우'건 '좌'건 입장과 자신의 귀속을 분명하게 위치시킨다는 것입니다. 그것을 넘어 내가 보기에는 정당과 정치 시스템 일반에 대해, 특히 '전환' 이후의 정치 시스템을 받아들이고 이와 관계를 맺는 데에 거대한 회의가 일어나게 됩니다. 불신과 방향 상실, 그리고 자신의 입장을 분명히 정하지 못하고 어려워하는 모습들이 사료에서 계속 반복적으로 나타나는 현상입니다. 구술자들의 인식 속에는 신뢰할 만하다고 보이는 정치적 중간 입장이 전혀 존재하지 않습니다. 예를 들어보겠습니다.

"저는 절대적으로 우파에 반대합니다. 거의 모든 그쪽 사람은 그저 바보입니다. 그들과는 그저 문제만 갖게 됩니다. 좌파들과는 아직 어떤 문제도 없었습니다. 하지만 저는 어떤 당에도 투표하고 싶지 않습니다. 왜냐하면 그들 누구도 신뢰하지 않기 때문이지요."[74]

"전환 이전에 저는 어느 정도 기존 체제에 대해 신뢰를 가졌었습니다. 사람들은 어떤 확실한 입장이란 것이 필요없었지요. 어차피 모든 것은 미리 만들어져 우리에게 주어졌으니까요. 이제는 갑자기 한 번에 다양한 정치적 입장이 생겨났기에, 저는 누구를 믿어야 할지 전혀 모르겠어요. 좌파는 우리를 오랫동안 속여왔고, 우파로부터도 그 어떤 세련된 것을 기대할 수 없어요. 저는 그래서 그저 어디에도 저를 고정하면서 그것과 나를 동일시하고 싶지 않습니다. 그 밖에도 모든 당이 그저 말만 할 뿐 구체적인 행동을 전혀 볼 수가 없어요. 어떤 경우이든 간에, 긍정적인 것을 전혀 보여주지 않고 있습니다. 제 생각이 분명히 최선은 아니지요. 왜냐하면 모든 사람이 사실은 명확한 입장을 가져야 하니까요. 하지만 지금 저는 이 정치적 소동 전체에 대해 그 어떤 관심도 갖고 있지 않습니다. 정당과 관련된 것들에 대해서는 확실히 그렇습니다."[75]

전체적으로 보자면, 1992년의 설문지들이 보여주는 것은 — 거의 암시에 가까운 질문으로 이 설문지는 구성되었는데 — 난민법을 둘러싼 논란의 심화와 '외국인'으로 인식되는 사람들에 대한 폭력의 증가입니다.

포이크트랜더 여러분은 각자가 갖고 있는 사료의 상황에 대해 말했습니다. 여러분이 서술한 인종 차별적이거나 반집시적인, 아니면 반유대주의적이거나 민족주의적인 표현과 공격들 중에서 특별히 동독에 그 원인을 돌릴 수 있는 표현들을 볼 수 있었나요?

브뢱베 유대인 재산의 반환이라는 내 연구에서 그처럼 책임을 돌리는 것은 무엇보다 조심스러운 일입니다. '부유한 유대인'이라는 오래된 스테레오타입이 있기는 하지만, 그것은 사실 내가 서독의 옛 소유권자들에게서도 발견하는 것입니다. '가장 먼저' 나는 전적으로 내 주제, 즉 주택 소유권의 배상이라는 문제 제기, 그리고 그러한 연구 설정과 사료로부터 출발했습니다. 이는 좀더 확장되어야 하고 다른 기반들을 바탕으로 연구가 더 진행되어야만 합니다. 필링어의 연구를 통해 나는 역사 속에서 자주 발견할 수 있는 희생양 메커니즘을 확인합니다.[76] 이는 그 각각의 특별한 맥락 안에서 다르게 작동하고 있지요. 그런 한에서 대단히 재미있는 것은, 그것이 역사적으로 특정 시간에만 작동한다는 점입니다. 하지만 칠러의 사료를 바탕으로 한다면, 아마도 포이크트랜더의 질문에 대해 가장 차별화된 진술을 만날 수 있을 것입니다.

칠러 나는 이행의 경험이나 정당과 제도에 대해 표명된 불신과 관련해 특별히 어떤 동독적인 것을 인지할 수 있었습니다. 작센 종단 연구에 참여했던 이들은 정치에 대해, 혹은 예를 들어 교사 같은 다른 국가적 권위체에 대한 자신들의 신뢰가 '전환'의 시기 동안 어떻게 흔들리게 되었는가에 대해 분명하게 서술하고 있습니다. 또한 텍스트에는 자기 자신의 정체성과 민족적 정체성의 문제에 대해서도 다양한 진술이 나옵니다. 당시 청소년들이 무엇과 스스로를 동일시할 수 있었고 동일시하고자 했는가의 문제는 사료에서 체제(동독, 사회주의, 시장 경제, 자본주의, 서독)나 지역('포크트랜더'('Vogtländer, 동독에서도 가장 못사는 지역이던 포크트란트 출신 사람이라고 비하해 부르는 칭호 ―옮긴이), '동독인'(Ostdeutsche), '초니'(Zoni, 소련 점령 지역, 즉 동독에서 태어나고 성장한 사람을 얕잡아 일컫는 말 ― 옮긴이), '고향에 대한 귀속성')과 연결해 다루었습니다.

포이크트랜더 나는 한 번 더 지금 우리 대화의 시작을 상기하고 싶습니다. 첫 단계로 우리는 개념의 선택에 대해 서로 합의를 보아야만 했었습니다. 우리가 모든 개념에 대해 합의하기는 쉽지 않았습니다. 우리가 서술했던 현상들에 대해 요약해 정리하자면, 극우주의라는 개념을 예를 들 수 있을 것 같습니다. 다양한 근거에서 여러 학문 영역의 연구자들은 이 개념에 대해 문제가 있다고 생각합니다.[77] 예를 들어 극우주의라는 개념은 민주적인 '중간층'의 존재를 전제로 하면서도 이로부터 어떤 차별도 하지 않는다고 하지만—여러분의 결과들은 사실 그와 모순됩니다.[78] 개념을 밝히는 문제에 있어 또 다른 문제점은 우리가 앞에 언급했던 현상들에 관한 연구에서 누구에 대해 혹은 무엇에 관해 말하는가라는 문제입니다. 예를 들어 '많은 주민'과 '중간층' 혹은 '주민 과반수'라는 개념은 비록 공식 석상에서는 널리 사용되고 있지만, 그에 대한 보다 정확한 의미를 묻는다면 사실 이 개념은 별로 설명해주는 것이 없습니다.

필링어 내 생각에는 토론에서 개념 정의를 명확히 하기 위해서는 우리가 연구했던 사람들의 정치적·민족적·인종적 자기 서술에 주목하는 것이 의미 있다고 생각합니다. 역사가 토마스 린덴베르거(Thomas Lindenberger)의 말을 인용해 이야기하자면, 우리는 일상에 대한 분석 과정에서 일부러 그런 것들을 찾고자 한 것이 아님에도 '동독에 살던 많은 사람'[79]의 인종 차별적이고 반유대주의적인 진술이나 태도와 대면했습니다. 나아가 우리는 일반적으로 동독인들이 체제 변환과 이행기를 어떻게 준비하고 겪으면서 만들어갔으며, 이를 극복했는지에 대해 질문했습니다. 그들은 1989년까지, 그리고 1990년대에 사회적 지배 관계에 어떻게 적응하고 처리했으며, 이를 어떻게 함께 만들어갔는가? 각기 다른 정서 공동체(Milieus) 안에서 극단적 입장을 갖게 되었다는 것은 인종주의적이고 반유대주의적인 사고에 대해, 예를 들어 극우주의 딱지를 붙이는 것이 적절하다고 할 만한 현상이 전혀 아니라는 것을 암시합니다. 사료는 그보다는 더 많은 것을, 즉 사람들이 인종 차별적이고 반유대주의적인 사고방식과 행동방식을 어느 정도는 열어놓은 채 간직하고 있다는 것을 보여줍니다. 이 사람들은 아마도 자기 스스로를 사회적으로나 정치적으로 중간층이라고 위치시킬 겁니다.

브뢰베 나는 다시 한 번 이 자리에서 우리가 사료를 기반으로 논의할 수 있는 것은 동독과 전환기, 무엇보다 1990년대 전반기라는, 단지 일정 기간 뿐이라는 점을 강조하는 것이 중요하다고 생각합니다.

필링어 이로써 브뤽베가 언제 '전환'의 역사가 사실상 끝나는가라는 어려운 문제를 제시했네요. 우리가 한정했던 연구 기간을 넘어 연속성이 이어진다는 것은, 예를 들어 나치 지하 조직(Nationalsozialistische Untergrund, NSU) 사건 같은 것이 보여줍니다. 이들 조직원은 2000년 9월 9일 —즉 우리의 사료적 기반이 갖는 시간 지평의 끝부분에서 — 에 뉘른베르크에서 튀르키예 출신의 꽃장수 엔버 심세크(Enver Simsek) 를 대상으로 첫 테러를 자행했습니다. 1989/90년의 변혁을 통해 겪게 된 나치 지하 조직원과 그들 지원 조직의 생애사적 흔적과 이들 집단의 행태, 그리고 전 독일에 걸친 그들 네트워크의 침투는 오늘날의 문제가 얼마나 동독사 혹은 전환사와 관련을 맺고 있는지 혹은 아닌지에 대한 문제를 던집니다. 그러한 열린 문제는 이 주제를 계속 연구할 수밖에 없다는 것을 보여줍니다.

포이크트랜더 여러분의 프로젝트에 대한 이러한 성찰을 듣고 나니, 다음과 같은 생각이 듭니다. 여러분이 '전환'의 긴 역사 속에서 집중적으로 인종주의와 반집시적 사고, 반유대주의, 민족주의 등의 전개를 연구했더라면, 여러분은 프로젝트를 어떻게 달리 진행했으리라 생각합니까?

브뤽베 만일 내가 인종주의를 주제로 역사적 연구를 심화한다면, 보다 더 많은 비교 연구에 중점을 두겠습니다. 우리 연구가 갖는 비교 대상으로서의 규모에 대해 이들 연구의 예시로는 거의 알 수가 없습니다. 네, 우리는 작센의 종단 연구를 제외하면 양적 자료는 피해왔고, 그럼에도 우리 텍스트 안에는 '종종', '많은', '몇몇' 등의 단어들이 나옵니다. 이런 점에서 나는 인종주의라는 연구 영역을 전적인 목표로 하는 연구 계획을 더 강력하게 세분화해야만 한다고 봅니다. 여기서는 무엇보다 독일 안에서의 비교가 유효할 것 —특히 1990년대 이래 우파의 폭력이라는 측면과 관련해 — 이며, 다른 중·동부 유럽 국가들과 서로 얽힌 역사와 비교사, 그리고 검증 수단으로서 서유럽 국가들과의 비교 같은 것들이 요구될 것입니다.

필링어 브뤽베의 양적 연구로의 분화에 대한 요구는 이미 종종 논의했던 우리의 질적 연구 사례의 일반화 가능성이라는 문제로 다시 돌아가네요.

브뤽베 네, 하지만 나는 단지 계량화의 문제만 이야기한 것이 아니라 서로 다른 공간들에 대한 비교의 문제를 제기한 것입니다. 우리의 연구 사례를 통해 분명하게 드러나는 특정 유형을 다른 국가사회주의적 사회 안에서도 관찰할 수 있는가? 그런 것을 또한 구서독에서도 발견할 수 있는가? 그런 것이 우리의 동독이라는 연구 공간 안에서만 전형적인 현상인가, 아니면 매시대마다 전형적 현상인가 같은 것들이 내 생각으로는 흥미 있는 질문일 것 같습니다.

포이크트랜더 '전환'의 긴 역사 가운데 인종주의, 반집시적 사고, 반유대주의, 민족주의 등의 전개에 전적으로 집중하는 연구 프로젝트 속에서 그 밖에 우리가 고려해야만 할 다른 측면들이 있는지요?

브뤽베 1990년대 우리의 사료에 폭력에 대해서는 거의 언급이 없습니다. 이른바 야구방망이를 휘두르던 해(Baseballschlägerjahre)를 둘러싸고 벌였던 토론들을 통해 분명해졌듯이, 그것은 그저 시대적 현상이었던 것이지요.[80] 역사 속에서 폭력을 연구한다는 것은 방법론적으로 언제나 다른 길을 가야만 한다는 것을 의미합니다. 왜냐하면 폭력에 대해 사람들이 직접적으로는 거의 이야기하지 않기 때문입니다. 예를 들어 경찰 조서와 법원의 판결문, 아니면 공판 서류와 신문 기사, 에고 도큐멘트(Egodokumente) 같은 것들—즉 당사자들의 개인적 서술—을 연구할 수 있습니다. 궁극적으로 우리는 역사 서술 속에 나오는 육체적이고 심리적인 폭력뿐만 아니라 구조적 폭력에 이르기까지 다양한 형태의 폭력을 감안해야 합니다.

쵤러 작센 종단 연구가 기록한 내용들 가운데 폭력의 문제뿐만 아니라 이와 연결된 제도들(Institutionen)에 대해 보다 자세히 주목하는 것도 내가 보기에는 대단히 흥미롭습니다. 예를 들어 1990년대 중·고등학교 교육 시스템이나 청소년 교육 안에서 정치 교육과 민주주의 교육이 어떻게 이루어졌는지와 같은 것을 좀 더 잘 알고 싶습니다. 당시와 그 이후 실천적인 차원에서는 인종 차별적 발언에 대해 어떻게 대처했는지요? 예를 들어 작년에는 1989년 이후 동독 내 일상적 차원에서의 민주주의에 대한 생각을 분석하는 연구 프로젝트가 시작되었습니다.[81] 구조적 인종주의와 구조적 반유대주의 또한 똑같이 폭력의 형식으로 이해할 수 있고 연구 대상이 됩니다. 궁극적으로는 그런 폭력을 당한 사람들과 그들의 경험을 보다 집중적으로 파악하는 것이 중요할 것입니다.

브뢰베 방금 칠러가 이야기한 것처럼 구조적 폭력을 지적한다는 것은 곧 길게 거슬러 올라가는 연구 논쟁들을 살펴보는 것이기도 합니다. 노르웨이의 평화연구가인 요한 갈퉁(Johan Galtung)이 1970년대에 지적했던 구조적 폭력에 대한 제안이 떠오르네요.[82] 당시 구조적 폭력과 관련해 한편으로는 남북 갈등이라는 측면에서 집중적으로 논의되었으며, 동시에 '지배' 같은 다른 개념들과 명확히 구분되지 않는 것에 대한 비판이 있었습니다. 나는 이런 배경들을 감안하면서 방금 칠러가 제안했던 것처럼 동독에서 더 집중적으로 기관들 혹은 (사라지고 있는) 기관들에 대한 신뢰를 긴 시각에서 관찰하는 것이 매우 흥미롭다고 생각합니다. 그 경우에 일반적으로 지배와 권력, 더불어 그의 분배도 핵심적 문제가 될 것입니다.

칠러 지배의 측면과 밀접하게 관계를 갖고 있으면서 동시에 정체성과도 연결되어 있는 또 다른 과제는 민족적인 것(Nationalen)의 차원에 대한 문제입니다. 내 사료 안에서는 민족과 관련해 정체성을 제공한다고 서술하는 예들을 계속 발견하게 됩니다. 여기에서 또한 그것이 얼마나 오래된 이념이나 정서인지를 연구할 수 있습니다. 민족과 국민국가의 문제는 궁극적으로 19세기까지 그 기원이 되돌아가게 됩니다.[83] 이와 연결해 흥미 있는 문제는 얼마나 다양한 정치적 단체와 주체를 민족에 대한 일종의 아래로부터의 '국민 만들기'(nation building)라는 정치적·문화적 해석 모델(Deutungsmuster)에 의지해 해석할 수 있는가라는 것입니다.

필링어 동시에 아래로부터의 **국민 만들기**를 위해 1989/90년 동독 주민들 사이에 확산되었던 국가를 대상으로 한 행위들은 무엇보다 민족적이며 종족적인 정체성과 통합성의 제시라는, 칠러가 서술했던 현상과 연결되어 있습니다. 그래서 사회학자 슈테판 마우(Steffen Mau) 같은 연구자는 '뿌리와 소속감이라는 가치의 인정'[84]을 위한 통일 독일 헌법의 제정이라는 정치적 협상을 포기한 것이 1989/90년 이후 민족주의적 사고가 강화된 '하나의' 원인이라고 해석합니다. 과연 동독 주민의 적극적 참여가, 그리고 통일 독일 헌법의 제정이 강력한 민주적 의식 형성을 가능하게 했었을지, 만일 그렇다면 어느 정도 영향을 끼쳤을지는 오늘날 '헌법애국주의'(Verfassungspatriotismus)[85]라는, 서독에서 1970년대에 강력한 영향을 끼쳤던 개념 아래 논의되고 있습니다. 정치적·학문적 논의 속에서 헌법애국주의란 국가에 대한 소속감이 종족에 따른 것이 아닌 정치적 가치를 공유하는 일체감을 통해 만들어지는 국민적(staatsbürgerschaftliches) 개념이라고 받아들여지고 있습니다. 역시 이 문제도 보다 심화된 연구가 필요합니다.

브뢰베 여러분이 언급했던, 바로 아래로부터의 **국민 만들기**와 위로부터의 **국민 만들기** 사이의 연결(Verbindung)이 내가 보기에는 중요한 것 같으면서도 미해결의 문제인 듯 싶습니다. 한편에서는 아래로부터, 즉 주민들이 새로운 사회와 국가 안에서 자리를 찾고자 했습니다. 여기에서 '독일' 국민 혹은 민족주의가 정체성 제공에 중요한 역할을 했습니다. 이는 바로 칠러가 주도해 1990년대 초부터 시작한 작센 종단 연구 프로젝트 진술들을 통해 알 수 있습니다. 그리고 칠러는 종종 그것이 그저 사료 속 빙산의 일각일 뿐이라고 이야기했지요. 또한 필링어의 1989년 전후 스테레오타입의 변화에 대한 관찰은 새로운 사회 상황 속으로의 자기 위상 설정(Sicheinordnen)을 보여줍니다. 이는 경계 짓기를 동반하는 과정입니다.

다른 한편으로는 위로부터의 국민 만들기 과정을 통해 통일의 진행 과정에서 결정을 좌우했던 책임 있는 사람들(드물지 않게 서독인들)이 옛 서독의 민주주의관이나 헌법애국주의 같은 특정 사고에 대한 절대적 믿음을 갖고 있었음을 알 수 있습니다. 그래서 1990년대 초가 되면 이 두 가지 사고를 동독인들도 갖게 되었고, 그래서 동일한 관계와 동일한 내용을 의미한다는 것을 암묵적으로 전제하게 됩니다. 하지만 40년 동안의 독일사회주의통일당(SED) 독재가 사람들을 어떻게 각인했는가에 대해서는 불분명했고, 지금도 그러합니다. 또한 미해결의 문제는 '민주주의'라는 개념이 1990년대에 폭넓은 기반을 갖고 논의되지는 못했지만, 만일 그랬다면 과연 예를 들어 종족적 민족주의 같은 다른 가치들보다 더 큰 의미를 획득할 수 있었을까라는 것입니다. 적어도 오늘날에는, 1989/90년 원탁회의에서 새로운 헌법 제정에 대해 논의만 해놓고 놓쳐버린 기회에 대한 지적이 강력하게 있습니다.[86] 우리의 연구를 통해 제기된 아래로부터의 **국민 만들기**와 위로부터의 **국민 만들기**의 결합 방식에 대한 미해결 문제는 계속 갖고 있겠습니다.

포이크트랜더 네, 우리는 많은 것을 토론했고 새롭게 구성했으며, 또한 취소하기도 했습니다. 내 생각으로는, 그래서 시작에서 의도했던 바대로 최종적으로 우리가 이 대화를 통해 우리 사료를 바탕으로 '전환'의 긴 역사 안에서 인종주의, 반(反)집시 정서, 반유대주의, 민족주의라는 주제들에 대해 흥미 있는 시각을 드러냈다고 봅니다. 무엇보다 우리의 토론이 한 가지는 드러냈습니다. 즉 더 연구할 몇몇 주제가 있고, 토론할 것이 많다는 사실입니다.

1 프로젝트가 시작될 때, 공동 토론을 함께해준 라이프니츠 현대사센터(ZZF)의 '공산주의와 사회' 분과 동료들 모두에게 고마움을 전한다. 텍스트가 지금의 형태를 갖게 된 것은 무엇보다도 다비트 베브노프스키(David Bebnowski), 이리스 나훔 (Iris Nachum), 파트리체 G. 푸트루스(Patrice G. Poutrus), 도미니크 리골(Dominik Rigoll) 등의 비판적 독해가 큰 도움이 되었다. 이에 대해 깊은 감사를 드린다.

2 이 주제는 안야 슈뢰터가 프로젝트팀에서 일찍 탈퇴해 유감스럽게도 이 책에 더 이상 실리지 못했다.

3 Universität Bielefeld/Institut für interdisziplinäre Konflikt- und Gewaltforschung: Das Projekt Gruppenbezogene Menschenfeindlichkeit in Deutschland. Eine 10-jährige Langzeituntersuchung mit einer jährlichen Bevölkerungsumfrage zur Abwertung und Ausgrenzung von schwachen Gruppen, Laufzeit: 2002-2012, pp. 2~8; https://www.uni-bielefeld.de/ikg/projekte/GMF/Gruppenbezogene_ Menschenfeindlichkeit_Zusammenfassung.pdf(2020. 3. 18. 접속; 이 서면 대화에 사용된 모든 온라인 사료도 동일한 날짜에 접속하였음).

4 Ebd.

5 예를 들어 Brandau, Bastian/Gerlach, Alexandra/Rähm, Jan: Chemnitz und die Folgen. Rechte Ausschreitungen in neuen Qualitäten, in: Deutschlandfunk(2018. 9. 10.); https://www.deutschlandfunk.de/chemnitz-und-die-folgen-rechte-ausschreitungenin-neuen.724.de.html?dram:article_id=427740; Albath, Maike: Extremismusforscher Matthias Quent: Wie sich der Aufstieg der Rechten

stoppen lässt, in: Deutschlandfunk Kultur(2019. 10. 19.); https://www. deutschlandfunkkultur.de/extremismusforscher-matthias-quent-wie-sich-der-aufstieg.1270,de.html?dram:article_id=461387; Ramadan, Dunja: Die Saat geht auf, in: Süddeutsche Zeitung(2020. 2. 21.); https://www.sueddeutsche.de/politik/hanau-rassismus-afd-1.4808833; Briest, Robert: AfD-Flügeltreffen »Nationalismus und Rassismus sind der ideologische Kitt der Partei«, in: Mitteldeutsche Zeitung(2020. 3. 5.); https://www.mz-web.de/saalekreis/afd-fluegeltreffen---nationalismus-und-rassismus-sind-der-ideologische-kitt-der-partei--36370936 참조.

6 Begrich, David: Systemkollaps hat geprägt, in: taz(2019. 8. 12.); https://taz.de/ Soziologe-ueber-den-AfD-Ost-Wahlkampf/!5614479/.

7 언급할 만한 자료로는 특히 Hall, Stuart: Rassismus als ideologischer Diskurs, in: Das Argument 31 (1989) 178, pp. 913~21; Balibar, Étienne/Wallerstein, Immanuel: Rasse-Klasse-Nation. Ambivalente Identitäten. Hamburg/Berlin 1990; Memmi, Albert: »Rassismus«, Hamburg 1992. 인종주의 이론을 둘러싼 논쟁에 대한 최신 분석은 Mecheril, Paul/Melter, Claus: Rassismustheorie und -forschung in Deutschland. Kontur eines wissenschaftlichen Feldes, in: Mecheril, Paul/Melter, Claus (ed.): Rassismuskritik. Bd. 1: Rassismustheorie und -forschung, Schwalbach 2009, pp. 13~ 24 참조.

8 Rommelspacher, Birgit: Was ist eigentlich Rassismus?, in: Mecheril/Melter: Rassismuskritik(각주 7 참조), pp. 25~38, 특히 p. 39. 우리는 이른바 인종이라는 것의 구조에 주목해 인종주의가 지속적으로 변화하고 각기 다르게 표현되는 것을 감안해 인종주의를 폭넓게 정의하기로 결정했다. 이에 반해 그런 폭넓은 정의가 수많은 범죄 현상을 인종주의라는 개념 밑에 모아들일 수 있다는 우려가 제기될 수 있다. 그렇지만 우리는 인종주의의 일상성과 이의 역사적 변화에 대한 연구를 위해서는 이를 넓게 정의 내리는 것이 가장 적절할 것으로 보았다. 과거에 좁게 내려진 정의가 있었음을 알려주는 연구로는, 예를 들어 1978년 11월 27일 제20차 UNESCO-총회에서의 »Declaration on Race and Racial Prejudice«가 있다. 영어본과 달리 독일어본에서는 '인종'(Rasse)이라는 단어를 따옴표 안에 넣음으로서 주제와 이의 표현이 내적으로 갖고 있는 문제를 이미 분명히 하고 있다. Erklärung über »Rassen« und rassistische Vorurteile auf der 20. Generalkonferenz der UNESCO(1978. 11. 27.), 이 부분 제2조, No. 2; https://www.unesco.de/sites/default/files/2018-03/1978_ Erkl%C3%A4rung_%C3%BCber_Rassen_und_rassistische_Vorurteile.pdf; United Nations Educational, Scientific and Cultural Organization: Declaration on Race and Racial Prejudice(1978. 11. 27.); http://portal.unesco.org/en/ev.php-URL_ID= 13161&URL_DO=DO_TOPIC&URL_SECTION=201.html.

9 Behrends, Jan C./Poutrus, Patrice G./Kuck, Dennis: Historische Ursachen der Fremdenfeindlichkeit in den neuen Bundesländern, in: Aus Politik und Zeitgeschichte

(APuZ) 50 (2000) B 39; https://www.bpb.de/apuz/25428/historische-ursachen-der-fremdenfeindlichkeit-in-den-neuen-bundeslaendern?p=all&rl=0.6192516141219904 참조.

10 Akte(1988. 11. 24.), BStU, MfS, BVfS Leipzig, Abt. XX, 02278, Bl. 35.

11 Logemann, Daniel: Das polnische Fenster. Deutsch-polnische Kontakte im staatssozialistischen Alltag Leipzigs 1972-1989, München 2012.

12 Zatlin, Jonathan R.: »Polnische Wirtschaft« - »Deutsche Ordnung«? Zum Umgang mit Polen in der DDR, in: Müller, Christian Th./Poutrus, Patrice G. (ed.): Ankunft-Alltag-Ausreise. Migration und interkulturelle Begegnungen in der DDR-Gesellschaft, Köln/Weimar/Wien 2005, pp. 295~315, 특히 p. 302 참조.

13 Logemann, Daniel: Das polnische Fenster(각주 11 참조), p. 266.

14 Riedel, Almut: Erfahrungen algerischer Arbeitsmigranten in der DDR: »… hatten ooch Chancen, ehrlich!«, Opladen 1994, p. 38.

15 Miles, Robert: Racism, London/New York 2003, pp. 36f.

16 Runge, Irene: Ausland DDR. Fremdenhass, Berlin 1990, pp. 70f.

17 Münkler, Herfried: Barbaren und Dämonen. Die Konstruktion des Fremden in Imperialen Ordnungen, in: Baberowski, Jörg/Kaelble, Hartmut/Schriewer, Jürgen (ed.): Selbstbilder und Fremdbilder. Repräsentation sozialer Ordnungen im Wandel, Frankfurt am Main 2008, pp. 153~89, 특히 p. 160.

18 Dean, Isabel: Die Musealisierung des Anderen. Stereotype in der Ausstellung »Kunst aus Afrika«, Tübingen 2010, p. 89.

19 이에 대해 분석된 사회과학 연구로는 이 책의 51쪽부터 시작되는 서면 대화 참조.

20 라이프치히-연구에 대해서는 이 책의 55쪽과 193쪽 참조.

21 Archiv Institut für Sozialwissenschaftliche Forschung, Projektgruppe »Alltägliche Lebensführung«, Leipzig-Studie 1991-1994, Transkription Interview N-U3, 1992, pp. 133f.

22 역사가 마르쿠스 엔트(Markus End)는 이 개념을 비판하면서 이 주제와 관련해 이어지는 연구 논의들을 제시했다. End, Markus: Bilder und Sinnstruktur des Antiziganismus, in: APuZ 61 (2011) 22-23, pp. 15~21; https://www.bpb.de/apuz/33277/bilder-und-sinnstruktur-des-antiziganismus?p=all.

23 예를 들어 Müller, Birgit: Der Mythos vom faulen Ossi. Deutsch-deutsche Vorurteile und die Erfahrungen mit der Marktwirtschaft in drei Ostberliner Betrieben, in: PROKLA. Zeitschrift für kritische Sozialwissenschaft 23 (1993) 93, pp. 251~68 참조.

24 Göpner, Franziska: Antiziganismus. Die Verfolgung der Sinti_ze und Rom_nja während des Nationalsozialismus und Kontinuitäten in der Gegenwart; https://www.stiftung-ng.de/fileadmin/dateien/Stiftung/PDF_EAL/PDF_EAL_final_2018/03_

Antiziganismus._Die_Verfolgung_der_Sinti_ze_und_Rom_nja_waehrend_des_
Nationalsozialismus_und_Kontinuitaeten_in_der_Gegenwart_von_Goepner__
Franziska.pdf, pp. 6, 10.

25 Lenski, Katharina: Asozialität in der DDR. Re-Konstruktion und Nachwirkung
eines Ausgrenzungsbegriffs, in: Heitzer, Enrico/Jander, Martin/Kahane, Anetta/
Poutrus, Patrice G. (ed.): Nach Auschwitz. Schwieriges Erbe DDR. Plädoyer für einen
Paradigmenwechsel in der DDR-Zeitgeschichtsforschung, Frankfurt am Main 2018,
pp. 162~75.

26 Lindenberger, Thomas: Das Fremde im Eigenen des Staatssozialismus. Klassendiskurs
und Exklusion am Beispiel der Konstruktion des ≫asozialen Verhaltens≪, in:
Behrends, Jan C./Lindenberger, Thomas/Poutrus, Patrice G. (ed.): Fremde und
Fremd-Sein in der DDR. Zu historischen Ursachen der Fremdenfeindlichkeit in
Ostdeutschland, Berlin 2003, pp. 179~91, 특히 p. 188.

27 Prenzel, Thomas: ≫Am Wochenende räumen wir in Lichtenhagen auf≪. Die
Angriffe auf die Zentrale Aufnahmestelle für Asylbewerber in Rostock im August
1992, in: Bispinck, Henrik/Hochmuth, Katharina (ed.): Flüchtlingslager im
Nachkriegsdeutschland. Migration, Politik, Erinnerung, Berlin 2014, pp. 234~51, 특
히 p. 240.

28 구조와 상황에 따른 폭력의 맥락과 관련해서는: Heinrich, Gudrun: Fanal ≫Rostock
Lichtenhagen≪. Rassistische Ausschreitungen und die junge Demokratie, in:
Creutzberger, Stefan/Mrotzek, Fred/Niemann, Mario (ed.): Land im Umbruch.
Mecklenburg-Vorpommern nach dem Ende der DDR, Berlin 2018, pp. 173~88.

29 Archiv Institut für Sozialwissenschaftliche Forschung, Projektgruppe ≫Alltägliche
Lebensführung≪: Leipzig-Studie 1991-1994, Transkription Interview N-U5,
pp. 23f.

30 Ebd., p. 24.

31 1950년대 초 소련 점령 지역과 동독에서는 노동청에 신고된 사람에 한해 나치 시
대의 희생자로 인정받았다. 1986년에야 비로소 시민운동가 라이마르 길세바흐
(Reimar Gilsenbach)의 주도로 베를린-마르찬(Berlin-Marzahn)에 강제수용소 기
념비가 세워졌으며, 나치 시대에 '집시'라는 이름으로 차별대우를 받고 수감된 이
들을 기념했다; Kessler, Ralf/Peter, Hartmut (ed.): ≫An alle OdF-Betreuungsstellen
Sachsen-Anhalts!≪ Eine dokumentarische Fallstudie zum Umgang mit Opfern des
Faschismus in der SBZ/DDR 1945-1953. Frankfurt am Main 1996, Dok. Nr. 122,
pp. 148~51, 특히 p. 149; 그 밖에도 Schmohl, Daniela: Rom_nja und Sint_ezze in der
SBZ und DDR. Ausgrenzung, (Nicht-)Entschädigung und Wahrnehmung, in: Krahl,
Kathrin/Meichsner, Antje (ed.): Viele Kämpfe und vielleicht einige Siege. Texte über
Antiromaismus und historische Lokalrecherchen zu und von Roma, Romnja, Sinti

und Sintezze in Sachsen, Sachsen-Anhalt und Tschechien, Dresden 2016, pp. 93~98, 특히 p. 93.

32 Botsch, Gideon: Von der Judenfeindschaft zum Antisemitismus. Ein historischer Überblick, in: APuZ 64 (2014) 28-30, pp. 10~17, 특히 p. 16; https://www.bpb.de/apuz/187412/von-der-judenfeindschaft-zum-antisemitismus?p=all#_blank.

33 대독일유대인재산청구협의회는 1951년 결성된 나치와 홀로코스트 유대인 희생자 조직의 총연합체이다.

34 Kress, Celina: Zwischen Bauhaus und Bürgerhaus. Die Projekte des Berliner Bauunternehmers Adolf Sommerfeld. Zur Kontinuität suburbaner Stadtproduktion und rationellen Bauens in Deutschland 1910-1970, Dissertationsschrift Technische Universität Berlin, 2008, Online-Publikation: https://depositonce.tu-berlin.de/handle/11303/2309, pp. 147~50.

35 Ebd., pp. 150~59.

36 Ebd., p. 143. Alfred Schild erinnert sich, in: Bauwelt 77 (1986) 34, p. 1267.

37 Botsch: Von der Judenfeindschaft zum Antisemitismus(각주 32 참조), p. 12.

38 크리스티안 마이어가 어느 옛 소유주의 공증인에게 보낸 편지, 1998. 1, 12, Quelle: Privatbesitz.

39 Nachum, Iris: Epilog der ≫Arisierung≪. Der Lastenausgleich neu betrachtet, in: Engelhardt, Arndt u.a. (ed.): Ein Paradigma der Moderne. Jüdische Geschichte in Schlüsselbegriffen, Göttingen 2016, pp. 57~78 참조.

40 Seite 45f. 참조.

41 Brief von Christian Meyer an den Notar eines Alteigentümers, 1998. 12. 1, Quelle: Privatbesitz.

42 재산 문제에 대한 공적 규정들, §1 Geltungsbereich, Absatz 6; https://www.gesetze-iminternet.de/vermg/BJNR211590990.html: ≫Dieses Gesetz ist entsprechend auf vermögensrechtliche Ansprüche von Bürgern und Vereinigungen anzuwenden, die in der Zeit vom 30. Januar 1933 bis zum 8. Mai 1945 aus rassischen, politischen, religiösen oder weltanschaulichen Gründen verfolgt wurden und deshalb ihr Vermögen infolge von Zwangsverkäufen, Enteignungen oder auf andere Weise verloren haben.≪

43 Mohr, Katharina: Angst in der Einfamilienhaussiedlung, in: Die Welt, 2005. 8. 7.; https://www.welt.de/print-wams/article130552/Angst-in-der-Einfamilienhaussiedlung.html.

44 European Court of Human Rights, Fifth Section: Decision, Application no. 16722/10, Christian Meyer against Germany, 2016. 3. 22.; http://hudoc.echr.coe.int/eng?i=001-162482.

45 Glock, Birgit/Keller, Carsten: Fokusrunde Amt zur Regelung offener Vermögensfragen

(ARoV) Potsdam-Mittelmark vom 2000. 2. 16, Teilverschriftlichung.

46 Ebd., p. 1.

47 Glock, Birgit/Keller, Carsten: Fokusrunde Prenzlauer Berg vom 2000. 3. 6, Teilverschriftlichung, p. 6.

48 Ebd., p. 7.

49 Glock Birgit/Keller, Carsten: Interview-Anmelderin IVC, 2000, Teilverschriftlichung, p. 3.

50 Gemeinde Kleinmachnow: Zwangsarbeit für eine Rüstungsfabrik in Kleinmachnow; http:www.kleinmachnow.de/staticsite/staticsite.php?menuid=123.

51 Czollek, Max: Desintegriert euch!, München 2018, pp. 60f.

52 Classen, Christoph: Macht durch Moral? Anmerkungen zum Antifaschismus in der DDR, in: Heitzer/Jander/Kahane/Poutrus (ed.): Nach Auschwitz(각주 25 참조), pp. 97~109, 특히 pp. 98, 100~06.

53 Benz, Wolfgang: Nachwirkungen der DDR-Propaganda im Israelbild der Gegenwart, in: Benz, Wolfgang (ed.): Antisemitismus in der DDR. Manifestationen und Folgen des Feindbildes Israel, Berlin 2018, pp. 263~74, 특히 p. 267.

54 Ebd.

55 Käbelmann, Günter: Straßennamen in Kleinmachnow und was dazugehört. Zur Entstehung und Veränderung der Straßennamen unserer Gemeinde von 1900 bis 2008 sowie einige Informationen zur Ortsgeschichte, Wittbrietzen 2012. 지역 역사가인 케벨만(Käbelmann)은 특히 율리우스 마이어(Julius Meyer)와 1953년 그의 동독 탈출을 예로 든다.

56 특히 1952년 체코에서 진행되었던 이른바 슬란스키 재판(Slánský-Prozess)을 의미한다. 이 재판은 당시 유대인 출신의 유명 공산당원이었던 루돌프 슬란스키(Rudolf Slánský)를 대상으로 했다.

57 Czollek, Max: Desintegriert euch!(각주 51 참조), pp. 60f. 참조.

58 Ebd.

59 췰러의 한 남성 N.과의 인터뷰(2018. 7. 6.), Interviewtranskript, p. 52.

60 Ebd.

61 SLS가 갖는 사료 비판적 가치에 대해서는 Zöller, Kathrin: Daten, Quellen, offene Fragen. Die Sächsische Längsschnittstudie aus zeithistorischer Perspektive, in: Berth, Hendrik/Brähler, Elmar/Zenger, Markus/Stöbel-Richter, Yve (ed.): 30 Jahre ostdeutsche Transformation. Sozialwissenschaftliche Ergebnisse und Perspektiven der Sächsischen Längsschnittstudie, Gießen 2020, pp. 197~210 참조.

62 Brückweh, Kerstin/Zöller, Kathrin: Transformation Research and the Longue Durée of 1989. Combining Qualitative and Quantitative Data, in: Przegląd Socjologii Jakościowej 15 (2019) 1, pp. 72~91 참조.

63 SLS 1990, 153 0081.

64 췰러의 한 남성 N.과의 인터뷰(2018. 7. 6.), Interviewtranskript, p. 51.

65 SLS 1990, 153 0009. 강조는 원문 그대로.

66 SLS 1990, 153 0009.

67 SLS Fragebogen 1992, Fragen 45, 48, 49.

68 SLS 1992, 0031. 강조는 원문 그대로.

69 예를 들어 궁극적으로 독일 제국을 재건설하고자 했던 네오나치들은 일정 시점부
    터는 정치적으로 핍박을 당했다. Wagner, Bernd: Vertuschte Gefahr. Die Stasi &
    Neonazis, https://www.bpb.de/geschichte/deutschegeschichte/stasi/218421/neonazis;
    Voigtländer, Henrike: »Rowdy«, »Fußball-Skin«, »Faschist«. Frauen in der
    Neonaziszene der DDR und die Akten der Staatssicherheit; https://zeitgeschichte-
    online.de/themen/rowdy-fussball-skin-faschist 참조.

70 이 주제에 대해서는 Poutrus, Patrice G.: Umkämpftes Asyl. Vom Nachkriegs-
    deutschland bis in die Gegenwart, Berlin 2019, pp. 169~77; Kleinschmidt, Julia:
    Streit um das »kleine Asyl«. »De-Facto- Flüchtlinge« und Proteste gegen
    Abschiebungen als gesellschaftspolitische Herausforderung für Bund und Länder
    während der 1980er Jahre, in: Jaeger, Alexandra/Kleinschmidt, Julia/Templin, David
    (ed.): Den Protest regieren. Staatliches Handeln, neue soziale Bewegungen und linke
    Organisationen in den 1970er und 1980er Jahren, Essen 2018, pp. 231~58 참조.

71 Jäger, Margaret: BrandSätze und SchlagZeilen. Rassismus in den Medien,
    in: Forschungsinstitut der Friedrich-Ebert-Stiftung (ed.): Entstehung von
    Fremdenfeindlichkeit. Die Verantwortung von Politik und Medien, Bonn 1993,
    pp. 73~92, 특히 pp. 75f.

72 SLS 1992, 0077.

73 Ebd.

74 SLS 1992, 0092.

75 SLS 1992, 0148.

76 Zick, Andreas/Küpper, Beate/Hövermann, Andreas: Die Abwertung der
    Anderen. Eine europäische Zustandsbeschreibung zu Intoleranz, Vorurteilen und
    Diskriminierung, Berlin 2011, p. 35 참조. 이런 메커니즘에 대한 연구는, 예를 들어
    권위적 성격의 개념과 같은, 궁극적으로 프랑크푸르트학파의 경험적 연구들에 그 기
    원이 있다. 그 밖에도 예를 들어 라이프치히 대학의 사회심리학적 중심부 연구와 같
    은 것이 있다. Decker, Oliver/Brähler, Elmar: Vom Rand zur Mitte. Rechtsextreme
    Einstellungen und ihre Einflussfaktoren in Deutschland, Berlin 2006, p. 168 참조.

77 '극우'와 같은 새로운 개념들과 관련, 최근 젊은 인문학자들의 연구로는: Müller,
    Yves/Rigoll, Dominik: Rechtsextremismus als Gegenstand der Zeitgeschichte, in:
    Zeitgeschichte-online(2019. 10. 23.); https://zeitgeschichte-online.de/themen/

rechtsextremismus-als-gegenstand-der-zeitgeschichte.

78 Neugebauer, Gero: Extremismus – Linksextremismus – Rechtsextremismus, in: bpb-Dossier(2008. 4. 9.); https://www.bpb.de/politik/extremismus/linksextremismus/33591/definitionen-und-probleme; Stöss, Richard: Rechtsextremismus im Wandel, Berlin 2010, p. 10.

79 Lindenberger, Thomas: Die Diktatur der Grenzen. Zur Einleitung, in: Lindenberger, Thomas (ed.): Herrschaft und Eigen-Sinn in der Diktatur. Studien zur Gesellschaftsgeschichte der DDR, Köln 1999, pp. 13~44, 특히 p. 14.

80 Bangel, Christian: Baseballschlägerjahre, in: Die Zeit(2019. 11. 7.); https://www.zeit.de/2019/46/neonazis-jugendnachwendejahre-ostdeutschland-mauerfall.

81 Tröger, Mandy/Gordeeva, Daria: Auftakt des Forschungsverbundes »Das umstrittene Erbe von 1989«, in: Meyen, Michael (ed.): Das mediale Erbe der DDR(2019. 12. 5.); https://medienerbe.hypotheses.org/1007. 이 프로젝트는 BMBF-연구회에서 (기간 2018~22년) 모니카 볼랍-자르(Monika Wohlrab-Sahr)의 지휘 아래 »Das umstrittene Erbe von 1989. Aneignungen zwischen Politisierung, Popularisierung und historisch-politischer Geschichtsvermittlung«라는 제목으로 진행되었다.

82 Galtung, Johan: Strukturelle Gewalt. Beiträge zur Friedens- und Konfliktforschung, Reinbek bei Hamburg 1975.

83 Langewiesche, Dieter: Nation, Nationalismus, Nationalstaat in Deutschland und Europa, München 2000, pp. 35f.

84 Mau, Steffen: Lütten Klein. Leben in der ostdeutschen Transformationsgesellschaft, Berlin 2019, p. 148.

85 개념사와 관련된 짧은 입문서로는 Müller, Jan-Werner: Constitutional Patriotism, Princeton/Oxford 2007, pp. 15~45 참조.

86 코발추크의 종합적 서술로는 Kowalczuk, Ilko-Sascha: Die Übernahme. Wie Ostdeutschland Teil der Bundesrepublik wurde, München 2019, pp. 65~82 참조. 1990년에 대한 그 밖의 논의들에 대해서는 Thaysen, Uwe (ed.): Der Zentrale Runde Tisch der DDR. Wortprotokoll und Dokumente, Bd. IV: Identititätsfindung?, Wiesbaden 2000, pp. 1096~1112 참조.

케르스틴 브뤽베, 클레멘스 필링어, 카트린 쵤러

누가 누구와 무엇을 이야기하는가?

대화 여행의 결산

메논: 네, 소크라테스 선생님, 그렇지만 이건 어떻게 생각하세요? 우리
는 배우는 게 아니라 우리가 그렇게 말하기는 하지만, 그저 다시 기억하
는 것일 뿐이라는 사실 말입니다. 정말 그런지 가르침을 주시렵니까?

소크라테스: 내가 이미 말하지 않았나. 메논, 자네는 영리한 사람이라
고. 그런데 자넨 여전히 내가 가르침을 줄 수 있나를 묻는구면. 가르침이
란 없고 단지 다시 기억하는 것만 있다고 말하지 않았나. 보아하니, 내가
나 스스로와 모순인 듯하다는 게 아마도 자네에게는 급한 모양이네.

메논: 아이고 선생님, 제우스 신께 맹세컨대 제 말씀은 그런 의도가 아
니라 그냥 습관이에요.[1]

우리의 연구 프로젝트는 수많은 역사적 인물과 그들의 지식 탐구로부
터 자극을 받아 시작되었다. 익숙하지 않은 길로 들어서는 것, 그리고 까
다로운 주제를 (글로써든 말로써든) 이야기하는 것이야말로 최적이라고

우리는 보았다. 우리가 시도한 대화, (두덴 사전의 정의에 따르면) 두 사람 또는 여러 사람이 돌아가며 말하기[2]는 과연 성공적이었는가? 독자들은 이를 스스로 판단하게 될 것이다. 책의 마지막 장에서는 "'전환'의 긴 역사" 연구 프로젝트의 구성 요소들을 정리한다. 2020년 1월 독일 곳곳에서 진행된 대화 여행은 수많은 대화 프로젝트 가운데 하나였을 뿐이기 때문이다.

연구단 내의 대화

이 프로젝트는 우리 연구자 그룹 내부의 대화에서 시작되었다. 동등한 권리를 갖는 사람들끼리의 대화라면 위계 서열은 마땅히 무시된다. 그러나 학계는 대단히 위계적인 조직이다. 교수 타이틀이 없으면 박사 학위가 있으나 없으나 똑같은 후속 세대 연구자로 여겨질 뿐이며, 고용 기간이 명시된 노동 계약서는 위계의 존재를 끊임없이 환기한다. 이러한 학계 시스템의 구조가 우리 연구단에서 무력화된 것은 아니지만, 우리는 학문이라는 자유로운 공간을 이용했다. 우리는 우선 연구단 내부에서 대화를 시작했다. 우리 연구는 처음부터 협동 연구였다. 서로의 사료와 지식, 사고를 교환하고 긴 대화를 통해 방법론을 다듬고 연구 내용을 토론했다. 애초에 우리 목표는 대화 여행이 아니라 연구 논문과 박사 학위 논문을 쓰는 것이었다. 그러나 연구 프로젝트가 지닌 일상사적 방향 외에도 구동독 지역에서 독일대안당(AfD)이 선거에서 승리하고 그들이 구동독 역사를 자신들의 정치적 목표를 위해 점유하는 상황을 우려하면서 우리의 연구 결과를 보여주는 데 학술 회의는 적합한 형식이 아니라는 결론을 내렸다. 이렇게 해서 대화 여행이라는 아이디어가 탄생했다. 동시에 우리는 연구자이므로 학계 시스템 안에서 사회적 참여보다는 학문적 결과로 평가받는다. 이런 점들을 생각해 우리는 서면 대화라는 텍스트 형태를 개발했다. 그럼으로써 책상에서, 문서고에서, 구술사 인터뷰에서 얻은 연구 결과를 글을 통해 알리는 기회를 만들었다. 나아가 우리는 서면 대화가 우리의 집단적 연구 방식과 방법을 기록하는 데에 각자 따로 연구해 독립된 논문을 내는 것보다 적합하다고 생각했다. 왜냐하면 우리는 실제로 긴밀한 협력을 통해 아이디어를 발전시켰기 때문이다.

이뿐만 아니라 서면 대화는 연구 결과를 우리가 인터뷰한 대상자들이 이해할 수 있는 형태로 알리고, 토론에 부치고, 그리하여 현장 증인의 논평을 덧붙인 연구 결과를 일반 대중에 전달하는 데에도 유용하다. 그 최종 단계가 이 책의 출간이다. 이로써 우리의 연구는 학계는 물론 그 외의 곳에도 도달할 수 있을 것이다.

주제에 관한 대화

여행을 시작하기 전과 여행 도중에 우리는 수많은 사람을 만나고 대화를 나누었다. 행사를 할 때마다 우리의 연구 주제, 특히 그 결과에 대한 청중의 평가를 관찰하는 것은 특별히 흥미로운 일이었다. 최초의 연구 결과는 1989/90년의 변혁을 포괄하는 긴 기간으로부터 도출되었는데, 여기서 우리는 근본적 긴장 관계를 관찰했다. 한편으로 이념과 심성이 삶의 세계에 끊임없이 영향을 끼쳤으며, 우리는 이를 능력과 검소함, 사유 재산 등의 주제로 작업하고 소개했다(51쪽 이하를 보라). 다른 한편으로는 20세기의 다양한 정치 시스템에서 이런 심성은 사람들의 의지대로 발현되지만은 않았다. 그보다는 오히려 각 시스템 안에서 자유 공간이 자의적으로[3] 이용되고 형성되었다. 예컨대, 이는 사유 재산에서 명료하게 나타났는데, 거주자들은 동독 정권이 토지 등기부의 가치를 공식적으로 별로 인정하지 않았음에도 불구하고 자신 소유로 등재하려는 시도를 멈추지 않았다. 또는 변함없이 자신의 소유를 보호하고 재산으로 부르고 싶어 했다. 아울러 그 땅에서 직접 채소와 과일을 키워 판매함으로써 능력과 검소함이라는 가치관을 지향했다. 이와 같은 **심성의 장기 지속**이야말로 우리에게는 가장 놀라웠던 점인데, 이는 대화 여행을 통해 진행한 대화에서 증명되었다. 이와 같은 관점에서 전환의 역사에 대한 고찰의 세분화에 강력한 동기를 제시할 수 있었다고 우리는 평가한다.

우리가 도출한 두 번째 결과 역시 현장 증인들과의 대화에서 증명되었는데, 그것은 1989/90년이라는 핵심 변혁기가 사건이 진행된 터무니없는 속도와 **불확실성의 동시성**이라는 두가지를 특징으로 한다는 것이었다(70쪽부터 참조). 예상치 못한 바는 아니었지만, 여기서 흥미로웠던 점은 현장 증인들이 시대를 구분하는 방식이었다. 그들은 1989/90년의 변혁에 대해 많은 가능성이 있었고 공동의 부상(浮上)을 목격했던 긍정적 시간으로 기억했다. 이 시간이야말로 1990년대에 다시금 하강으로 이어지거나, 아니면 오직 하강으로밖에 갈 수 없는 출발점이 된 최정점이었다고 다수의 현장 증인이 이야기했다. 평화 혁명의 대성공과 자유의 성취로 특징지어지는 1989/90년에 대한 환호에 이어, 1990년대에는 각고의 노력과 수고, 성공, 그리고 환멸이 따르는 구체적 기획이 이어졌다. 1989/90년과 비교할 때, 1990년대의 기억은 엄밀히 말해 나빴다고 평가되었다. 이는 우리가 세 번째와 네 번째 결과를 같이 고찰할 때 더욱 분명해졌다(88쪽과 99쪽 참조). 1990년대에 관한 사료에서 우리는 체제 전환을 일상적 삶의 세계에서 구현하거나 극복하기 위해 동독인들이 사용한 다채로운 전략을 인지했다. 소비 영역에서는 새로운 지식의 능동적 전유, 예를 들어 가격 비교 같은 행위가 이에 속했다. 또한 갖가지 다른 관점에서, 예컨대 부동산법을 동독 말기의 소유권 현실에 맞추는 과정에 대해 말하자면, 그런 이유로 이것은 전적으로 성공적이었다. 그러나 이

278

때 종종 불안정한 국면과 막대한 노고가 결합했으며, 이 둘은 각자의 개인적 생애사와 결합해 몇몇 현장 증인에게는 1990년대를 돌아보는 오늘날의 관점에 강력한, 종종 비할 바 없이 강력한 영향을 끼쳤다.

이와는 반대로 변혁에 대한 우리의 학문적 해석은 개별 사례에 기반하지 않고 다양한 사례를 분석했기에 당사자들에게는 그리 중요하지 않다. 이런 점에서 우리는 우리의 연구 결과에 관한 대화에서 끊임없이 대표성(Repräsentativität)을, 즉 우리의 결과가 얼마나 일반화될 수 있는지를 질문했다. 우리가 보기에 여기서 고려해야 하는 것은, 대표성이라는 개념 뒤의 일반적인 (비학문적) 논의에는 종종 실재에 충실한 현실의 복사본을 그려낼 수 있다는 기대가 숨어 있으며, 이는 수천 명을 조사하는 사회과학의 연구에서조차도 도달할 수 없는 목표라는 점이다. 양적 연구를 수행하는 연구자들 역시 대표성 개념을 일반적인 전체가 아니라 특수하고 명확히 정의된 집단 및 일정한 특징들과 관련시킨다.[4] 우리가 양적 연구에 찬성하거나 반대한다는 뜻이 아니다. 오히려 우리 연구는 양적 자료와 질적 자료를 사료로 사용했고 그 목표는 사례 연구의 전형적 유형을 사회 구조와 연관시키는 것이었으며, 이때 실용적 이유로 질적 사료를 우선할 뿐이었다.[5] 우리는 사료에 기반해 특수한 유형 및 형태와 관련한 어느 정도의 포화도를 밝혔고, 사료의 조합을 통해서는 전환 사회의 생활 세계와 시스템을 서로 연결할 수 있었다. 그러므로 우리는 결코 모든 동독 사람 일반과 그들의 경험에 대해 말하지 않았으며, 우리가 조사한 지역의 경향과 유형을 사료에 나타난 대로만 드러낼 뿐이었다. 그런 이유로 우리의 연구 결과 가운데 상당수는 다른 지역에서도 뚜렷하게 나타날 수 있었지만, 어떤 것은 전혀 그렇지 않았다.

1989/90년 이전과 당시에 존재했던 서독 시스템에 대한 **기대들과** 그것에 대한 1990년대의 경험들의 합주가 오늘날의 기억을 각인하고 있다. 이것은 대화 여행에서 다시 한 번 명백히 드러났다. 그뿐만 아니라

우리가 사료를 보고 이미 알아낸 것이지만, 긴 시간을 거쳐오면서 기억이 변했다. 우리 행사의 방문자들은 이와 같은 변화가 자신에게 일어났음을 관찰했으니, 예컨대 동독의 학교에 대한 평가가 그랬다. 자신의 현실 인식에 일어난 변화를 통찰하고 자신이 취한 관점의 배경을 탐구하는 것이 어떤 참가자들에게는 1989/90년 변혁에 대한 자신의 생애사 작업을 풍부하게 만들어주는 소득으로 받아들여졌다.

정치적 시기 구분에 관한 생각을 묻는 질문은 우리가 행사 참가자들과 함께 1989/90년 변혁의 시기 구분을 논의할 때 언제나 중요한 역할을 했다. 연구에서와 마찬가지로 대화에서 우리가 관찰한 것은, 대부분의 사람들이 '전환'의 역사를 이야기할 때 생애사의 주요 변화를 따라가고 여기에 정치적 변화를 통합한다는 것이었다. 이런 맥락에서 우리의 프로젝트 제목에 왜 '평화 혁명'의 개념을 넣는 대신에 '전환'을 썼느냐는 질문을 예상보다 훨씬 많이 받았다. 이에 대한 우리의 해명은 토론 중 박수갈채를 받기도 했다. 이에 이 책 47쪽에 실었다. 우리의 연구와 대화에서 명백해진 것은 변환의 결과가 다양한 연령 집단에 끼친 영향의 정도가 매우 달랐다는 것이다. 어떤 집단은 이것을 기회로 보고 이용했지만, 다른 집단에는 사회적 상황의 지속적 악화의 시작을 의미했다. 이런 측면 역시 우리의 연구 결과에서 강조했다.

사실, 그들이 무엇을 이야기하는가뿐만 아니라 무엇을 이야기하지 않는가야말로 우리에게는 그저 흥미로움을 넘는 일이었다. 몇몇 참가자는 우리가 노동 세계와 관계없는 사람들이라는 것에 놀라고 비판했다. 많은 사람이 실직자가 되었고, 그리하여 새로운 일자리와 재교육 기회를 찾아 헤맨 일이 '전환'에 각인된 경험이기 때문이었다. 연구 프로젝트의 성격상 다양한 주제의 사례를 다룰 수가 있었다(45쪽 참조). 사례를 선정할 때, 우리는 노동을 주제로 고려했지만 실제로 다루지는 않았다. 그 이유는 우선 작업의 편의를 위해서였고, 또한 1990년대에 이미 사회학 분야에서 많은 연구가 이루어졌기 때문이었다. 이 주제에 관한 역사 연구 프로젝트가 없지는 않다. 하지만 우리의 대화 여행의 경험에 따르면, 이 맥락의 연구는 더 많이 필요하다.

우리가 놀랐던 점은 긍정적 이야기들, 그러니까 각자의 목표 달성이라는 의미에서 '성공사'를 거의 듣지 **못했다는** 것이다. 1990년대에 동독인들이 특수한 **변혁기 지식**을 발전시켰다는 것은 이미 연구를 통해 알고 있었다. **변혁기 지식**이라는 표현과 맥이 닿는 다른 해석의 사례로 정치가인 마티아스 플라체크(Matthias Platzeck)는 '변혁기 역량',[6] 사회학자인 볼프강 엥글러(Wolfgang Engler)는 동독인들을 '아방가르드'라고 표현했으며, 저널리스트인 이요마 만골트(Ijoma Mangold)는 '변환의 예술가', '유연성의 모범(들)'[7]이라고 표현했다. 누군가는 힘들게 배워야만 했던 **1990년대의 변혁기 지식**이 경험의 보고인 것은 확실하지만, 우리가 관찰한 바로는 생애사에 대한 기억과 진술로 들어가는 입구는 아니었다. 긍정적으로 진술되는 삶의 성과라는 의미에서는 말이다.

또한 우리 대화의 참석자들은 1990년대의 폭력 경험, 그리고 청소년 문화와 그 밖의 다른 사회에서 나타난 인종주의와 민족주의의 문제도 거의 꺼내지 않았다. 공공 차원의 폭력 경험에 관해 이야기하는 것은 몹시 어려운 일이지만, 우리는 이런 주제의 미디어 표현이 의제로 떠오를 것이라고 예상했었다. 그러나 그런 일은 일어나지 않았으며, 소수 집단의 역할도 이야기되지 않았다. 이 점에서는 체제 전환기의 일상적 경험이라는 우리의 연구 문제가 광범위한 대중 집단의 시선을 다른 데로 돌린 것이 확실하다.

우리의 연구에서는 중요했지만 대화 여행 중의 대화에서 별로 나오지 않은 또 다른 이야기를 꼽자면, 동독과 동독 국가를 다른 공산주의 국가들과 그 국가들의 변환 사회와 비교하는 것이었다. 대화에서는 동독에 관해 이야기하는 데 머물렀을 뿐이다. 어쩌다 비교하게 되더라도 비교 대상은 구서독이었다.

대화의 목표: 우리가 기대했던 것들

대화 여행을 시작하기에 앞서 우리가 세운 핵심 목표는 셋이었다. 첫 번째 목표는 연구 결과를 학문의 맥락을 넘어 확산시키기 위한 새로운 학문적 소통 형식을 시험하는 것이었다. 두 번째 목표는 역사가들이 해석에 이르는 방법과 그렇게 얻은 결과를 토론에 부치는 방법에 대한 통찰을 대화 여행을 통해 제공하는 것이었다. 그럼으로써 역사 연구의 방법론을 해설하고자 했다. 끝으로 세 번째는 1989/90년 '전환'의 긴 역사가 오늘날 이야기하거나 설명하는 유형을 탐구하고 세분화함으로써 현재적 논의를 객관화하는 것이었다.

이러한 목표를 위해 우리는 행사에서 대화의 갖가지 형태를 포괄하는 다양한 방법과 형식을 조합하는 방식을 취했다. 제1부는 현장 증인들과의 1시간짜리 대담으로 이들에게는 사전에 서면 대화 용지를 보냈다. 이 대담은 청중의 질의와 답변 없이 진행되었다. 경험상 이 같은 형태로 무대에서 마이크를 잡고 자신의 이야기를 할 수 있는 사람은 몇 명 없는 데 비해, 우리는 되도록 다양한 이야기를 듣고 싶었기 때문이다. 우리는 현지 주역들의 강렬한 이야기들을 연구를 통해 알고 있었고 이를 대화 여행에 활용함으로써 지금까지 별로 이야기되지 못한 다른 생애사들 역시 듣고자 했다. 이런 생각을 바탕으로 우리는 제2부에서 우리의 연구 결과 또는 제1부의 대담으로부터 얻어진 질문들을 참석자들과 토론할 수 있도록 여러 개의 주제 테이블을 마련했다. 이와 나란히 대화의 세 번째 형태로서 참석자들은 1989/90년 이전과 도중, 이후 시기에 대한 기억을 세 장의 대화 카드로 각각 작성해 다른 참석자들도 볼 수 있도록 시간순으로 가지런히 줄에 걸었다(109쪽과 111쪽 참조).

목표 1: 우리의 연구 결과를 학문적 맥락을 넘어 확산시키기

우리가 마련한 대화 행사의 참석자 수가 약 250명에 이르렀고 미처 모르는 언론 보도가 뒤따랐다는 점에서, 연구 결과를 학문적 맥락을 넘어 대중화하는 일은 성공적이었다. 여기에 도움이 된 것은 연구 보조원인 카타리나 하클과 피아 클라이네가 라이프니츠 현대사연구소와 **현대사-온라인**(Zeitgeschichte-online)의 SNS를 통해 대화 여행을 소개한 것이다. 통계에 의하면, 게시물들의 조회 수는 4만 회를 넘었다.

흥미롭게도 현지 청중의 구성은 우리의 예상과는 항상 들어맞지 않았다. 예를 들어 마이닝겐의 한 학교에서 열린 대화 행사에 학생은 단 한 명도 참석하지 않았다. 그 대신에 교사들이 대거 참석했다. 가레이에서 열린 대화 행사의 참석자 수는 대단히 적었지만, 인근 마을과 베를린에서 참가하러 오기도 했다. 참석자가 가장 많았던 행사는 클라인마흐노프와 라이프치히에서였는데, 두 번 모두 다양한 연령 집단의 혼합이 인상적이었다.

대담에 이어진 토론은 저마다 다른 방향으로 흘러갔으며, 대화의 출발점인 연구 결과에 잘 들어맞을 때도 그렇지 않을 때도 있었다. 필링어는 자신의 주제 테이블을, 예컨대 자신의 연구 논제를 검증하는 기회로 삼았다. 그는 1990년 이후 사람들이 시장 경제에 대해 품었던 희망이 무엇이었는지에 대해 질문했고 그것이 실현되었는지를 알아내려고 했다. 가레이에서 진행되었던 대화 가운데 쾰러의 테이블에서는 작센 종단 연구의 자료를 두고 토론이 벌어졌다. 클라인마흐노프에서 브뤽베는 색다른 경험을 했으니, 참석자들의 토론 욕구가 너무 컸던 나머지 그녀의 테이블은 원래 토론하려 했던 주제 근처에도 가지 못했다. 이와 같은 결과에서 우리가 대화 여행에서 맡은 이중 역할이 잘 드러난다. 한편으로 우리는 자신의 역할을 연구자로 인식하면서 말을 건넸다. 다른 한편으로 몇몇 참석자들에게 우리는 기억을 토로하고 때로는 1989/90년 변혁에 대해 오래 묵은 좌절과 울분을 풀어내는 상대가 되기도 했다.

목표 2: 역사가들이 해석에 이르는 법을 고찰하기

학문을 회의하고 전문가의 지식을 의심하는 시대에 우리의 핵심 관심사 가운데 하나는 어떻게 역사학이 기능하는지를 전달하는 것이었다. 몇몇 참석자들은 자신들의 경험과 기억에 부합하지 않는 지식을 학문적으로 수용하는 것에 대해 확실히 어려워했다. 이 경우에 토론에서 중요한 것은 내용보다는 매개를 위한 고심이었는데, 주어진 해석 모두를 모든 사람이 이해할 수도 없고 그걸 기대할 수도 없다는 점이다. 이것이 의미하는 내용은, 전체 사회사는 언제나 모든 개개인의 모든 측면을 모사할 수 있다는 기대에 반하는 역사학의 작업 방식을 세우고 연구가 작동하는 방식을 규명하는 것이다. 가까운 과거에 대해 말할 수 있으려면 모순을 인지하고 인정해야 한다. 자신의 해석 유형에서 한 발 물러나 다의성(多義性)을 허용할 수 있어야 한다. 이를 위해 우리는 다음과 같은 모토를 만들었다. **차별화야말로 새로운 거대 서사이다.** 여행에서 1989/90년 변혁의 긴 역사 연구를 우리가 눈높이 수준에서, 그리고 다양한 관점에 대한 존중을 담아 진전시키고 있다고 생각되는 순간은 많았다. 연구에 대한 우리 자신의 경험과 기대가 우리에게 어떻게 영향을 끼쳤는지, 그리고 이것이 연구 결과 도출에 어떤 결과를 가져왔으며 우리가 스스로의 주관성을 학문적 방법론을 통해 제어하려고 얼마나 노력하는지 등에 대해 대화 여행 중에 자주 토론했다(29쪽 참조). 대화 참가자들이 우리의 역사 해석을 대화의 기회로 받아들일 준비가 되어 있지 않으면 눈높이 교류는 불가능했다. 그런 경우에는 대화 대신에 일방적 가르침이나 일화들로 채워졌다. 그럴 때 우리는 차라리 관찰자의 역할을 취했고 지식의 전달을 향한 우리의 욕구를 뒤로 물렀다.

목표 3: 오늘날 통용되는 이야기를 탐구하고 차별화하기

우리의 연구 결과가 근본적인 동의를 얻을 수 있었던 것은 보다 세밀한 차별화를 사람들이 원했기 때문이고, 그 뒤에는 자신을 표현하고픈 욕구가 숨어 있었다. **차별화야말로 새로운 거대 서사**라는 우리의 모토에서 말하고 싶었던 것은, 변환의 역사에 관해 동독인 모두에게 유효한 통합적 거대 서사를 요구하는 것을 이해할 수는 있지만 그래도 차별화를 허용하고 감내해야 한다는 것이다. 우리가 여행 중 대화한 사람들 대부분은 이 모토를 환영했다. 그럼에도 대화를 해보면 '전환'과 그 결과를 설명하는 데에, 예컨대 신탁관리청 문제나 동독의 '식민지화' 같은 서사가 강력한 위력을 발휘함을 알 수 있었다.[8] 오늘날 통용되는 서사를 세분화하는 데 우리의 대화 여행이 과연, 그리고 얼마만큼 이바지했는지 검증하기는 어렵다. 책에 실린 현장 증인들의 서면 답변은 적어도 우리 연구의 관점과 결과가 대체로 수용되었음을 증명한다.

현장 증인과의 대화에서

현장 증인들과의 최초의 접촉은 사료 작업을 하면서 시작되었다. 1990년대의 자료와 인터뷰를 통해 다양한 인물들을 대변하는 표본을 얻었다. 그들의 생각과 관점, 생애는 구술사 인터뷰를 통해서도 우리의 연구 결과에 더해졌다. 그들의 사회적·문화적·교육사적 배경은 천차만별이었다. 우리의 요청에 응하고 책 프로젝트와 대화 여행에 참여 의사를 명백히 밝힌 사람은 그들 가운데 일부에 불과했다. 그래도 우리는 여행을 시작하기 전에 그들과 대화를 나누었다.

서면 대화(51쪽부터)를 앞서 읽고 서면 발언(129쪽부터)을 할 준비가 된 사람들에게 우리는 이 책에 대한 논평을 요청했다. 이런 조건 때문에 참가자의 범위가 좁아졌고, 그 결과 현장 증인들의 논평은 연구된 여러 관점 가운데 일부만을 드러낸다. 우리의 연구 결과는 훨씬 더 많은 인물, 태도, 직업군, 연령대를 고려했다. 그런데도 책에 수록된 현장 증인들의 발언은 전혀 단일하지 않다. 어떤 이들은 서면 대화에서 접한 우리의 연구 결과를 자신의 기억을 일깨우는 데 활용했고, 또 어떤 이들은 그것을 그대로 인용했다. 우리는 현장 증인들에게 논평을 요청하면서 글의 대략적 분량만 제시했을 뿐, 내용과 형식을 비롯해 논평의 구성은 쓰는 이에게 맡겼다.

우리는 몇몇 현장 증인을 대화 여행 행사의 대담자로 초대했다. 예컨대, 마이닝겐에서는 볼프강 피들러 옆자리에 교사 한 사람이 이미 오래전에 마이닝겐을 떠난 옛 제자인 카린 프리첼과 함께 현장 증인의 대담자로 나섰다. 가레이에서는 대담자로 나서려는 현장 증인이 없었다. 우리는 클라인마흐노프에서 안드레아 바인리히와 함께 1990년대 초에 그곳으로 이주해 온 한 동독 여성을 대담자로 초청했다. 그 옆에 슈베린의 건축가인 고트라이히 알브레히트와 동석한 사람이 하나 있었는데, 보상의 역사에 대한 그의 이야기는 클라인마흐노프 사람들의 일반적 이야기와는 전혀 달랐다. 결과적으로 이는 몇몇 참석자들의 기대에 어긋났다. 몇몇 참석자는 몇 분 지나지 않아 손을 들고 발언하고자 했다. 그러나 우리는 다양한 생애사에 관심이 있었기 때문에 대담자의 발언을 제한할 수 있는 청중의 개입을 막았다.

제2부에서 우리는 소그룹 대화와 대화 카드에 대해 발언할 기회를 마련했다. 이는 클라인마흐노프에서 가장 잘 진행됐다(대화 카드에 대한 평가는 199쪽 이후 참조). 우리는 라이프치히에서도 다양한 세대를 대담자석에 초청했는데, 어린 시절에 장벽 붕괴를 경험한 샤를로테 보르네만 목사, 그리고 동독 시절 반체제 운동에 참여했던 기젤라 칼렌바흐와 이야기를 나누었다. '전환'의 역사를 동독과 서독 어느 쪽에도 '속

하지' 않고, 그래서 누구나 발언할 수 있는 역사로 기획한 우리의 접근은 어디에서나 존중을 받았다. 동시에 나이 든 세대들은 삶의 경로에서 1989/90년의 영향을 젊은이들과는 다르게 받았음이 명백했으며, 우리도 이 점을 계속 강조했다.

마이닝겐과 가레이, 라이프치히 행사에서의 세대 간 교류는 대화로 볼 수 있지만, 클라인마흐노프에서는 특히 나이 든 세대들의 발화 욕구가 강했다. 몇몇 참석자는 대담자석에 젊은 사람들만(50세 이하를 뜻했다) 앉아 있다면서 '제대로 된' 사람의 이야기가 없다고 불평했다. 이 같은 태도는 행사 도중에 다음과 같은 논평으로 표현됐다. "저 위에 앉은 젊은 사람들 말은 다 허튼소리다." 그러나 클라인마흐노프의 참가자들은 우리가 제시한 형식을 이해할수록 우리의 접근법을 칭찬했는데, 왜냐하면 이것이 자신의 기억에 들어맞는다고 여기는 사람들이 많았기 때문이다.

연구의 틀인 대화에서 여행 전과 여행 중의 차이가 가장 컸던 곳은 가레이였다. 여행 전에는 친절했던 몇몇 마을 주민들은 막상 방문했을 때는 우리를 냉정하게 대했다. 여행을 준비하면서 진행한 서면 대화와 대화 여행의 대화를 나란히 두고 알게 된 것이지만, 그들은 우리가 마을의 위계를 존중하지 않았다고 느꼈다. 우리가 행사 장소를 고르면서 토박이 주민의 농장 연회장이나 마을 회관에 문의하지 않고 이주민인 마을 연대기 작가가 운영하는 펜션으로 정했기 때문이다. 그러나 이와는 다른 맥락에서 유효했던 우리 프로젝트의 기본 경험이 가레이에서도 확인됐다. 즉 문 하나가 닫히면 다른 문이 열린다. 간절히 부탁했음에도 현지 주민 대부분은 행사에 오지 않았다. 다른 곳에서와 마찬가지로 우리는 초대용 전단지를 우편함에 넣고, 플래카드와 포스터를 지역 신문과 라디오를 통해 알렸다. 흥미롭게도 주변 지역인 브란덴부르크와 작센 안할트의 마을 주민들이 와서 참여했다. 행사장은 사람들로 가득 찼고 흥미로운 토론이 진행되었다.

대화하기에는 너무 늦었다는 저널리스트 크리스티안 방엘의 우려 (211쪽)는 우리의 관점에서는 성급한 비관주의인 것 같다. 폐쇄적 세계 관을 지닌 사람들 내지는 일반적으로 역사나 특히 우리가 다루는 주제에 관심이 없는 사람들과는 결코 접촉할 수 없으리라는 점을 우리는 대화여행 전에 이미 알았다. 그러나 대화를 진행하지 못한 곳은 하나도 없었다. 비록 모두와 대화한 것은 아닐지라도, 네 곳의 방문지 모두에서 주고받는 대화를 진행했다.

저널리즘과의 대화에서(크리스티안 방엘)

우리는 저널리스트인 방엘과 사진 작가인 클라라 발젠에게 대화 여행에 독립적 참관자로 동행해줄 수 있는지를 문의했다. 이 책의 서문에도 썼지만, 저널리즘과 예술의 잠재력을 우리의 기록 작업에 끌어들이고 싶었기 때문이었다. 이 주제에 학문 연구보다 더 정서적으로, 더 날카롭게, 더 주관적으로 접근할 통로를 원했고 우리는 그것을 얻었다. 여기서도 우리는 텍스트와 이미지의 형태와 선택에 대한 지침을 주지 않았다.

그런데도 방엘의 대화 여행 관찰은 우리가 얻은 인식과도 잘 맞았다. 예컨대, 반론을 제기할 때 그랬다. 우리는 세 가지를 집중적으로 토의했다.

서면 대화를 시작할 때, 우리는 서독 또는 동독 연구자라는 속성을 회피하는 이유를 해명했다. 방엘은 이것이 부분적으로만 달성되는 것을 관찰했다. 가레이에서의 대화를, 특히 동독과 서독의 만남으로 묘사한 것이 한 사례이다. 우리는 '오시/베시'라는 고정관념으로부터 벗어나고자 했고, 그보다는 최근의 현대사와 현재의 문제들을 알려주고 싶었다. 널리 퍼져 있는 강고한 동독-서독 사고에서 탈피하는 것이 우리의 관심사였고, 지금도 마찬가지임을 일단 분명히 해둘 수 있을 뿐이다. 그러나 우리가 대화 여행에서 경험한 것은 많은 사람에게 현 시점에서 '전환'을 이야기할 때 이 문제는 별로 중요하지 않다는 것, 그보다는 어떤 사람들에게는 이는 지금 이 역사를 정리하고 연구하고 이야기해도 되는 이가 누구냐는 질문과 결부되어 있다는 것이다. 이 점에서 라이프치히 행사의 한 참석자가 브뢰베에게 했던 말이 발전적인 것 같다. 그는 브뢰베와 대화하고 나서는 그녀가 동독인인지 서독인인지 추측하기 어렵게 됐다고 말했다. 그렇지만 이 언급은 '전환'의 역사 연구에 출신 배경이 중요하게 인식됨을 가리키기도 한다. 동독-서독 사고가 현재의 독일을 사고하는 데 여전히 (또는 다시금) 영향력을 발휘하고 있다는 뜻이다. 이것이 문제인 이유는 동독인과 서독인이라는 것의 전제는 동독인들끼리 혹은 서독인들끼리는 동질하다는 것인데, 이는 존재하지 않기 때문이다. 여기에서도 차이를 인정하는 것, 예를 들어 자산법 같은 이름을 붙일 때 차별화를 해야 할 필요성이 언급되었다. 이는 다음 세대 동독인들에게로의 상속 가능성에 부정적 영향을 끼쳤는데, 모두는 아니고 부동산 관련 법의 적용을 받는 경우 동독인과 일부 서독인에게 해당했다. 반면에 어떤 현상은 동독인과 서독인으로 환원되지 않기도 했으며, 이는 대화 여행에서 나눈 대화에서 드러났다. 이 대화는 변화무쌍하게 우호적·개방적·폐쇄적·대립적이었다. 타인을 존중하며 공손하게 대하는 태도는 서독답지도 동독답지도 않았지만, 의사 소통 과정에서는 대단히 중요했다.

우리가 속수무책이었던 또 다른 현상은 공식 보고에서 동독의 문제로 표현되는 것이었다. 대화 여행을 시작하기 전에 우리는 극우 또는 우파 포퓰리즘 견해가 표출되면 어떻게 대처할지를 집중 논의했다. 이것이야말로 방엘에게 대화 여행의 동참을 요청한 이유였다. 그는 최근 몇 년 동안 다른 저자들과 함께[9] '야구방망이를 휘두르던 시절'[10]이라는 키워드로 1990년대의 폭력이라는 맹점을, 그리고 '집단적 인간 혐오'[11] 개념을 통해 오늘날의 경향을 지적해오고 있었다. 1990년대의 극단적 폭력 행위와 인종주의, 반유대주의, 민족주의 사고의 지속은 역사학의 시선에서도 광범위하게 연구되지 못했다. 우리는 방엘을 이 주제에 대한 그의 다년간의 저널리즘 작업 때문에 일종의 교정자로 끌어들이려 했다. 반유대주의와 인종주의 또는 민족사회주의 강화 같은 현상이 어째서 작센의 종단 연구에서만 그렇게 두드러지고 다른 사료에서는 그렇지 않은지에 대해 우리는 속수무책이었고 확신이 없었다. 결국 이 문제와 관련된 토론과 논쟁을 처음에는 연구단 안에서, 그러고 나서는 방엘과 진행했다.

여기에서는 세 측면이 중요한 역할을 했다. 첫째, 이런 현상을 표현하는 개념에 대한 합의는 사회적으로도 학문적으로도 존재하지 않는다. 그 결과는 침묵 또는 해석의 어려움이다. 이런 문제는 다른 주제와 역사 현상에도 있지만 차이가 있다. 역사가 슈테파니 쉴러-슈프링고룸(Stefanie Schüler-Springorum)은 반유대주의를 보면서 그 차이를 다음과 같이 요약했다. "이 주제가 다른 주제와 다른 점은 그 엄청난 정치화 정도, 도구화 가능성, 정체성 진작의 잠재력이다."[12] 이른바 생애사적 동기의 관심을 정치적 방향과 속성으로 이렇듯 (너무) 성급하게 귀속시킴으로써 불일치가 발생했는데, 이것이 두 번째 측면이다. 세 번째로 이 책의 그 어떤 주제보다도 이 주제에서 우리는 연구를 위한 교류에 자신의 정치적 견해를 개입시키지 않는 데 어려움을 겪었다. 그리하여 결국 우리는 역사가로서 연구 방법에 부합하는 길을 갔다. 우리는 명확한 문제 제기를 갖고 사료를 재차 검토했다(231쪽 이후 참조). 사료 비판도 이에 속했다. 왜냐하면 인종주의, 반다원주의, 반유대주의, 권위주의 또는 민족주의 관점에 대한 분석은 원래 우리 연구의 세팅에서 중요하지 않았기 때문이다(45쪽 이후 참조). 우리는 다양한 연구 대상의 공간(도시, 시골, 소도시, 도시 근교)에서 시작해, 그곳에서 연구 주제인 소유 관계, 소비, 학교를 연구했다. 이때 우리는 인종주의나 반유대주의를 가리키는 명백한 단서를 찾으려 하지는 않았다. 물론 사료의 선택 역시 연구 관점의 방향을 정했다. 예컨대, 필링어가 부르첸 연구에서 선택한 자료는 식료품 가게에서 일했던 여성과의 인터뷰였지, 현재의 청소년 클럽 운영자와의 대화는 아니었다. 후자를 택했더라면 아무래도 소비라는 주제를 향한 인터뷰에서 보다는 극우 청소년에 대한 단서를 좀더 발견했을 것이다.[13] 요약하면, 여기서 우리는 첫 번째 연구 결과를 갖고 말뚝을 박았던 안전한 영토를 떠난다. 방엘은 이를 즉각 눈치챘다. 그럼에도 (이것이 최소한의 공통분모인 것 같은데) 인종주의적이고 반유대주의적인 경향과의 논쟁은 정말 중요한 주제이기 때문에 어떤 책에서도 빠져서는 안 되고 대화에서 다루어지거나 말하도록 자극되어야 하며, 현대사에서는 현재에 대한 문제의 역사로서 받아들여져야 한다.

세 번째 포인트는 방엘의 텍스트가 던지는 고찰인데, 역사가와 저널리스트의 서로 다른 관점이다. 방엘이 동독에 대한 자신의 지식을 갖고 최신의 시사적 관점에서 대화 여행을 보는 반면, 우리에게 중요한 것은 똑같은 장소와 똑같은 사람을 두 번, 세 번, 네 번, 다섯 번 보는 것이다. 우리는 이 구체적인 장소에 관한 여러 시간층과 사료를 교차해 비교하고, 거리를 유지하고, 새롭게 들여다본다. 만남에서도 우리는 몇 시간에 걸쳐 부분적으로는 아주 개인적인 구술사 인터뷰를 염두에 두며, 이는 우리의 연구 결과와 출판물에 반영돼 있다. 매일매일의 새로운 전개와 도전이 역사와 씨름하는 것을 어렵게 한다는 방엘의 진단을 우리도 공유했지만, 그것은 우리에게 문젯거리를 던져준다. 역사적 의미 형성에는 아주 많은 시간이 필요한데, 오늘날과 미래에 더 이상 이것을 갖지 못한다면 역사학은 현재의 논쟁들에 적실성을 갖지 못하게 될 것이다. 동시에 역사학을 현재의 역사 정책을 통해 독점하고 끌어가고자 하는 위험이 도사리고 있다.[14]

예술 사진과의 대화에서 (클라라 발젠)

사진 작가인 발젠은 자신의 관점에서 우리의 여행에 동행하고 논평했다(305쪽 이하). 여기서도 역시 우리에게 중요했던 것은, 대화 여행에 대해 예술적이고 정서적이며 섬세한 인상을 포착하는 일이었다. 사진 대부분이 예술에 대한 사전 지식 없이도 금방 이해할 수 있는 일상적 상황을 보여주지만, 그 모티프는 내적 대화에의 참여를 요구한다. 바로 그런 이유로 발젠의 사진 시리즈는 우리 연구단에서 가지각색의 연상과 해석을 낳았다.

본격적으로 상징적인 사진 두 점이 우리 눈에 띄었다. 칠러는 집합 주택 앞에 하얀 고양이가 홀로 앉아 웅덩이에 비쳐 있는 사진을 골랐다. 이 동물은 슬프고 호의적이지 않은 이 근방에서 최후로 투입되는 온정인 듯 보인다. 필링어가 고른 또 다른 사진은 부르첸의 한 주택 벽 앞에 있는, 페인트칠한 전기 배선함이다. 벽돌 모양의 그림과 색깔은 전기 배선함을 배경에 맞추기 위한 것이다. 양 지역의 통합이 언뜻 보면 성공했지만, 주의 깊은 관찰자의 눈에는 완벽하게 성공하지는 못한 모방이 표가 난다. 대략 같아 보이기는 하지만 표면 아래에서는 차이가 계속된다.

방엘이 "많은 동독인이 이러한 비난적 태도 안에 스스로를 가두었다는 것을 안다"(221쪽)라고 쓴 것은 발젠의 사진에서 표현되는 것 같다. 벽은 아직도 (또는 여전히) 있다. 잘 손질되고 산뜻하게 페인트칠이 된 상태로 말이다. 브뤽베는 연구 대상 장소의 사진에서 이것을 본다. 때로는 벽 옆의 울타리와 블라인드를 보여 주는 사진들은 또 다른 해석도 가능하게 한다. 반쯤 내려진 블라인드는 반쯤 열린 눈을 나타낼 수 있다. 꼼꼼하게 페인트칠이 된 벽 뒤에는 큰 나무들이 자라거나 부드러운 풀만 있다. 상냥한 햇살이 화면을 밝히는 소시지 상점대의 사진들조차도 모순성을 확실히 보여준다. 다른 사진들은 과거의 시간층을, 또는 외부인에 대한 환대의 다른 모습을 보여준다.

사진과 저널리즘의 형태는 연구자로서 우리의 시야를 넓히고 동시에 우리 스스로의 형식이 가진 한계를 보여주었다. 이것은 특히 여행 후에 가졌던 미팅에서 분명해졌다. 발젠과 방엘은 여행에서의 분위기를 이야기했고, 이는 텍스트와 사진 시리즈에도 나타나 있다. 모든 것이 우울했다는 점에서 둘의 의견이 일치했다. 발젠의 결론은, 조명된 모티프를 인공적으로 만드는 것은 부적절했으리라는 것이다. 그에게는 그저 평범한 일광이 필요했다. 동시에 발젠은 그의 사진들을 갖고 동독-서독이라는 속성에 관한 질문에 완전히 다른 시각을 제시했으며, 이는 방엘의 텍스트에서 우리가 씨름했던 것이기도 했다. 사진 대부분이 동독과 서독이라는 명확한 귀속에서, 나아가 단 하나의 국민국가라는 귀속 자체에서 벗어난다. 그리하여 적응(적어도 겉으로는)은 생각했던 것보다 훨씬 더 진전해 있었다.

필링어가 배경의 카메라맨과 찍힌 사진은 안전하지 않은 지역에 있는 연구자라는 우리의 상황을 상징한다. 우리는 상아탑에서 나와 대화 내지는 다양한 대화에 관여했다. 이때 우리는 관찰당한다. 사회학자 니클라스 루만(Niklas Luhmann)이 언젠가 말했던 것처럼 관찰자의 관찰에 내맡겨졌다. 그리고 언론 보도와 맞닥뜨렸던 것이야말로 우리의 대화 여행에서 유별난 경험이었다.

미디어 및 정치와의 대화에서

연구자들이 상아탑에서 나올 때는 통제를 포기하고 무계획성을 감수해야 한다. 이는 특히 우리의 대화 여행에 대한 언론 보도에서 뚜렷이 알 수 있었다. 우리는 대화 행사에의 초대를 가능한 한 광범위하고 다양한 사회·문화적 환경에 알렸고, 그 외에도 여기저기 언론 매체에도 홍보했다. 마이닝겐에서 열린 첫 번째 대화 행사에는 시사주간지 『슈피겔』의 편집장이 왔다. 다음 날 아침, 『슈피겔』 온라인 1면에는 우리의 프로젝트와 행사를 독특하다며 긍정적으로 보고하는 긴 기사가 실렸다.[15] 브란덴부르크 연방주의 학문·연구·문화부 장관인 만야 쉴레(Manja Schüle)는 우리 프로젝트에 찬사를 보내는 트위트를 올렸다.[16] 브란덴부르크 가레이에서 열린 두 번째 행사에는 베를린-브란덴부르크 방송국(rbb)[17] 촬영팀을 비롯해 기자들이 취재하러 왔다. 이는 대화 행사에 특별한 활력을 주었다. 마이크와 카메라를 갖고 방 안에 있는 기자들의 존재를 뚜렷이 인지하는 것이 대화의 진행에 영향을 끼친 것이다. 우리는 그런 상황에서 몇몇 참석자가 언론에 관한 관심을 자신을 위해 이용하는 것을 보았다. 어떤 참가자들은 행사 직전에 있었던 시위의 배너를 들고 우리의 대화 카드 앞에서 사진을 찍었고, 그 사진은 우리 행사에 관한 기사와 함께 신문에 실렸다. 그 이후에 가레이에서의 우리 행사에 대해 말해진 것을 우리는 단지 걸러서 들었다. 연구 윤리의 문제는, 여행 전에 이미 논의된 것이기는 했지만 이때까지 너무 적게 토론되었다. 하지만 적어도 '시민-과학-프로젝트' 정치면에서는 이를 요구했다. 만일 우리가 상아탑에 머물렀더라면, 연구 지역을 익명이나 가명으로 처리했을 것이다. 그러나 그랬더라면 현지 연구가 현지에는 전혀 영향을 주지 못했을 것이라고 미루어 짐작할 수 있다. 인류학 같은 분야와 다른 나라에서는 이 문제에 관해 이미 많은 논의가 있다(179쪽을 보라). 이런 이유로 우리는 연구가 진행되는 단계에서 이미 다른 나라의 연구자들과 집중적인 학제간 교류를 추구했다.

학문과의 대화에서

연구 대상과 연구 주체를 대하는 책임 있는 자세에 관한 논의 외에도 다른 연구자들과의 교류에서 동독을 맥락화하려는 요구 또는 희망이 꾸준히 있었다. 이때 피해야 할 것이 오로지 동독만을 중심에 두고 생각하는 좁은 시야였다.[18] 왜냐하면 역사 연구에서 동독은 예나 지금이나 샌드위치 신세이기 때문이다. 즉 동독인에게는 충분히 동독스럽지 못하고(예컨대, 중동부 유럽 연구의 관점에서) 서독인에게는 충분히 서독스럽지 못하다고 받아들여진다(예컨대, 서유럽 역사의 일부로 받아들여질 만큼). 우리는 대화 형식이나 이 책을 통해 의식적으로 다양한 입장에 놓였었다. 연구 결과로서의 서면 대화는 텍스트 형식으로는 독특하지만, 그럼에도 지식 획득의 역사 연구 방법론을 따른다. 다른 지점에서 우리는 연구자로서 새롭고 그래서 불확실한 영토로 들어가는데, 예컨대 텍스트의 한 부분을 우리가 아직 연구하지 않은 인종주의라는 넓은 주제 영역에 편입시킬 때 그렇다. 대화 여행의 경험은 지금도 여전히 생생하다. 몇몇 사람들에게서 경험한 적대감, 그리고 크나큰 환대와 감사는 우리의 텍스트에 흔적을 남겼다. 우리는 이를 확신하고 이 책에 썼다. 진정한 대화를 위해 자신을 드러내도록 또 다른 사람들에게 용기를 줄 수 있도록.

프로젝트의 맥락에서 우리는 워크숍과 학술 대회, 콜로키엄에서 다른 분야의 연구자들과 지속적으로 대화를 나누었다. 중간 결과를 논문과 강연으로 발표하고 토론하기도 했다.[19] 주제의 심화, 예컨대 사회학의 자료를 다루는 법에 대한 지식을 우리는 폴란드와 체코에서 초청한 연구자들로부터 얻었다.[20] 연구자들과의 대화를 통해 우리는 연구 결과를 검증하고 연구 대상에 대한 새로운 시각을 얻을 수 있었다.

우리의 대화 여행은 궁극적으로 연구자들을 겨냥한 것이 아니지만, 몇몇은 대화 행사에 참석했다. 거의 모든 이가 이 형식을 인정한다고 말해 주었다. 동시에 몇몇 연구자들이 보기에 대화 행사는 너무 비학문적이었다. 반면에 다른 참가자들은 대화 행사를 너무 학문적이라고 보았다. 학문적 결과를 비학문적 언어로 관심 있는 공중(公衆)에게 제시하는 것은 궁극적으로 균형을 잡는 일임이 증명되었고, 이것이야말로 우리 프로젝트의 가장 어려운 과제였다. 이런 이유로 우리는 우리의 대화 형식이 연구자 커뮤니티에서도 제안으로 받아들여지기를, 경험을 나누고 더 좋거나 나쁘게 기능하는 학문적 의사 소통의 요소들에 대한 비판적 성찰을 자극하기를, 그리고 궁극적으로 역사학 연구를 사회적 논의에서 가시화할 수 있기를 희망한다.

우리의 논문이 출판되고 서평이 나옴으로써 학문과의 대화는 계속된다. 우리는 독일이라는 접시의 가장자리를 넘어서는 시선에 특히 관심이 있다.

그러므로 대화는 아직 끝나지 않았고 여러 차원에서 지속된다. 그것이 성공할지 어떨지는 우리가 아니라 미래의 역사가들이 판단할 것이다.

1   Platon: Menon(Friedrich D. E. Schleiermacher 번역본), in: Platons Werke. Zweiten
Teiles erster Band, bearbeitet von Rudolf Haller, dritte Auflage, Berlin 1856; http://
www.opera-platonis.de/ Menon.pdf(2020. 3. 29. 접근; 이 텍스트에 사용한 온라인
자료들은 모두 이와 동일한 날짜에 확인했다). 이 인용문은 플라톤이 언급한 것으로
알려져 있으며, 오늘날 학문 습득과 대화를 통한 인식에서 소크라테스적 방식으로 표
현되고 있다.

2   『두덴 사전』(Der Duden) 표제어 '대화'(Dialog) 참조. https://www.duden.de/
rechtschreibung/Dialog.

3   Lindenberger, Thomas: Eigen-Sinn, Herrschaft und kein Widerstand, Version: 1.0,
in: Docupedia-Zeitgeschichte(2014. 9. 2.); http://docupedia.de/zg/Eigensinn.

4   Jopp, Tobias A./Spoerer, Mark: Historische Statistik lehren. Quellenkritische
Vermittlung von Zielen und Methoden statistischen Arbeitens in der
Geschichtswissenschaft, Schwalbach 2017, pp. 28f.; Berth, Hendrik/Richter, David/
Zenger, Markus u.a.: Wie repräsentativ sind die Daten der Sächsischen
Längsschnittstudie? Ein Vergleich mit dem Sozio-oekonomischen Panel (SOEP), in:
Berth, Hendrik/Brähler, Elmar/Zenger, Markus/Stöbel-Richter, Yve (ed.): Gesichter
der ostdeutschen Transformation. Die Teilnehmerinnen und Teilnehmer der
Sächsischen Längsschnittstudie im Porträt, Gießen 2015, pp. 45~62 참조.

5   Brückweh, Kerstin/Zöller, Kathrin: Transformation Research and the Longue Durée
of 1989. Combining Qualitative and Quantitative Data, in: Przegląd Socjologii

Jakościowej 15 (2019) 1, pp. 72~91 참조.

6 Platzeck, Matthias: Zukunft braucht Herkunft. Deutsche Fragen, ostdeutsche Antworten, Hamburg 2009, pp. 201f.

7 Engler, Wolfgang: Die Ostdeutschen als Avantgarde, Berlin 2002. Mit Bezug auf Engler: Mangold, Iljoma: Seid stolz auf eure Vorurteile, in: Die Zeit, 2009. 7. 9.; https://www.zeit.de/2009/29/Einheit/komplettan.

8 예를 들어 Köpping, Petra: Integriert doch erst mal uns! Eine Streitschrift für den Osten, Berlin 2018; Tagung der Energiefabrik Knapprode und des Dresdner Instituts für Kulturstudien: Kolonie Ost? Aspekte von ≫Kolonialisierung≪ in Ostdeutschland seit 1990, 2019. 4. 3-5 in Dresden und Hoyerswerda; http://www.kulturstudien-dresden.de/wa_files/Programm_204_4_2019_20mit_20Vortragstiteln.pdf. 참조.

9 예를 들어 Präkels, Manja: Als ich mit Hitler Schnapskirschen aß. Roman, Berlin 2017.

10 Bangel, Christian: Baseballschlägerjahre, in: Die Zeit, 2019. 11. 7.; https://www.zeit. de/2019/46/neonazisjugend-nachwendejahre-ostdeutschland-mauerfall.

11 Zick, Andreas/Küpper, Beate/Heitmeyer, Wilhelm: Vorurteile als Elemente Gruppenbezogener Menschenfeindlichkeit-eine Sichtung der Vorurteilsforschung und ein theoretischer Entwurf, in: Pelinka, Anton (ed.): Vorurteile. Ursprünge, Formen, Bedeutung, Berlin 2012, pp. 287~316.

12 Schüler-Springorum, Stefanie: Ein politisch aufgeheiztes Feld. Um ihren Gegenstand unverkürzt zu erfassen, muss Antisemitismusforschung vergleichen und differenzieren, in: Frankfurter Allgemeine Zeitung, 2020. 3. 6., p. 11.

13 1990년대 부르첸(Wurzen)에 있던 청소년 클럽에 대해서는 Antifaschistisches Redaktionskollektiv: Wurzen - das Ende faschistischer Zentren, wie wir sie kennen. Entwicklungen im Muldentalkreis 1991-1996; https://www.nadir.org/nadir/archiv/ Antifaschismus/Regio nen/Sachsen/wurzen_broschuere/7.htm#2 참조.

14 Villinger, Clemens: ≫Vollende die 〉Wende〈≪, in: Zeitgeschichte-online, 2019. 12. 9.; https://zeitge schichte-online.de/node/58036 참조.

15 Maxwill, Peter: Die Grenze war offen - und dann? Was bedeutete die ≫Wende≪ für den Alltag der Ostdeutschen? Historiker haben das untersucht und tun nun etwas Ungewöhnliches: Sie reisen durchs Land und diskutieren mit denen, um die es geht - offen und öffentlich, in: Spiegel Online, 2020. 1. 22.; https://www.spiegel.de/ panorama/gesellschaft/meiningen-inthueringen-mauerfall-projekt-forscher-gehen-auf-dialogreise-a-a9a28eb1-f752-4682-851e-9afa6684327e.

16 Schüle, Manja: Tweet, 2020. 1. 22.; https://twitter.com/ ManjaSchuele/status/ 1220021331162476548.

17 Links, Josephine: Die Ostdeutschen. Potsdamer Historiker haben 30 Jahre nach der

Wiedervereinigung Ostdeutsche nach ihren Wendeerfahrungen und Lebensgeschichten befragt, in: rbb Kultur - Das Magazin, 2020. 2. 1.; https://www. rbb-online.de/rbbkultur-magazin/archiv/20200201_1830/die-ostdeutschen-30-jahre-wiedervereinigung.html.

18 동독을 몰락의 시각에서 서술한 흥미로운 연구로서 다음 두 개가 있다. Wierling, Dorothee: Die DDR als Fall-Geschichte, in: Ulrich Mählert (ed.): Die DDR als Chance. Neue Perspektiven auf ein altes Thema, Berlin 2016, pp. 205~13; Lindenberger, Thomas: Ist die DDR ausgeforscht? Phasen, Trends und ein optimistischer Ausblick, in: APuZ 64 (2014) 24-26, pp. 27~32.

19 예를 들어 Brückweh, Kerstin: Das vereinte Deutschland als zeithistorischer Forschungsgegenstand, in: APuZ 70 (2020) 28-29, pp. 4~10; Brückweh, Kerstin: Wissen über die Transformation. Wohnraum und Eigentum in der langen Geschichte der ≫Wende≪, in: Zeithistorische Forschungen-Studies in Contemporary History 16 (2019) 1, pp. 19~45, Online-Ausgabe: https://doi.org/10.14765/zzf.dok-1335; Brückweh, Kerstin: My Home Is My Castle. Immobilien und die Kulturgeschichte des Vermögens im 19. und 20. Jahrhundert, in: Geschichte in Wissenschaft und Unterricht 70 (2019) 11/12, pp. 624~41; Brückweh, Kerstin: Unter ostdeutschen Dächern. Wohneigentum zwischen Enteignung, Aneignung und Neukonstituierung der Lebenswelt in der langen Geschichte der ≫Wende≪, in: Großbölting, Thomas/ Lorke, Christoph (ed.): Deutschland seit 1990. Wege in die Vereinigungsgesellschaft, Stuttgart 2017, pp. 187~212; Brückweh, Kerstin/Böick, Marcus (ed.): Weder Ost noch West. Ein Themenschwerpunkt über die schwierige Geschichte der Transformation Ostdeutschlands, in: Zeitgeschichte-online(2019. 3.); https:// zeitgeschichte-online.de/thema/weder-ost-noch-west; Brückweh, Kerstin/Villinger, Clemens: Sich (nicht) die Butter vom Brot nehmen lassen. Ein Forschungsbericht zur Konsumgeschichte zwischen Alltag, Arbeit, Kapitalismus und Globalisierung, in: Archiv für Sozialgeschichte 57 (2017), pp. 463~95; Brückweh, Kerstin/Zöller, Kathrin: Transformation Research and the Longue Durée of 1989; Villinger, Clemens: Von Erfahrungen und Erwartungen. Konsum und der Systemwechsel von 1989/90, in: Indes 8 (2019) 1, pp. 46~54; Schröter, Anja/Villinger, Clemens: Anpassen, aneignen, abgrenzen: Interdisziplinäre Arbeiten zur langen Geschichte der Wende, in: Zeitgeschichteonline, März 2019; https://zeitgeschichte-online.de/ thema/anpassen-aneignen-abgrenzen-interdisziplinaere-arbeiten-zur-langen-geschichte-der-wende; Zöller, Kathrin: Daten, Quellen, offene Fragen. Die Sächsische Längsschnittstudie aus zeithistorischer Perspektive, in: Berth, Hendrik/ Brähler, Elmar/Zenger, Markus/Stöbel-Richter, Yve (ed.): 30 Jahre ostdeutsche Transformation. Sozialwissenschaftliche Ergebnisse und Perspektiven der Sächsischen

Längsschnittstudie, Gießen 2020, pp. 197~210.

20 바르샤바 소재 폴란드 학문 아카데미의 피오트르 필리프코프스키(Piotr Filipkow-
ski), 베로니카 보루크(Weronika Boruc)와 프라하 소재 체코 학문 아카데미의 비테즐
라프 좀머(Vítězslav Sommer)에게 감사를 표한다.

감사의 말

마지막으로 감사의 말이 남아 있다. 우리는 연구와 기획을 통해 많은 분과 기관으로부터 지원을 받았다. 무엇보다 함께 대화를 나누고 토론해 주신 분들께, 구술사나 대화 모임에 참여하신 분이든 혹은 그렇지 않더라도 함께 해주신 분들 모두에게 감사를 표한다. 그들 가운데에는 많은 시대적 목격자뿐만 아니라 학자들도 있었으며, 어떤 경우에는 한 사람이 이 두 역할을 동시에 하기도 했다. 추가적으로 노력을 덧붙여주었거나 우리의 서면 대화를 읽은 후 다시 서면으로 코멘트를 해주신 분들, 뿐만 아니라 연단에 나와 함께 참여해주신 분들에게도 이 자리에서 연구자들을 대신해 감사를 드린다. 카린 프릿젤, 볼프강 피들러, 안드레아 바인리히, 고트라이히 알브레히트, 기젤라 칼렌바흐, 샤를로테 보르네만이 그들이다. 현장에서의 저녁 행사가 성공하도록 초대해주신 분들 또한 우리의 연구에 큰 공헌을 했다. 마이닝겐에서는 올라프 페트샤우어 교장, 가레이에서는 아이센베르거, 클라인마흐노프에서는 시청팀(특히 이들을 대표해 미하엘 그루베르트 시장에게), 라이프치히에서는 현대사 포럼 회원들

301

(특히 아이케 케르스틴 헤머링)에게 감사드린다. 네 번의 연단 행사를 다채롭게 꾸며주었던 사회자들인 낸시 피셔, 우타 브레트슈나이더, 르네 슐롯, 닐스 바인트커 모두 고맙습니다!

우리와 이 작은 모험 여행을 같이 함으로써 우리의 시각을 넓혀주었던 발젠과 방엘에게 특별한 감사를 표한다. 또한 학생 조교로서의 범위를 훨씬 넘어 우리를 도와준 하켈과 클라이네에게도 고마움을 전한다. 이들은 또한 소셜 미디어를 이용해 학문적 소통의 새로운 경지를 열어 주었다. '현대사-온라인'(Zeitgeschichte-online) 포털의 책임 편집자인 아네테 슈만과 그녀의 학생 조교 레베카 벡만은 소셜 미디어가 동반되는 아이디어를 현실화할 수 있도록 도와주었다. 궁극적으로 기관의 지원이 없었다면 전체 프로젝트는 실현되지 못했을 것이다. 우리는 라이프니츠 연구 공동체로부터 경비를 전용받는 행운을 비롯해 현대사 연구를 위한 충분한 자유 공간을 얻어낼 수 있었다. 연구소 구성원의 도움이 없었다면 당연히 이루어지지 못했을 것이다. 이들 모두를 대표해 르네 슐롯과 그의 비판적이고 학문적인 시각, 그리고 코멘트에 감사를 표한다. 안야 슈뢰터는 토론을 통해, 포이크트랜더는 서면 대화의 심화를 위해 쉼 없이 노력해주었다. 아울러 슈테파니 아이젠후트는 공개 행사에서 전적인 지원을, 슈테파니 카르만은 행사 조직에 대단히 친절하고 신뢰성 있는 도움을 주었다. 지금까지 아무런 불평 없이 행정적 지원을 아끼지 않으면서 새로운 길을 개척해준 동료들에게도 또한 감사를 전한다. 학생 조교로서 막후에서 도와주었던 나타샤 클리멘코와 코르넬리우스 드 팔로아의 도움이 없었다면 프로젝트는 생각지도 못했을 것이다. 우리의 문장들을 비판적이면서도 편집자의 시각에서 살펴준 바르바라 홀츠바르트와 크리스토프 링크 출판사의 작업 또한 언급해야 한다. 이들을 대표해 야나 프뢰벨과 나디야 카스파르에게 이 자리에서 감사를 드린다.

브뢱베는 무엇보다 에르푸르트 대학 문화학 및 사회과학 연구를 위한 막스 베버 연구소의 여러 동료들이 보여준 심원한 토론과 학문적 경계를 넘어선 시각, 펠로우로서의 훌륭한 작업 지원에 감사를 드린다.

　인쇄되어 나온 책을 처음 보게 되면 아마도 우리는 여기에 미처 이름 올리는 것을 잊어버린 사람들을 떠올리게 될 것이다. 그들 모두에게 감사한다!

케르스틴 브뢱베, 클레멘스 필링어, 카트린 췰러

클라라 발젠

4일과 30년

어떤 예술적 코멘트

클라인마흐노프(Kleinmachnow)

클라인마흐노프

클라인마흐노프

가레이(Garrey)

부르첸(Wurzen)

가레이

카린 프리첼(Karin Pritzel)

클라인마호노프

라이프치히(Leipzig)

부르첸

마이닝겐(Meiningen)

클라인마흐노프

마이닝겐

부르첸

볼프강 피들러(Wolfgang Fiedler)

클라인마흐노프

부르첸

부르첸

가레이

부르첸

가레이

부르첸

부르첸

가레이

가레이

가브리엘레 아이센베르거(Gabriele Eissenberger)

부르첸

마이닝겐

클라인마흐노프

클레멘스 필링어(Clemens Villinger)

로제마리 베르크홀츠(Rosemarie Bergholz)

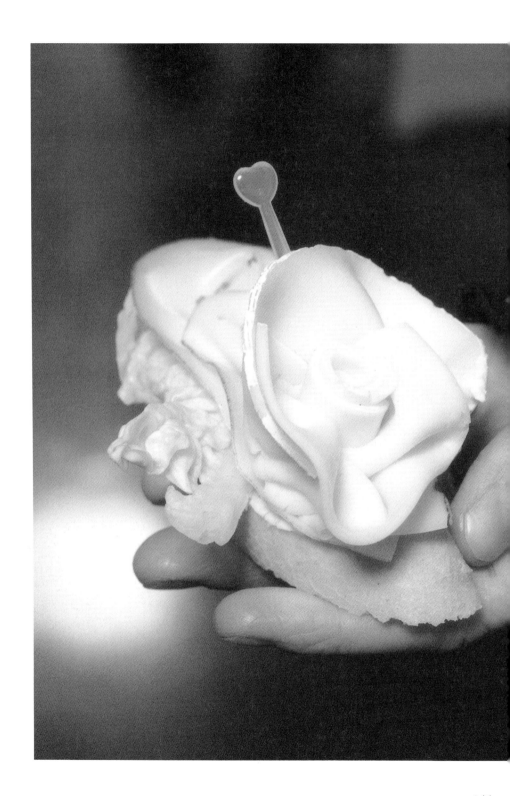

부르첸

부르첸

샤를로테 보르네만(Charlotte Bornemann)

마이닝겐

부르첸

마이닝겐

가레이

마이닝겐

부르첸

부르첸

코르디아 슐레겔밀히(Cordia Schlegelmilch)

클라인마흐노프

마이닝겐

가레이

헨리케 포이크트랜더(Henrike Voigtländer)

클라인마흐노프

라이프치히

랄프 그뤼네베르거(Ralph Grüneberger)

부르첸

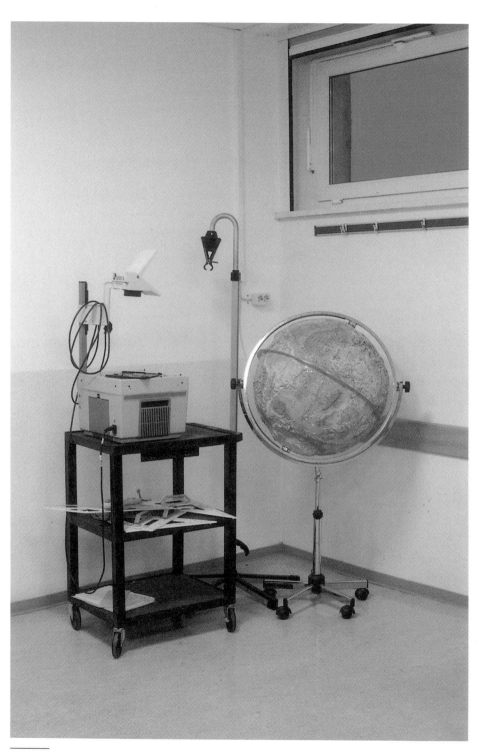

마이닝겐

클라인마흐노프